자동차산업 칼럼집

패러다임의 변화를 읽어라!

채영석 저

Contents

>>> Contents

>>> Contents

Contents

chap. 5 Japan Auto Industry ▸227

chap. 6 China Auto Industry ▸251

>>> **Contents**

chap. 7 Alternative Energy ▸ 271

프롤로그

현대기아차의 위기설이 고조되고 있다. 물론 내수시장은 물론이고 주력 수출 시장인 미국에서의 판매 급감으로 인한 것이다. 여기에 최근에는 그룹 총수의 실형선고까지 겹치면서 현대기아차의 미래에 대한 불안감이 엄습하고 있다.

우리는 현대기아차의 위기설 하면 우선 '노사 문제'를 꼽는다. 하지만 이미 글로벌오토뉴스를 통해 거론했듯이 그건 분명 여러 가지 문제점 중 하나이지 그것이 모든 문제의 근원은 아니다.

이에 대해 자동차 전문가 황순하씨는 글로벌 오토뉴스를 통해 다음과 같이 지적했다.

"노사분쟁에 의해 생산라인의 운영 효율이 떨어지고, 자동차가 제때에 공급되지 않아 효과적인 마케팅이 어려워지고, 품질 불량 발생과 파업에 따른 회사 이미지 실추 등 노조문제가 현대차에 미치는 부정적 영향은 실로 적지 않다. 따라서 경영진이 노사문제를 해결하기 위해 진력해야 하는 것은 중요하며 매우 당연하다. 그러나 노조의 요구라는 것이 일부 정치적인 이슈를 제외하고는 임금에 대한 것들이 대부분이고, 현대차 전체 매출에서 인건비가 차지하는 비중이 10% 정도밖에 되지 않는 상황에서 그 동안 임금이 급상승해 현대차의 경영이 위기에 빠졌다고 보기는 어렵다. 또한 합리적인 라인운영에 대한 노조의 비협조로 생산효율이 떨어지고 원활한 판매에 지장이 왔다고 해도 올해 93조원의 매출을 목표로 하는 거대 그룹의 전체 운영에 심각한 지장을 줄 정도는 아닐 것이다.

그 동안 노조의 생떼 같은 무리한 요구에 대해 나쁜 버릇을 키우는 것임을 알면서도 현대차의 경영진이 결국 임금을 올려 주고 양보하는 방식으로 계속 달래면서 온 것은 단기적으로 생산라인을 돌릴 때 얻을 수 있는 이득이 임금 상승분보다 훨씬 크기 때문이다. 노조도 이런 점을 너무나 잘 알고 있기에 항상 생산 중단을 무기로 경영진을 강하게 압박하는 것이다. 그리고 앞서 언급했듯 경영진도 그 동안 일년에 한 달 정도는 계속 라인이 쉬어 왔기에 그런 상황을 전제로 매년 내부 경영계획을 짜 왔을 터이니 늘 겪는 노조문제에 대한 준비는 미리 되어 있었다고 보는 것이 타당할 것이다."

하지만 그럼에도 불구하고 필자는 노사문제의 실질적인 영향은 그로 인한 기업 이미지 실추가 훨씬 크다는 생각이다. 더 이상 지금과 같은 상황이 계속되어서는 안 된다. 그리고 그것을 푸는 것은 경영진이다. 언제까지나 노조 측의 잘못된 점만 부각해 부정적인 이미지를 만드는 데만 열중할 수는 없다. 경영진 측에서 살신성인의 자세로 근본적인 해결책을 만들어 내야만 한다. GM대우의 닉 라일리 전임 사장은 더 어려운 상황에서도 4년 무분규라는 혁혁한 성과를 이끌어 냈다. 노사문제에 모든 책임을 돌리는 것은 옳지 않다.

또한 디자인의 부재라는 일부의 지적은 자동차 시장을 제대로 이해하지 못한데서 온 것이라고 할 수 있다. 현대 기아차의 디자인은 이제는 글로벌 시장에서 크게 뒤떨어지지 않는 수준을 보여 주고 있다. 간단하게 설명하자면 지금 가장 잘 나가고 있는 토요타가 생산하는 모델들은 과연 그들만의 아이덴티티를 내 세운다고 할 수 있을까. 토요타의 럭셔리 브랜드인 렉서스의 경우는 최근 일본시장 진출을 계기로 L-피네스라는 컨셉을 내 세우며 브랜드 아이덴티티 구축 작업에 들어갔지만 양산 브랜드인 토요타를 통해 판매되는 모델들은 유럽 브랜드들과 같은 강한 이미지의 VI(Visual Identity)를 강조하지 않고 있다.

현대와 기아자동차도 토요타나 닛산, 혼다, 폭스바겐, GM, 포드 등과 같은 양산 브랜드다. 양산 브랜드들은 개성이 뚜렷한 디자인으로 수요층을 국한시키는 것이 오히려 손해라는 것이 업계 전문가들의 공통된 의견이다. 이들이 만드는 모델들은 회사 엠블럼을 제외하면 공통점을 찾기가 쉽지 않다. 물론 20세기 말 인수합병의 바람으로 인해 플랫폼을 공유한 차들이 많아지면서 부품을 공유하는 일이 일반화되었고 그로 인해 비슷한 모델들이 많아진 것은 사실이다. 하지만 여전히 이들 양산 브랜드들은 큰 부담 없이 많은 사람들에게 어필할 수 있는 차를 만들어야 하기 때문에 흔히 말하는 튀는 디자인은 자제하고 있다.

다시 말하면 토요타의 브랜드 이미지는 개성 강한 디자인이 아니라 연비, 정숙성, 신뢰성 등으로 인해 구축된 것이라는 얘기이다. 현대기아차에게 부족한 것은 디자인이 아니라 바로 토요타가 갖고 있는 이미지라는 얘기이다.

현대기아차는 품질과 성능등 상품성에서는 일정 수준에 올라 있지만 그것을 포장하는 기술이 부족하다는 것이다.

현대기아차의 판매 하락은 그런 면보다는 글로벌 시장을 꿰뚫을 수 있는 마케팅 전략의 부재라고 할 수 있다. 마케팅 전략의 부재라는 말은 전문 경영인 체제가 확립되지 않았다는 말로 요약할 수 있을 것이다. 대표적인 예가 최근 판매가 급감하고 있는 현대자동차의 미국법인 HMA의 수장 인사에 관한 것이다.

현대자동차는 1년 전인 2006년 1월 미국법인 CEO에 2003년 CEO에 임명됐던 밥 코스메이 대신 고옥석 사장을 임명했다. 2003년 핀버 오닐 대신 밥 코스메이를 임명한지 2년여밖에 되지 않아서였다.

밥 코스메이는 1998년 판매 담당 부사장으로 HMA에 영입되었으며 2003년 지금은 미쓰비시에 있는 핀버 오닐(Finbarr O'Neill)의 후임으로 CEO자리에 올랐었다. 당시에도 다섯 명이나 되는 경영진이 HMA를 떠나면서 물갈이를 했었다. 그는 핀버 오닐과 함께 1998년 10년 10만 마일 품질 보증 프로그램을 도입해 당시 미국시장 판매가 9만대였던 현대자동차의 판매대수를 극적으로 끌어 올리는데 역할을 했었다. 그 결과 1998년 9만여 대에 머물렀던 판매대수를 2005년에는 45만 5,012 대까지 끌어 올렸다.

2005년 10월 기아모터 아메리카의 수장을 교체한데 이어 2006년 1월 현대모터아메리카의 리더가 갑작스럽게 새로운 인물로 바뀐데 대해 현대자동차측은 아무런 설명이 없었다. 다만 미니밴의 투입과 럭셔리 브랜드에 대한 의견 차이로 인해 밀려났다는 정도의 소문만이 돌았었다. 이런 일련의 변화가 당초에 계획되어 있는 일이었는지 아니면 현지 경영진과 서울의 헤드쿼터와 의견 차이에 의한 것인지는 알 수 없다.

다만 밥 코스메이는 시장을 읽는 눈이 정확하고 딜러 네트워크 구축에 대한 노하우가 풍부한 것으로 평가받아왔다.

그리고 다시 2006년 8월에 닛산 출신의 스티브 윌하이트(Steve Wilhite)를 COO로 임명했다. 기아자동차 미국법인도 현대자동차의 COO 출신 이봉구 사장이 CEO로 임명됐다

그런데 공교롭게도 밥 코스메이가 물러난 2006년 미국시장에서의 현대자동차 판매가 급감했다. 그러니까 그동안 승승장구하던 미국시장에서의 판매에 제동이 걸린 것이다. 2006년 7월 4만 7,205대로 3.2%의 시장점유율을 보이던 것이 이후 큰 폭으로 감소하면서 급기야 올 1월에는 41%나 줄어든 2만 7,721대로 점유율이 2.6%까지 하락했다.

이는 일관된 전략의 부재가 가져온 결과라고 분석할 수 있을 것이다. 미국의 딜러들은 우리와는 차원이 다르다. 297개의 딜러십을 구축하고 있는 오토내이션과 200여개의 딜러십을 가진 펜스케 등은 미국시장에서는 하나의 권력이다.

그런 권력들은 무엇보다 수익성을 최우선으로 한다. 그런데 현대자동차미국법인(HMA : Hyundai Motor America)측은 2006년 10월 열린 딜러협의회에서 현대자동차의 전체 판매에서 수익 비율이 1.4%에 불과하다고 밝혔다. 이는 2005년 미국 전체 딜러들의 평균 수익 1.6%를 밑도는 것이다. 딜러들이 고개를 돌리게 되는 것은 당연한 일이라고 할 수 있을 것이다. 특히 최근 미국의 현대와 기아자동차의 딜러들은 너무 잦은 변화에 대해 노골적인 불만을 표하고 나선 것으로 알려지고 있다.

그런 상황들을 꿰뚫고 일관된 전략에 의해 시장에 걸맞은 마케팅이 수행되고 있는가 하는 의문이 들지 않을 수 없는 대목이다. 전략의 부재는 경영진의 잦은 교체로 빚어진 당연한 결과라는 얘기이다. 단명한 경영진은 우선 실적을 올리기 위해 밀어내기식 판매를 할 수밖에 없고 그것은 가격인하로 이어지며 마지막에는 중고차 가격을 형성하지 못하는 결과를 초래한다. 소비자의 입장에서 1년에 1,000달러밖에 감가상각이 되지 않는 일본차와 그 몇 배가 넘는 가격하락을 감당해야 하는 한국차 중 어떤 선택을 할지는 자명하다.

현지 전문가들은 10년 10만마일의 효과는 이미 힘을 잃었으며 보다 근본적인 마케팅 전략이 필요하다고 지적하고 있다. 다시 말해 일시적인 판매의 증가보다는 장기적으로 브랜드 가치를 높이는 노력이 필요하다는 것이다. 하지만 경영진의 잦은 교체와 서울 본사와의 의견 차이로 인해 일관된 정책을 내놓지 못해 판매는 갈수록 힘을 잃어가고 있어 우려를 자아내고 있다.

여기에 최근에는 세계 각국의 양산 메이커들이 1990년대 말 인수합병을 통해 이룬 시너지효과가 그 수명을 다해 토요타와 혼다를 제외하고는 모두 곤경에 처해 있다. 현대와 기아자동차도 합병 후 8년이 지나면서 그로 인한 비용저감의 효과가 사라져 가고 있다. 게다가 원자재 가격의 급등과 환율 변동 등 안팎으로 많은 시련이 산재해 있다.

현대와 기아차는 2006년 미국시장에 한국의 세 배가 넘는 광고를 했다. 하지만 그 후속 대처는 눈에 띄지 않고 판매는 오히려 하락하고 있다. 마케팅의 시작은 광고이지만 광고가 마케팅의 전부는 아니다.

현대는 미국시장 공략을 위한 전략은 있는가? 캐나다 부르몽의 악몽을 재현하지 않을 대책은 있는가? 변화하는 패러다임의 변화는 제대로 읽고 있으며 그에 따른 대응방안은 마련되어 있는가?

이 책의 내용은 이런 관점에서 글로벌 자동차산업의 패러다임의 변화에 초점을 맞춰 2005년부터 2006년 사이에 글로벌오토뉴스(www.global-autonews.com)의 자동차전쟁 난에 게재된 필자의 칼럼을 주제에 따라 정리한 것이다. 본문 내용의 수치는 부분적으로 일부 수정한 대목도 있고 또는 내용상 그대로 둔 것도 있다.

저자 **채영석**

::: Automobile Industry column

1 Global Auto Industry

 21세기 자동차업계, 생존의 조건은?

1990년대 말 우리는 IMF 태풍으로 전국이 흔들릴 때 세계 자동차 업계는 인수합병의 바람이 불었다. 그것은 독일의 메르세데스 벤츠가 미국의 크라이슬러를 인수해 다임러크라이슬러라는 회사를 설립한 것을 기점으로 르노와 닛산이 통합했고 롤스로이스는 BMW산하로, 재규어와 랜드로버, 볼보 등은 포드의 우산 아래로 들어갔다. 물론 그 전에 이미 독일 오펠은 GM그룹 소속이 되었고 일본의 미쓰비시나 스즈키, 이스즈, 마쓰다 등도 모두 미국의 빅3의 식구가 되어 있었다. 그 와중에 우리나라도 현대자동차와 기아자동차가 하나의 깃발 아래 뭉치게 되었다.

당시의 화두는 합병이었다. 뭉치면 살고 흩어지면 죽는다는 논리가 그때처럼 실감나게 다가온 적은 여태까지 없었던 듯하다. 당시 뭉쳐야 하는 당위성은 규모의 경제였다. 연간 400만대 이상을 생산해야 살아남는다는 자동차업계의 '정설(?)'에 세계 모든 자동차회사들은 합작선을 찾게 되었다. 살아남기 위해서라는 명분으로 누구에게나 통용되는 것이었고 자동차업계 경영진들은 통합을 부르짖었다. 그것은 전략적 제휴라는 단어까지 만들어 내며 어떤 형태로든 뭉쳐야만 한다는 것이 당시로서는 피할 수 없는 생존의 조건이었다.

물론 규모의 경제의 밑바탕에 도사리고 있는 것은 비용 저감이었다. 플랫폼(아키텍처/언더보디)과 부품을 공유해 코스트 다운을 하지 않으면 수익성을 낼 수 없다는 것이다. 플랫폼 공유의 예는 현대자동차 Y3플랫폼으로 개발된 차가 EF쏘나타를 시작으로 기아 옵티마, 리갈, 싼타페, 트라제, 그랜저 XG, 기아 오피러스 등 7개 차종에 이른다. 현대와 기아는 합병 이전 20개가 넘는 플랫폼을 7개로 축소하는 작업을 진행해 이제는 거의 완성단계에 와 있다. 그리고 그 플랫폼 통합으로 인해 현대와 기자동차 그룹은 최근 수년 동안 사상 최대의 수익을 냈다.

다시 말해 현대자동차그룹이 수익을 내고 있는 것은 두 회사의 합병으로 인한 혜택이라는 얘기이다. 역으로 말하면 만약 통합하지 않았다면 지금과는 전혀 다른 양상으로 발전됐을 가능성이 더 높다.

어쨌든 그렇게 해서 세계 자동차 업계는 새로운 지도로 재편되어 오늘에 이르고 있다. 우선 연간 판매 900만대 수준을 넘긴 미국의 공룡 GM그룹, 토요타, 600만대 급의 포드, 500만대를 넘긴 폭스바겐과 르노닛산, 다임러크라이슬러, 그리고 330만대 선의 PSA푸조시트로엥과 현대기아그룹, 혼다자동차, 그리고 120만대에 불과하지만 급격한 성장곡선을 그리고 있는 BMW그룹 등 모두 10개 정도로 정리가 되어 있는 것이다.

그런데 불과 10년이 채 안된 오늘날 시점에서 통합이라는 단어는 더 이상 생존의 조건이 아니라는 쪽으로 분위기가 바뀌었다. 아니 통합을 통해 오히려 더 어려워 질 수도 있다는 논리가 팽배해 있다.

그 단적인 예로 BMW는 1993년 인수했던 영국의 로버 그룹을 단돈 1파운드에 매각한 사건을 들 수 있다. 인수합병 이후 로버 그룹은 더 악화일로의 길을 걷게 되었고 그것이 BMW의 발목을 잡는 결과를 초래해 갈라서지 않을 수 없었던 것이다. BMW의 이런 판단은 옳았던 것으로 나타나고 있고 이후 BMW는 일취월장 성장에 성장을 거듭하고 있다.

그리고 BMW가 버렸던 로버 그룹은 중국의 상해기차가 인수를 위해 협상을 했었으나 오히려 해가 될 것이라고 판단해 협상은 중단되었고 결국 지난 봄 회사는 해체되고 말았다.

또 하나의 좋은 예가 1998년 이태리의 피아트를 인수하기로 하고 주식 20%를 인수했던 GM이 있다. GM은 나머지 80% 주식을 2004년 1월에 인수하기로 풋 옵션을 체결했었으나 최근 그 옵션이 없었던 것으로 하는 조건으로 GM은 피아트에게 20억 달러라는 거금을 거저 주고 말았다. GM이 대우자동차를 인수할 때 들였던 자금이 5억 달러였다는 점을 감안하면 그 돈이 얼마나 큰 지 알 수 있을 것이다.

이제는 더 이상 통합이 생존의 조건은 아닌 시대가 도래한 것이다.

그렇다면 무엇이 이 시대 자동차산업의 흐름을 좌우하고 있을까. 이에 대한 답은 누구도 쉽게 답을 내릴 수 없을 것이다. 다만 공급과잉론이 팽배한 상황에서도 여전히 새로운 공장을 세계 곳곳에 건설하고 있는 메이커들의 전략을 보면 이해가 간다. 대표적인 메이커로 토요타는 일본 내 19개의 공장과 해외에 52개의 공장을 소유하고 있으면서도 여전히 공급이 부족해 새로운 공장을 건설할 수 있는 부지를 물색하고 있다. 또한 프랑스의 PSA푸조시트로엥 그룹과 독일의 BMW, 일본의 혼다 등도 마찬가지로 성장일로에 있는 메이커들이다.

이들의 공통된 특징은 자신들만의 독창성을 강하게 부각시키고 있다는 점이다. 물론 품질은 기본이다. A/S도 세계적 수준이다. 거기에 자기 브랜드만의 아이덴티티, 즉 정체성을 확고히 하고 있다는 얘기이다.

현대와 기아자동차는 합병을 통해 기본적인 생존의 조건은 충족시켜가고 있는 단계다. 하지만 앞으로 더 중요한 것은 내구성에서까지 일본차에 뒤지지 않는 철저한 품질이 확보되어야 하고 나아가 브랜드 고유의 독창성을 창조해야 한다.

두 회사의 합병을 통해 규모는 이루고 있지만 정작 중요한 것은 지금부터다. 앞으로 수년 동안 어떤 방향을 잡고 가느냐에 따라 살아남을지 아니면 다른 회사처럼 역사 속으로 사라질지가 결정된다. 더 적극적인 투자를 해야 하고 더 철저한 생산관리, 고객관리를 통해 세계적 수준의 자동차를 만들어내야 한다. 그것이 규모의 경제를 추구하는 궁극적인 목표다.

 "다품종 소량 생산 시대 도래한다."

최근 미국 빅3가 내놓은 모델들 중 예상을 깨는 판매대수로 주목을 끌고 있는 크라이슬러 300시리즈와 포드 머스탱은 각 메이커의 입장에서는 그야말로 효자와 같은 종목이 아닐 수 없다. 300시리즈는 곤궁에 빠져 있던 크라이슬러의 대 전환점으로서의 역할을 훌륭하게 수행했고 포드 머스탱은 미국인들의 향수를 자극하며 아메리칸 머슬카의 부활을 선언했다. 물론 그로 인해 두 회사의 수익성 향상에도 크게 기여를 했다.

하지만 앞으로는 이처럼 많은 판매대수를 보이는 모델들은 점차 그 모습을 감출 것으로 보인다. 소비자들의 수요의 세분화가 빠른 속도로 진행되고 있는 것이 주된 배경이다.

미국시장의 경우 1985년 이래 각 모델당 연간 평균 판매대수가 10만 6,819대에서 4만 8,626대로 줄었고 2010년에는 4만대 이하로 떨어질 것으로 미국 내 자동차업계 관계자들은 내다보고 있다.

미국시장에서 판매되고 있는 344개의 개별 모델들 대부분이 이미 그 판매대수가 줄고 있고 경우에 따라서는 니치 모델 수준까지 떨어지고 있다고 미국 내 한 컨설턴트는 밝히고 있다.

이러한 변화는 자동차회사들로 하여금 자금을 자동차를 설계하고 개발하고 생산하는데 다른 방법으로 할당하도록 하고 있다.

예를 들어 토요타의 경우 한정된 예산으로 자동차를 구매해야 하는 젊은 층을 노리는 브랜드 사이언을 출시했다. 하지만 1980년대 GM이 새로운 공장을 건설했던 것과는 달리 토요타는 기존 일본 내 공장을 이용해 사이언을 생산하고 있다. 토요타 관계자는 사이언을 결코 대량생산 브랜드로 키우지 않을 것이라고 강조하고 있다.

토요타 캄리의 7월 판매대수는 사이언 tC의 2005년 1월부터 7월까지의 판매대수보다 많다.

3년째를 맞고 있는 GM의 고성능 디비전의 임무는 폰티악 솔스티스를 비롯해 새턴 스카이, 폰티악 GTO, 캐딜락 에스컬레이드 플래티넘, 시보레 SS시리즈와 같은 소량생산 모델들을 개발하는 것이다.

이 디비전의 책임자는 대량 생산차 프로그램을 완성하는 것이 점점 더 어려워지고 있다고 말하고 있다.

시장은 아주 높은 품질과 적극적인 대응으로 아주 빨리 대응할 수 있어야 한다는 것을 요구하고 있다는 것이다.

GM은 솔스티스의 연간 생산대수가 2만대 정도에 이를 것으로 전망하고 있지만 소량 생산 모델들은 판매와 매출액, 수익성 등을 통합해 이익을 올릴 수 있다. GM은 2004년에 고성능 디비전을 통해 개발된 모델을 25만대 가량 판매했다.

GM의 뷰익 브랜드의 소량생산 승용차는 소비자들로부터의 시선을 끄는데 크게 기여할 수 있을 것으로 여겨지고 있다고 담당자는 주장한다.

브랜드에 대한 인지도를 높이는 것 이상으로 더 중요한 것은 소량생산을 위해 사용하지 않은 공장을 가동하는 이점 등에 의한 잠재적인 수익은 엄청날 것으로 보인다.

북미에 있는 활용되지 않고 있는 생산시설의 용량이 340만대나 되어 자동차 업계에서는 소량생산 모델을 조립하기 위한 공장의 개조에 의해 200억 달러의 잠재수익을 올릴 수 있는 것이라는 주장도 제기되고 있다.

폰티악 델라웨이 윌밍턴 공장에서 솔스티스와 새턴 스카이, 또 유럽에서 판매될 오펠과 복스홀 버전 등의 생산에 의해 그 잠재수익을 실질적인 수익으로 올리기 위한 시도를 하고 있다. 이 공장은 단종된 새턴 L시리즈 중형 세단과 왜건만을 생산했었다.

세 개의 신형 로드스터만으로는 아직 이 공장의 용량을 풀로 사용할 수 없으며 더 많은 모델들을 생산할 수 있는 가능성이 열려있다고 한다.

더불어 GM 관계자는 대량생산 모델들에 대한 수요가 줄어들면 유휴공장과 인력을 최대한 활용할 수 있는 전략이 수행될 것이라고 주장한다.

그동안 어려운 시절을 겪었기 때문에 그 생산시설을 다시 떠 올리려 하지 않는 것이 보통이다.

"미국 자동차산업, 위기 아니다."

미국을 대표하는 자동차 도시 디트로이트에는 디트로이트 뉴스라는 신문이 있다. 이 신문은 물론 디트로이트라는 도시의 특성상 자동차 관련 뉴스가 가장 많은 비중을 차지하고 있고 또한 오프라인 신문으로서 매일 발행되는 만큼 속보성에서도 적어도 미국 기준으로 본다면 높은 권위와 신뢰를 인정받고 있다. 때문에 자동차 뉴스부문에서는 대표적인 자동차 주간신문 오토모티브뉴스와 쌍벽을 이루고 있다.

디트로이트뉴스는 자동차 전문 저널리스트(Motor Journalist), 또는 오토라이터(Auto Writer)를 동원해 다양한 시각에서 미국을 비롯한 세계의 자동차산업에 관한 칼럼을 끊임없이 게재한다.

그중에서 다니엘 휴(Daniel Howes)라고 하는 필자는 작년까지 독일 프랑크푸르트에서 일하다가 올해에는 아예 디트로이트로 자리를 옮겨 더 밀접하게 디트로이트뉴스의 자동차 관련 뉴스와 칼럼을 집필, 취재, 편집하고 있다.

그런 그가 최근 디트로이트에서 일고 있는 '미국의 자동차산업이 패망할 날이 머지않았다.'는 추측에 대한 입장을 밝혀 주목을 끌고 있다.

사실 미국 빅3 중 GM과 포드에 대한 우려는 단지 미국 내의 문제가 아니다. 일본은 이미 최근 어려움을 겪고 있는 미국자동차업계를 지원할 수 있는 다양한 방안을 강구하고 있다. 토요타는 지난주에 GM의 수뇌부와 일본 동경에서 회담을 갖고 앞으로 두 회사 간의 관계를 더욱 돈독히 한다는 내용을 대내외에 천명하는 등 가시적인 행보를 보이고 있다.

우리나라에서도 자동차산업 관계자 뿐 아니라 다양한 분야의 전문가들은 미국 자동차산업이 곤궁에 빠진 것에 대해 깊은 우려를 표명하고 있다. 미국자동차산업의 후퇴가 결코 우리에게 도움이 되지 못할 것이라는 사실 때문일 것이다. 글로벌오토뉴스도 그런 점을 감안해 최근 디트로이트에서 온 뉴스는 과거보다 더 유심히 분석하고 그에 대한 단순 뉴스에서부터 다양한 시각에서 조망을 하고 있다.

다니엘 휴는 이런 안팎의 우려를 충분히 알고 있는 자동차전문기자다. 그는 단적으로 말한다. 여러 가지 어려움이 있는 것은 분명한 사실이지만 미국의 자동차산업의 앞날은 밝다고 단정한다. 여러 뉴스매체에서 다양한 의견들이 게재되며 갈수록 나락으로 빠져드는 디트로이트의 앞날을 걱정하는 것에 대해 미국의 자동차산업은 또 다른 형태로 발전해 갈 것이라고 설명하고 있다.

다시 말해 그동안 디트로이트 중심으로 움직였던 미국의 자동차산업에 해외 업체들에게로 무게 중심이 옮겨진다는 것이다. 전미자동차노조 소속 조합원의 수가 줄어들게 될 것이고 그만큼 비조합원이 증가할 것이라고 전망했다. 지금의 문제는 미국 자동차산업 전체의 문제가 아니라 디트로이트의 문제라고 그는 분석한다. 물론 지금의 문제를 해결하는 데는 엄청난 고통이 따를 것이라고 지적한다.

디트로이트 앤 아버에 있는 오토모티브 리서치 센터는 외국계 자동차회사와 부품회사들이 .국제화라는 명목으로 2010년까지 미국 내 자동차산업 관련 고용 총 인원 100만 명 중 40%에 해당하는 인원을 완성차와 부품회사들이 고용하게 될 것이라고 전망하고 있다는 것을 그는 예로 든다.

또한 2012년까지 지금까지 그 어느 때보다 많은 인원이 자동차산업에 종사하게 될 것이라고 내다봤다. 하지만 노조에 가입된 디트로이트 노동자들은 역으로 가장 낮은 고용 상황을 겪게 될 것이라고 주장했다.

현 시점에서 미국에서는 25만 명가량이 자동차산업에 종사하고 있고 그중 9만 3천 명가량이 조립공장에서 일하고 있으며 연간 500만대가량의 자동차를 생산하고 있는데 이는 10년 전의 두 배에 해당하는 것이다.

2000년 이래 미국 자동차 산업 사상 자동차회사들만이 고용이 증가해 왔다는 것이 미국 내 전문가들의 분석이다.

그는 또한 토요타를 비롯한 일본 메이커, 현대와 기아 등 한국 자동차회사, 그리고 BMW와 메르세데스 벤츠 등 독일 메이커들이 앞으로 수년 동안 8~10개의 공장을 건설할 것이라고 설명하고 있다. 물론 디트로이트 메이커들은 거의 비슷한 수준의 공장 문을 닫게 될 것이다.

그의 주장은 보는 각도를 달리 하자는 것이다.

디트로이트 메이커들의 부진을 미국 자동차산업 전체의 부진으로 보지 말자는 얘기이다. 전체적으로는 그 어느 때보다 빠른 속도로 자동차산업이 성장하고 있고 생산도 늘고 있다는 것이 미국 정부 통계로도 입증되고 있다고 그는 주장한다.

우리는 GM대우와 르노삼성, 쌍용자동차를 바라보는 시각이 어떤

지 다시 한 번 되새겨 볼일이다.

필자는 GM대우 출범 이후 줄기차게 GM대우의 약진을 주장해 왔다. 그 어느 때보다 바빠질 것이라고 강의와 글을 통해 전망해 왔다. GM대우는 창립 첫 해에 연간 생산대수 26만대 정도에서 2004년에는 92만대로 급증했고 2005년에는 110만대, 2006년에는 150만대를 돌파하며 파죽지세를 보이고 있다. 이는 GM그룹 전체의 10%를 넘는 수치이다. 이런 급성장의 결과 예상보다 빠른 시간에 대우인천차, 즉 부평공장을 예정보다 빨리 완전 통합하기도 했다. GM의 자회사들 중 GM대우 정도로 중소형자동차의 개발 및 생산 능력을 갖춘 곳이 많지 않아 GM대우는 GM그룹의 글로벌 전략에서 가장 중요한 위치를 차지하고 있으며 앞으로 성장의 속도는 더 빨라질 것으로 보인다.

필자는 르노삼성과 GM대우, 쌍용자동차는 여전히 한국회사라는 사실을 강조해 왔다. 다니엘 휴는 앨라배마에 있는 현대자동차의 공장도 미국의 자동차산업의 일원으로서 인정하고 있다.

"경제의 국경이 없다."는 말이 나온 지 벌써 10년이 훨씬 넘은 것 같은데 국내에는 아직도 이런 분야에서 의미 없는 선 긋기가 공공연히 이루어지고 있어 안타깝다.

새로운 질서를 향한 세계 자동차업계의 주도권 다툼

자동차의 요람이자 세계 자동차의 기술과 트렌드 리더인 유럽의 흐름이 변하고 있다. 어쩌면 새로운 질서를 향한 새로운 문제에 직면하고 있다는 표현이 더 어울릴지도 모른다. 자동차 분야에서도 디젤과 하이브리드 등 미래를 향한 새로운 도전이 시도되고 있는 것이다.

최근 프랑스에서 발생한 일련의 사태는 '21세기 프랑스 혁명'이라고 할 수 있을 정도로 심각한 양상으로 전개되고 있다. 인종 차별, 이민 정책, 직업 문제 등등 수많은 사건이 얽히고설켜 프랑스에 살고 있는 소위 이교도들과 이민자들의 불만이 일거에 폭발해 폭동으로 발전한 것이다. 그 저변에 어떤 배경이 얼마나 깊게 깔려 있는지 자세하게는 알 수 없지만 어쨌든 지난 가을 프랑스에서 일어난 폭동 사건은 지구촌의 변화를 극명하게 보여주고 있는 것만은 분명한 것 같다. 이는 미국의 중심부를 강타한 테러라든가 하는 것과는 그 차원과 내용이 다르다.

언뜻 온화하고 호화로워 보이는 프랑스 사회의 저변에 놀라운 힘이 내재해 있었다는 것을 보여주었다. 이 사건은 누구도 예상할 수 없었다고 한다. 다른 말로 표현하면 뿌리 깊은 문제를 내포하고 있다고 할 수 있을 것이다. '자유, 평등, 박애'를 표방해 온 프랑스에서 일어난 이번 사건의 본질은 도대체 무엇일까. 이번 프랑스 폭동 문제에서 '희망과 꿈'을 내포한 새로운 유럽은 뜻하지 않게 큰 과제로 부각되어 있는 것이다.

유럽 통합이 급속히 진행되고 철의 장막이 드리워져 있던 동구권의 사람들도 부와 번영을 추구하게 되었다. 그리고 프랑스도 독일도 많은 이민들을 받아 들여 새로운 유럽 국가를 건설하는데 정열을 쏟고 있다. 그런데 그 꿈이 토출되는 중에 유럽은 새로운 위기에 직면하게 되었다.

환경 문제와 유럽의 새로운 질서는 언뜻 무관한 것처럼 보이지만 실은 뿌리에는 공통점이 적지 않다는 것을 알 수 있다.

이에 대해 전문가들은 소위 말하는 '지속 가능한 발전'을 위해서는 세 가지 측면이 있다고 분석하고 있다.

하나는 사회의 지속성(Sustainability). 문화, 언어, 종교를 뛰어 넘는 공통의 질서가 요구되고 있는 것이다.

두 번째는 경제활동을 지탱하는 기업의 지속성. 유럽은 유로에 의

한 통화통합을 이루었으나 그 통화 통합은 또 다른 부작용을 자동차 산업에 가져다주었다. 같은 통화로 됨으로써 유럽 각국에서 판매되는 자동차의 가격차이가 분명해진 것이다. 통화가 달랐을 때에는 같은 폭스바겐 골프의 가격이 각 나라에 따라 어느 정도 차이가 있었지만 확실하지는 않았다. 그런데 유로로 표시가 됨으로써 예를 들면 독일과 포르투갈의 골프의 가격 차이가 분명해지고 말았다. 이런 가격 차이의 정보 개시는 자동차의 저가격화를 가속화시키고 있다고 한다. 유럽 메이커가 수익을 올리지 못하는 이유의 근저에 이런 통화 통합의 영향이 있다는 것이다. 물론 영국과 스웨덴처럼 유로 통화를 사용하지 않는 나라도 있다. 이들은 단일 국가로서 독자성을 중시하기 때문이라고 한다.

세 번째는 환경 문제. 유럽자동차공업계가 수행하고 있는 통칭 140g규제(자율 규제)는 2008년까지 달성해야 하는데 아무 문제없이 달성할 수 있을 것인가? 무엇보다 이산화탄소 저감이라고 하는 과제로부터 고려된 자율규제이지만 최근은 오히려 급등하는 원유가격으로 인해 연비가 문제가 되고 있다. 옥탄가 98의 가솔린 가격은 리터당 11.34유로(약 1900원)이다. 주행거리가 긴 독일의 운전자들에게 있어 환경보다도 문제는 경제성이라고 하는 것이다. 더욱이 독일에서는 허리케인의 피해로 연료가격이 급등한 미국의 상황을 남의 일이 아니라고 인식하기 시작하고 있다.

환경문제와 유럽의 새로운 질서의 공통점은 사람들의 생활 지속성이 확보되지 않으면 그 누구도 개혁을 추진할 수 없다는 것을 의미한다. '경제를 방치한 환경대책은 소용이 없다'고 주장해 온 미국의 부시 정권은 그런 유럽을 냉랭하게 대하고 있다. 결국 새로운 질서를 모색하는 유럽에는 다양성을 인식하는 것이 중요한 해결의 실마리가 될 것으로 보인다.

너무 무겁게 이야기가 진행되고 말았지만 우리가 생각하고 있는 유럽과 현실의 유럽이 다르다는 것을 말하고자 하는 것이었다.

즉, 그동안은 디젤엔진의 기술 발전으로 인해 이산화탄소를 저감하는 데는 어느 정도 성공해 왔지만 또 한편으로는 대기오염에 대한 문제는 어떤 형태로든지 더 강화되는 규제에 대응하지 않으면 안 되게 되어가고 있다는 것이다. 이는 미국과 일본이 대기오염에만 비중을 두어 오다가 최근 이산화탄소가 지구 온난화와 이상기온의 원인으로 지목되면서 그에 대한 대책을 마련하지 않으면 안 되게 된 것과 서로 대치되는 관점이라고 할 수 있을 것이다.

양쪽 모두 가고자 하는 방향은 같지만 그것을 추구하는 방향이 다르고 그로 인한 새로운 질서가 어떤 쪽으로 구축이 되어 갈지는 가깝게는 각기 장기인 부문에서 앞선 문제 해결능력을 제시하느냐에 따라 달라질 것으로 보인다.

그리고 지금의 이런 싸움이 어떤 형태로 진행되느냐에 대한 열쇠는 결국 시장, 즉 소비자가 쥐고 있다고 할 수 있을 것이다.

GM, 르노닛산 그룹 제휴 통해 지각변동 예고

르노-닛산 그룹과 GM 간의 초대형 제휴에 관한 이야기가 지난 주말 미국을 강타했다. 그 전말은 GM의 주식 9.9%를 소유하고 있는 미국의 유명한 자본가이자 투자자 커크 커코리언(Kirk Kerkorian)이 촉발한 것이다. 그는 GM의 대주주인 투자회사 트래신다(Tracinda Corp.)의 소유자로 GM이 르노닛산 그룹과 제휴하도록 요구하는 서한을 GM의 릭 왜고너 회장에게 보냈다. 그 내용은 르노닛산연합은 제휴로 인해 큰 시너지효과를 거두고 있어 GM이 이 세계적인 규모의 제휴에 참가함으로써 더욱 큰 시너지효과와 비용저감을 실현할 수 있다는 것.

이에 대해 르노닛산측이 제휴에 전향적인 자세를 보여 GM에의 출자를 받아들일 용의가 있다는 의사를 피력한 것으로 알려졌다.

한편 르노와 닛산자동차의 CEO를 겸임하고 있는 카를로스 곤은 약 10일 전에 커크 커코리언과 저녁을 함께 하면서 GM의 주식을 취대 20%까지 취득하는데 관심을 표명한 것으로 알려졌다. 미국 테네시주 네시빌에 있는 닛산자동차의 새로운 미국 헤드쿼터 오프닝 행사를 기념하는 만찬회석상에서 카를로스 곤사장은 닛산자동차와 르노가 각각 최대 10%씩 GM주식을 취득하는 것에 대해 관심을 표명했다는 것이다.

커크 커코리언이 제휴 제안 배경으로 설명한 것은 GM이 르노와 닛산간의 세계적인 제휴 협력에 참여함으로써 대대적인 시너지효과와 비용저감을 이룰 수 있다는 점에서 GM에게는 큰 힘을 실어줄 수 있어 결과적으로 주주 이익 증대를 실현하게 된다는 점이었다.

GM은 6월 30일 성명을 통해 트래신다로부터 닛산자동차 또는 르노와의 제휴를 촉구 받은 것에 관해 르노, 닛산 어느 쪽으로부터도 최근 들어 제휴를 제시 또는 제안 받지 않았다고 밝혀 이사회에서 트래신다로부터의 요청을 신중하게 검토할 방침임을 시사했다.

다시 말해 규모 확대의 메리트가 GM 재건에 어떻게 도움이 될 것인지 등 제휴의 상승효과는 불투명한 상황이기 때문에 부정적인 견해가 지배적이라는 얘기이다.

이는 트래신다, 즉 커코리언으로부터 받은 제휴제안에 GM경영진이 적극적이지 않아 실현에는 장애가 있다는 인식을 갖고 있다고 분석할 수 있다. 그 배경은 물론 그 외에도 그동안 미국 내에서 회자되어온 커크 커코리언의 GM 장악에 관한 이야기도 포함되어 있다.

커코리언의 GM에 대한 자본 참여는 2005년 5월에도 한차례 업계를 들끓게 했었다.

크라이슬러의 주주로 다임러크라이슬러의 합병에 대해 소송을 제기했다가 패소한 미국의 거부 커크 커코리언(Kirk Kerkorian)이 그의 회사 트래신다(Tracinda Corp.)를 통해 GM의 주식 5% 가량에 해당하는 8억 7천만 달러 상당의 매입을 제의했었다. 이것이 성사되면 그가 GM소유할 GM주식은 9% 가까이로 늘게 된다. 이 발표로 수요일 GM의 주가는 18% 가량 상승한 32.80 달러로 급등했다. 그 결과 현재 트래신다의 GM지분은 9.9%. 당시 트래신다측은 GM에의 투자는 단지 투자 목적일 뿐이라고 강조했었다.

사실 GM은 오랜 동안 자동차사업에서보다는 금융과 모기지론 분야에서 주로 수익을 올려왔다. 그 자산만의 가치는 주당 25달러 정도라고 메릴린치는 분석하고 있다. 하지만 자동차사업이 주가를 갉아먹고 있다는 것이다. 때문에 커크 커코리언은 GM의 주가가 저평가되고 있다고 보고 있다.

그러나 정작 GM 경영진은 커코리언으로부터의 간섭을 원치 않고 있다. 그가 개입하게 되면 릭 왜고너로 하여금 구조조정을 가속화하거나 GMAC의 모기지론 사업 등을 스핀 오프 하는 등에 대해 압력을 가할 수 있기 때문이었다. 또한 GM이 UAW와 협상해 공장 폐쇄와 인원감축을 강행하도록 압박할 수도 있다는 것이다. 물론 이런 GM 경영진의 우려는 현실화되어 나타나고 있다. 커코리언이 자신의 측근인 제리 요크(Jerry York)를 GM이사회에 보내 개혁을 가속화하고자 하는 행동을 실천에 옮기고 있는 것이다.

GM에 자본제휴를 제안한 트래신다가 착안한 것은 경영위기에 봉착한 닛산을 V자 회복으로 이끈 카를로스 곤 사장의 경영 수완이다. 지난 연말부터 카를로스 곤이 GM의 수장으로 자리를 옮길 가능성이 있다는 이야기가 나왔던 것을 감안하면 카를로스 곤식의 역공이라고도 할 수 있는 내용이라고 볼 수 있을 것 같다.

일단 GM과 르노닛산간의 3자 제휴가 실현되면 미국과 일본, 유럽의 주요 시장에서 높은 점유율을 보이고 있는 것을 바탕으로 원자재와 부품의 가격 교섭 등을 유리하게 추진할 수 있게 된다. 첨단 기술을 비롯해 미래 사회를 주도하게 될 환경 대응차의 개발 등에서도 힘을 받게 되는 한편 연구개발비와 설비투자를 분담하는 시너지 효과를 얻을 수 있을 것이다.

르노닛산에 있어서는 일본과 유럽시장에 비해 상대적으로 취약한 세계 최대의 미국시장에의 침투를 용이하게 할 수 있는 좋은 기회를 얻을 수 있게 된다.

뿐만 아니라 만약 3사 연합이 실현되면 판매대수가 약 1,500만대로 2위인 토요타자동차의 두 배 가까이에 이르는 거대한 그룹이 탄생하게 된다. 그렇게 되면 1998년 전 세계 자동차업계를 M&A열풍으로 몰아넣었던 다임러 벤츠와 크라이슬러간의 합병 이후 최대의 사건이 될 것으로 보인다. 다만 그때와 다른 점이라면 극비리에 이루어진 합병이라는 점과 공개적으로 진행되는 자본제휴라는 것이 다르다. 또한 다임러크라이슬러는 완전 통합이었지만 이번의 경우는 자본제휴라는 점에서도 차이가 있다.

이 제휴에 관한 이야기는 최근 자동차산업의 패러다임이 급속도로 변하면서 앞으로 전 세계 자동차업계의 지도를 새로 바꿀 수 있는 폭발력이 있는 사건이 될 수도 있다.

GM과 르노, 닛산은 모두 양산 브랜드다. 프리미엄이나 니치 브랜드들의 합병과는 다른 엄청난 비용저감과 시너지 효과를 기대할 수 있기 때문이다.

프리미엄 브랜드와 양산 브랜드의 합병의 대표적인 예인 다임러크라이슬러의 경우 아직까지는 르노 닛산의 제휴만큼이나 성공적이지 못한 것으로 평가받고 있다. 다임러크라이슬러의 경우는 아직까지 합병으로 인한 균형을 완전히 맞추지 못한 것은 부인할 수 없다는 얘기이다.

반면 르노와 닛산, 즉 두 양산 브랜드의 자본 제휴는 상대적으로 높은 시너지 효과를 누리고 있다. 특히 카를로스 곤으로 대표되는 과감한 구조조정으로 경영 위기에 몰렸던 닛산자동차를 완전히 바꾸어 놓은 좋은 예로 거론되고 있다.

다시 말하면 비용저감이 최대의 덕목인 양산 브랜드가 합병 또는 제휴를 했을 경우에는 어떤 형태로든 시너지 효과를 빨리 그리고 분명하게 이루어낼 수 있다는 것이다. 무엇보다 서플라이어를 공유함으로써 얻을 수 있는 비용저감 효과를 시작으로 판매 네트워크의 공유 또한 엄청난 비용을 절약할 수 있게 된다. 대표적인 예로 프랑스의 PSA푸조시트로엥과 GM과 대우자동차의 합병을 들 수 있다. 또한 플랫폼과 부품 공유로 인한 개발비 저감에 대한 부분은 더 이상 강조할 필요가 없는 내용이다.

그렇게 됐을 경우 현대기아차 그룹과 포드, PSA푸조시트로엥 그룹 등 양산차 메이커들은 비용저감 부분에서 더욱 큰 압박을 받게 돼 직접적인 위험요소로 작용하게 된다. 다시 말해 가격 경쟁력에서 우위에 설 수 없다는 얘기이다. 자본과 기술공유를 비롯해 시장까지 장악하게 된다는 시나리오가 가시화된다면 다시 한 번 '규모의 경제'의 위력을 실감하게 될 것이고 그 상황에서 양산 메이커들의 이합집산이 다시 한 번 광풍처럼 일어날 가능성도 부인할 수 없게 된다.

하지만 철저한 구조조정으로 조직의 슬림화로 수익성을 높이는데 성공한 르노 닛산연합과 이제부터 슬림화를 꾀해야하는 GM간의 제휴를 통한 규모 확대 전략은 이득이 없다는 지적도 있다.

GM은 성과가 부진한 후지중공업과 이스즈, 스즈키 등과의 자본제휴를 잇달아 해소 또는 축소하는 등 글로벌 전략을 정립하고 있는 상황. GM 자체만 해도 조기퇴직의 응모자가 3만 5,000명에 달하는 등 구조조정이 착착 진행되고 있는 상황이다. 과제인 판매부진을 제휴로 어느 정도까지 해소할 수 있을 것인지도 의문시되고 있어 GM 경영진은 제휴 제안을 신중하게 검토할 것으로 보인다.

이번의 제휴 제안에 대해 르노닛산연합은 열린 제휴로 확대할 가능성도 있다고 전향적인 자세를 나타내고 있으나 GM 이사회와 경영진의 전면적인 찬성을 얻어내기가 쉽지 않을 것이라는 GM 내부 사정도 그것이 그렇게 쉽지는 않을 것이라는 의견이 더 지배적이다.

그러나 시장에서의 반응은 아주 적극적이다. 이 제휴에 관한 이야기가 붉어지면서 뉴욕 주식시장에서 GM의 주가는 6월 30일 2.35달러나 폭등해 29.79달러로 마감한 것이다.

메이커간의 모델 공여가 폭넓게 진행되는 과정에서 불거진 세계적인 규모의 제휴에 관한 이야기는 당분간 자동차업계를 뜨겁게 달굴 핫이슈인 것만은 분명한 사실이다

GM과 르노닛산 제휴결렬, 21세기 자동차업계의 숙제

결국 많은 사람들의 예상대로 결말이 났다. 예상외인 것은 당초 10월 중순에 있을 것이라던 발표가 10일 정도 앞당겨진 것뿐이다.

GM의 릭 왜고너 회장은 추석 연휴 전날인 10월 4일 기자회견을 통해 르노닛산연합과의 제휴교섭이 결렬된데 대해 '르노닛산측이 제시한 주식을 보유하는 것이 주주가치를 높이지 않는다는 판단 때문'이라고 설명했다.

엔진의 공동 개발과 첨단 기술연구 등 개개의 사업 분야에서 효과가 있는 것은 양측 모두 의견이 일치했지만 3사 제휴는 관계가 복잡해지게 된다고 덧붙였다. 여러 분야에서 제휴효과가 있는 것은 있지

만 그런 식으로 개개 업무 분야에 업무제휴를 하는 데는 다른 의견들이 많았었다고 밝혔다. 특히 제휴로 인해 GM이 추진하고 있는 북미 재건사업이 지연될 수 있다는 점을 강조해 제휴에 관한 논의가 재기됐을 당시 거론됐던 내용을 재확인했다.

그러니까 세계 최대의 생산규모를 갖고 있는 GM이 르노닛산과의 연합에 의해 현재의 상황을 탈피할 수 있는 것은 아니라는 사실을 확인한 셈이다. 개개의 사안에 대해서는 제휴를 할 수도 있지만 르노닛산측에서 원치 않을 것이라는 표현으로 그들 간의 논의가 더 이상 진전이 되지 않을 것이라는 점을 표현했다.

주변의 많은 전문가들은 우선 제휴를 통해 시너지 효과를 낼 가능성이 현실적으로 높지 않고 특히 미국의 문화와 일본 및 프랑스의 문화적인 차이로 서로의 이해를 일치시키는 방법에서도 큰 차이가 있어 '불가론'을 말 해 왔다.

GM의 릭 왜고너 회장은 2005년 900만대에 달하는 생산대수를 가진 GM이 대당 1,100달러에 달하는 105억 달러의 적자를 기록했기 때문에 도움이 필요한 것은 사실이지만 그것은 어디까지나 GM이 미국 문화를 바탕으로 해결할 수밖에 없다고 주장했었다. 릭 왜고너는 처음부터 이 제휴에 대해 부정적인 시각을 갖고 있었다는 말이다.

그러니까 이 논의의 단초를 제공했던 GM의 대주주 커크 커코리언(Kirk Kerkorian)이 자신의 지분에 대한 이익을 목표로 했던 것에 대해 릭 왜고너 및 이사회 멤버들이 제동을 건 형국으로 결론이 난 것이다.

더불어 GM의 엄청난 적자는 일부 자본 제휴를 통해 해소할 성질의 것이 아니라는 사실을 GM 관계자는 물론 지켜보는 대부분의 전문가들은 알고 있다.

르노와 닛산의 경우는 상호 자본제휴를 통해 시너지효과를 낼 수 있었다. 그것은 상대편의 좋은 점을 받아 들였기 때문이다. 더불어 서로에게 부족한 부분이 있어 그것이 적절히 조화를 이룰 수 있었다.

그러나 GM은 다르다. 지금까지 GM은 다른 파트너로부터의 조언을 듣지 않는 것으로 유명하다. 흔히 우리가 표현하는 오만함(Arrogance), 또는 지극히 보수적인 회사 분위기가 뭔가 파격적인 해결책을 찾고 그에 대응해 나가는 데는 그 어느 메이커보다 부족함을 보여 왔다. 그보다는 대과가 없으면 '좋은 것이 좋은 것'이라는 식으로 미봉책을 구사해 왔다. 그것은 물론 미국식 문화라고도 할 수 있고 좋은 시절에는 좋은 점으로 부각됐었다는 점도 부인할 수 없다.

어쨌든 그런 자세가 결국은 엄청난 비용의 소모를 가져왔고 오늘날은 바로 그 문제에 봉착해 1990년대 후반 이후 끊임없는 구조조정에도 불구하고 아직까지 특별한 해답을 내놓지 못하고 있다. 대표적인 것이 UAW와의 관계다. 포드, 크라이슬러와 공동으로 대응하는 일이기는 하지만 연금 기금(pension fund)과 의료보조금 등으로 소요되는 천문학적인 비용이 발목을 잡고 있다.

또한 조직의 비대화로 시장의 변화에 따른 대처에도 일본이나 한국, 유럽 메이커들에 비해 굼뜨다. 크게 보아 이 두 가지 결합해 아무리 엄청난 구조조정을 통한 비용절감을 하더라도 실제로 수익성을 높이는 데는 도움이 되지 못하고 있다.

역설적으로 표현하자면 양산차 메이커들의 덕목인 코스트 다운의 실현을 위해 너무 많은 자동차를 생산하고 있는 것이 GM에게는 문제점으로 부각됐다고도 할 수 있다. 또한 그처럼 많은 브랜드를 소유하고도 각 브랜드간의 뚜렷한 차별화를 만들어내지 못하고 있는 것도 GM에게는 해결해야 할 큰 숙제 중 하나다. 최근 시보레와 캐딜락 디비전이 해외시장에서 호응을 얻고 있기는 하지만 그 외에는 해외시장에서 경쟁력을 발휘할 모델들이 없다. 그 좋은 브랜드 올즈모빌은 아예 운명을 달리하기도 했다.

이번 사건에서 우리가 얻을 수 있는 교훈은 양산차 메이커들이 21세기의 자동차산업 패러다임이 지금까지의 예상과는 또 다른 방향으로 전개되고 있다는 것이다. 인수합병을 통해 비용을 저감하는 것이 최우선의 과제로 여겨졌던 90년대 후반 등장한 논리가 이제는 꼭 맞지 않을 수도 있다는 것이다.

1976년 합병에 90년대 후반부터 시너지효과를 극대화하며 일취월장했던 PSA푸조시트로엥이 지금 방향을 잃고 있다. 물론 그렇다고 당장에 어떤 일이 벌어진다는 식의 논리는 반대하지만 그냥 보고 넘길 일이 아닌 것만은 분명하다.

그리고 1998년 인수합병 물결 속에서 뭉쳤던 다임러크라이슬러의 크라이슬러 디비전도 판매가 예상보다 좋은 상황은 아니다. 이번 제휴 논의의 핵에 있었던 르노와 닛산도 모두 실적 부진으로 구조조정을 하고 있거나 앞으로 더 많이 해야 하는 상황에 처해 있다.

1998년 뭉친 또 하나의 예가 현대기아그룹이다. 현대기아그룹은 적어도 외형상으로 당장에는 큰 문제가 없는 것처럼 보인다. 하지만 최근 2~3년 사이 미국시장에서의 판매 부진에 대해 우려의 목소리가 커지고 있다. 앨라배마 공장의 가동으로 뭔가 새로운 돌파구를 찾을 수 있지 않을까 하는 기대와는 달리 판매는 하락하고 있다.

1990년대 말 규모의 경제의 틀에 맞지 않은 프리미엄 브랜드들이 운명을 달리하거나 주인이 바뀌는 한 차례 소동을 겪더니 이번에는 양산차 메이커들의 '존재의 이유' 에 대한 질문이 부상하고 있다.

'쿼바디스?'

 21세기 자동차산업의 제휴관계는 모델 공여?

90년대 말 M&A의 회오리 속에서 이합집산을 통해 재편된 세계 자동차업계가 앞으로는 새로운 양상으로 업계 재편을 시도할 것으로 보인다. 무엇보다 로버 자동차의 파산으로 드러났듯이 이제는 무작정 합병만이 정답은 아니라는 것은 모두가 알고 있는 사실. 이태리의 피아트그룹의 피아트 오토도 수년 동안 중국의 상해기차와 현대자동차 등에 러브콜을 보내며 인수해 줄 것을 기대했으나 아직까지는 아무도 그에 대한 관심을 보이지 않고 있다.

'규모의 경제' 논리의 지배를 받은 자동차산업에서 기존 업체를 인수하거나 합병, 또는 제휴를 통해 비용 저감을 찾는 방안이 무엇보다 중요한 것은 분명한 사실이지만 두 업체가 합병해 시너지 효과를 낼 수 있는가에 대한 선례들로 인해 피아트의 이런 제안에 선뜻 나서는 업체가 없는 것이다.

그런 가운데 일본 메이커들이 새로운 형태의 제휴를 모색하고 있어 주목을 끌고 있다. 다 알다시피 일본 빅 3메이커들 중 토요타와 혼다만이 독자적으로 운영되고 있고 닛산은 르노와 자본 및 기술 제휴 관계를 맺고 있다. 그리고 다이하츠는 토요타 산하에 있기 때문에 운신의 폭이 넓고 마쓰다도 포드 산하에서 브랜드 아이덴티티를 찾아가며 자생의 길을 모색하고 있다. 현대자동차에게 자동차 만드는 법을 가르쳤던 미쓰비시는 다임러크라이슬러와의 자본제휴관계가 해소되면서 어려운 상황에 빠져 있으나 최근 판매에서는 조금씩 살아나는 모습을 보이고 있다.

그리고 경차 만들기에 장기를 갖고 있는 스즈키와 이스즈 등은 GM과의 자본 제휴를 해소하면서 본격적으로 규모의 경제에 대한 질문을 받고 있는 상황이다.

그런데 닛산자동차와 스즈키가 6월 2일 국내외에서 완성차를 상호 공급하기로 하는 등 사업제휴 확대의 구체적인 안에 합의했다고 발표해 주목을 끌고 있다. 이는 국내외에 있는 생산거점의 가동률을 높이고 상호 보완체제를 강화하기 위함이라고 한다.

그 내용을 살펴보면 일본 내에서는 2006년 말부터 닛산이 스즈키에게 미니밴을, 스즈키가 닛산에게 두 번째 차종이 되는 경승용차를 각각 OEM으로 공급한다는 것. 해외에서는 2008년부터 닛산이 스즈키에게 북미용 소형 픽업트럭을, 스즈키가 닛산에게 유럽시장용 소형 승용차를 OEM으로 공급하기로 했다.

또 구미 이외에도 앞으로 성장이 기대되는 해외 시장에서 차량의 생산협력을 한다는 내용도 포함되어 있다. 예를 들면 인도에서 스즈키가 현지 공장에서의 생산 차종을 닛산에게 공급한다는 것이다. 공급하는 차종과 대수 등 구체적인 내용은 앞으로 협의하기로 했다고 한다.

닛산에 따르면 일본 내에서의 수요가 많은 경차의 차종을 늘리고 부진한 일본 내수시장에서의 점유율 증대를 꾀할 수 있다고 한다. 또 진출이 늦은 인도 시장에 관해서도 현지에서 높은 점유율을 과시하는 스즈키의 힘을 빌어 기반을 구축하는 것이 가능하다고 밝히고 있다.

한편 스즈키는 다인승 미니밴을 공급받아 라인업을 풍부하게 할 수 있고 소규모에 그치고 있는 미국 판매의 강화로 연결될 수 있을 것으로 기대하고 있다고 한다. 해외에서의 생산협력은 인도 이외에도 멕시코 등 닛산공장에서 스즈키 차를 생산하는 방안도 검토하고 있단다.

두 회사의 경영진은 그렇지만 다른 형태의 합병이나 자본제휴 등으로 발전할 가능성에 대해서는 부인하고 있는 것으로 알려졌다.

과연 이런 형태의 모델 공여가 시장에서 어떻게 받아들여질지 아직은 미지수이지만 이미 토요타와 PSA푸조시트로엥 등에서도 그 예가 있어 앞으로 더욱 활발하게 이루어질 가능성도 없지 않을 것으로 보인다.

 J.D.파워 품질조사 현대차 3위가 "소니 쇼크"?

지난주 미국 컨설팅회사 J.D.파워&어소시에이트의 2006 자동차 초기품질조사 결과를 발표된 후 필자는 여러 라디오 방송들에 출연해 그에 대한 해설과 분석에 관한 이야기를 했다. 그런데 인터뷰를 진행하기 전 사전 안내 멘트 중 어느 방송국에서인가 이번 2006년 J.D.파워의 초기 품질조사 결과 우리나라 현대자동차가 일본을 제치고 3위에 오른 것에 대해 '소니 쇼크(SONY Shock)'라는 말을 썼다. '소니 쇼크'란 다 알다시피 삼성전자가 백색가전 시장에서 일본의 세계적인 전자회사인 소니를 앞질렀다는 것을 두고 한 말이다.

그런데 이번 J.D.파워의 2006년 초기 품질조사 결과 현대자동차가 토요타를 제치고 3위를 차지했으니 그 정도로 충격적인 사건이고 토요타가 그에 대해 많은 놀라움을 표시했다는 것이다.

J.D. 파워가 발표한 초기품질조사(IQS : Initial Quality Survey)란 신차를 구입한 후 90일 이내인 유저들을 대상으로 품질 결함지수를 조사하는 것이다. 100대 당 결함이 몇 개인가로 표시한다.

올 해의 조사에서는 그동안과는 달리 몇 개의 특이한 점이 발견된다.

우선 2005년에 결함지수 147로 31위였던 독일의 포르쉐가 한 해 만에 결함지수가 91로 개선되며 1위로 등극했다는 것이다. 2004년 조사에서는 포르쉐는 표본지수 부족으로 랭크되지 않았었다.

두 번째로는 이 조사에서 12년 동안 부동의 1위를 차지했던 토요타의 럭셔리 브랜드 렉서스가 2005년의 결함지수 81보다 12포인트나 나빠진 93으로 2위로 떨어졌다는 것을 들 수 있다.

세 번째로는 현대자동차가 결함지수 102로 106인 토요타를 제치고 3위를 차지했다는 것이다. 이를 두고 국내 일부 언론에서는 소니쇼크라고 표현하는 듯싶다.

하지만 이것은 두 가지 측면에서 사실과 다르다.

그 하나는 현대자동차가 토요타자동차보다 초기품질조사에서 앞선 것이 처음이 아니라는 것이다. 2004년에 이미 현대자동차는 J.D.파워의 초기 품질조사에서 토요타를 앞선 적이 있다. 당시의 결과는 1위가 렉서스로 87포인트였고 다음이 캐딜락 93, 재규어 98, 혼다 99, 뷰익 100, 머큐리 100, 그리고 현대자동차가 일곱 번째로 102포인트였으며 그 다음이 인피니티와 토요타가 104로 8위에 랭크됐었다.

'소니 쇼크'라는 표현을 쓰려면 그때 썼어야 했을 것이다. 그보다는 현대자동차의 결함지수가 2004년 102에서 2005년 107로 떨어졌다가 다시 102로 개선되었다는 점에 더 주목해야 할 것이다. 이는 앨라배마공장 효과라고 요약할 수 있을 것이다.

또 하나는 현대자동차의 J.D.파워 초기품질조사 3위가 현대자동차가 전 세계 자동차회사들 중 3위를 의미하는 것이 아니라는 사실이다.

J.D.파워&어소시에이트는 말 그대로 미국에서 나름대로 인지도가 높은 품질조사를 하는 컨설팅회사일 뿐이다. 그 J.D.파워가 조사 발표한 자료가 바로 모든 기준의 척도가 되는 것은 아니라는 것이다.

물론 J.D.파워든 아니면 다른 어떤 조사기관이든 거기에서 실시한 조사에서 상위에 랭크됐다는 것이 좋은 일임은 분명하다. 그만큼 품질이 개선됐다는 것을 의미하기 때문이다.

그런 면에서 J.D파워의 결과에서 현대자동차의 발전은 괄목할만하다. 2001년 192에서 2002년에는 153으로 2003년 147, 2004년 102, 2005년 107, 그리고 2006년 102로 누가 뭐래도 놀라운 발전을 이룬 것은 부인할 수 없다.

그런데 미국에는 J.D.파워 말고도 다양한 품질조사 관련 회사들이 있다. 그중 현대자동차가 최근 자주 인용하는 것이 오토패시픽이다. 물론 J.D.파워와 유사한 품질조사를 하는데 상대적으로 인지도나 신뢰성에서는 떨어지는 업체다. 그 오토패시픽의 조사 결과 중 특이한 것은 토요타자동차의 신차만족도가 2003년 18위에서 2004년 7위로 향상되었다는 것이다. 물론 이는 초기품질조사가 아니라 현재 미국 내에서 시판되고 있는 모든 승용차와 경트럭들에 대해 수치로 만족도 순위를 나타내고 있는 것이다. 이 결과는 자동차의 조작 및 안전성, 안락성, 그리고 구매 및 리스과정에 관한 44개의 분야에 걸친 소비자의 만족도를 조사한 것이다. 스타일링과 디자인도 포함된다.

여기에서도 현대자동차는 높은 점수를 받았다. 2006년 조사에서 아제라(그랜저TG)와 싼타페가 세그먼트 1위를 차지한 것이다.

또 하나 빠트릴 수 없는 것이 컨슈머 리포트다. 컨슈머 리포트는 미국의 소비자들에게 가장 높은 신뢰도를 얻고 있다.

미국의 '컨슈머 리포트'(Consumer Report)지는 미국 내에서 가장 객관적인 시장 평가 조사기관으로 불리 운다. 120만 명에 달하는 정기구독자와 이 컨슈머 리포트가 매달 발행하는 자동차, 전자제품, 가구, 아기용품 등의 분야별 조사 평가 보고서 성격의 잡지는 소위 '꼼꼼하게 따지기 좋아하는' 사람들이 제품을 구입하기 위한 정보를 얻는데 가장 먼저 선택된다. 이 컨슈머 리포트는 흔히 서점에서 구할 수 있는 가장 기초적인 자동차 비교 자료로 꼽히는데, 새 차(신차/중고차)를 구입하려는 사람들이 정확하게 어떤 모델에 대해 결정을 내리지 못할 때 각 모델들을 비교하기 위한 자료로서 미국 내에서는 최고의 인정받는 책이다. 컨슈머 리포트는 전혀 광고를 싣지 않으며 조사대상 물품도 반드시 자체 비용으로 구입해 광범위하며 객관적인 소비 실험을 통해 품질을 비교 분석하는 것으로 정평이 있다.

그런 컨슈머 리포트의 2004년의 신뢰도 조사 결과 한국차로는 처음으로 현대의 '쏘나타' 가 Best 카테고리에 추가 되었었다. 2002년 조사에서 쏘나타와 싼타페가 한국차로서는 처음으로 컨슈머 리포트의 '권장할만한 차' 리스트에 오르기도 해 한국차의 발전상을 보여 주기도 했었다.

최근에는 J.D.파워나 오토패시픽보다는 컨슈머 리포트나 Edmunds.com. Cardirect, Autobytel 같은 인터넷 웹사이트들이 J.D 파워 보다 훨씬 더 공신력 있고 영향력 있는 매체로 자리 잡고 있다.

2005년 5월 미국의 광고잡지에 의해 발행된 통계에 따르면, 20대에서 50대에 이르는 미국의 차량 보유자중 87%이상이 J.D 파워의 결과를 인용하는 자동차회사의 광고 보다, Edmunds.com이나 컨슈머 리포트가 제공하는 신뢰도 조사에 더 무게를 두고 있는 것으로 나타났으며, 신차나 중고차의 모델 선정에 있어서 이러한 인터넷 웹사이트가 제공하는 데이터가 구입에 영향을 끼치는 비율도 34% 이상으로 늘어나고 있는 실정이다.

하다못해 이러한 사이트들은 구입시에 딜러 혹은 오너에게 지불해야 할 가격의 적정선을 정해 줄뿐 아니라, 신차나 중고차 구입 후 보편적으로 나타나는 같은 차종의 문제들에 대한 해법이나, 장단점 비교를 쉽게 해주고 있어서 속된 말로 J.D 파워 결과를 TV 광고에서 듣고 있을 시간에 이러한 사이트를 통해 자신이 원하는 정보만을 쉽게 빼낸다는 것이 지금 미국 시장의 추세라는 것이다.

결국 일반인들의 입장에서야 이런 뉴스를 보고 즐거워하는 것은 당연하다. 또 그것이 나쁘지 않다고 본다. 하지만 좀 더 깊이 있는 정보를 원하는 입장에서는 불과 2년 전의 데이터조차 알지 못하는 비교자료를 바탕으로 '소니 쇼크' 운운하는 것은 이제 더 이상 그 누구에게도 도움이 되지 않는다는 것이다.

특히 J.D.파워는 그들의 신뢰성이 떨어지는 것을 회복하기 위해서

인지 그동안과는 달리 올해의 조사에서는 생산품질만 기준으로 했던 것과는 달리 디자인도 포함시켰다. 그래서 일부 브랜드는 한 부문에서는 상위에 랭크되었어도 다른 부문에서 떨어져 하위에 랭크된 예도 있다. 물론 그 반대도 마찬가지다.

J.D.파워의 조사결과는 최대한 인정한다 해도 그것은 어디까지나 미국시장에서의 일이다. 세계 시장에서 현대자동차가 3위의 실력을 인정받고 있는 것은 아니라는 것이다. 3위에 오른 것에 고무되어 더 높은 품질을 위해 노력을 하는 것은 좋지만 마치 그것이 모든 기준인 양 떠들 것까지는 아니라는 것이다.

고유가 시대에도 멈추지 않는 수퍼카의 진화

세상에는 아이러니한 일이 많다. 특히 오늘날처럼 고유가가 당연시되어 버린 시대에 사는 우리들 앞에 나타나는 고성능카를 보면 도대체 어디에 초점을 맞추어야 할지 헷갈린다는 의견을 제시하는 사람들이 많다. 하지만 자동차회사들은 그런 사회적인 분위기에 아랑곳하지 않고 그들이 할 수 있는 가능한 방법을 동원해 고성능 모델을 개발해 내놓는다. 경쟁 메이커들보다 어떤 형태로든 앞선 기술력을 자랑하기 위한 노력의 일환일 수도 있다.

어쨌거나 이제는 리터당 100마력이 넘는 모델을 만들어 내는 것이 더 이상 새롭거나 하지 않는 시대에 살고 있는 것은 분명하다. 그리고 그 고성능 자동차의 가치를 우리는 정확히 판단할 필요가 있다.

출력을 높이는 가장 대표적인 방법은 물론 엔진 배기량을 증대시키는 것이다. 특히 1920년대를 전후해서는 우리가 상상할 수 없을 정도로 높은 배기량을 가진 엔진이 등장했었다. 3만cc가 넘는 엔진까지 나타났던 것이다. 하지만 그만큼 차체가 커지게 되고 중량이 증가해 운동성능에 나쁜 영향을 주게 되어 실용적이지 못했었다.

하지만 오늘날에는 차종에 따라 다르지만 2리터 정도의 배기량이면 어지간한 차체는 실용적으로 구동할 수 있는 시대가 되었다. 그리고 거기에 동력성능과 운동성능을 더욱 강화해 매력적인 머신을 추구하고 있는 것이 이 난의 주제인 고성능 자동차, 또는 수퍼카라 할 수 있다. 예를 들어 V6 3.5리터라든가 V8 4리터 정도로도 1980년대에는 불가능하게 여겨졌던 고성능 스포츠 세단을 만들고 있는 것이다. 그것은 리터당 100마력의 성능을 이끌어 낼 수 있는 엔진 기술의 발달이 가져다 준 결과다.

또한 환경문제가 첨예하게 대두되면서 디젤엔진과 하이브리드카의 고성능화도 빠르게 진행되고 있다. 디젤엔진의 경우 높은 토크특성을 최대한 살리는 주행특성으로 인기를 높여가고 있고 하이브리드도 환경뿐만이 아닌 새로운 파워감을 실현하려는 노력들이 경주되고 있다.

이런 엔진 부문의 발달 외에 트랜스미션과 섀시, 차체의 경량화 등에 이르기까지 고성능화를 위한 노력은 실로 끝이 없다.

그리고 이런 각 부분의 첨단 기술을 종합한 것이 속속 등장하면서 자동차인들을 설레게 하고 있다.

한 가지 짚고 넘어갈 것은 수퍼카, 또는 고성능차라고 하는 용어가 단지 최고속도의 절대치만을 말하는 것은 아니라는 점이다. 반복되는 코너를 매끄럽게 주파하는 것과 예민한 핸들링으로 정확한 추종성을 추구하는 것, 그리고 엔진의 동력을 최대한 살려내는 트랜스미션에 이르기까지 그 범위는 아주 넓다고 할 수 있다.

그런 의미에서 최근에는 수퍼카 붐이 일고 있다고 해도 과언이 아닐 것 같다.

우선 거론할 수 있는 것이 대당 170만 달러라는 턱 없이(?) 비싼 가격표가 붙은 폭스바겐 그룹에 속한 부가티의 수퍼카 베이론 16.4다.

최고출력 1001ps, 최고속도 406㎞/h, 부가티의 베이론 16.4는 흔히 말하는 드림카의 대표적인 존재가 되기 위한 행로를 개척하고 있다.

부가티 EB16.4의 오픈 버전에 관한 이야기도 있다. 407㎞/h를 달리는 오픈 모델이 필요한가 하는 의견이 있을 수도 있다. 하지만 수퍼카의 세계에서는 통상적인 논리와는 다른 그 무엇이 있다.

동시에 2리터 200ps 직렬 4기통 TFSI엔진을 미드십으로 탑재할 계획도 있는 것으로 알려졌다. 보급형이다. 베이비 부가티라고 표현하는 이도 있다. 이 외에도 베이론의 휠베이스를 연장해 2+2인승 모델도 추가할 것이라는 소문도 있다.

그런데 같은 그룹 내 아우디가 R8 르망을 출시하는 것은 시간문제인데 이탈리아의 자회사 람보르기니도 몇 가지 프로젝트가 진행 중에 있어 그중에서도 2+2인승과 SUV의 가능성에 관해 검토 중이라고 한다. 람보르기니는 LM002라는 이름의 SUV, 에스파다라는 이름의 4인승 모델이 존재했었다. 하지만 아직 개발 승인이 나지는 않았다고.

이들 소위 말하는 수퍼카들의 판매대수 변화가 의미심장하다. 영국의 대표적인 수퍼카 아스톤 마틴은 1992년경 판매대수가 10대에 채 미치지 못했었던 것이 2003년에는 100대를 넘어섰다. 뱅키시를 25만 5,000달러의 가격에 판매하고 있다. 100만 달러짜리 엔초 페라리를 라인업하고 있는 이태리를 대표하는 수퍼카 페라리도 연간 600대 정도의 판매대수를 보이고 있으며 그룹 내 마세라티도 1998년에는 빈사상태였던 것이 1999년을 기점으로 다시 살아나 2003년에는 450대를 판매했다. 아우디 산하로 들어간 람보르기니도 27만 9,900달러짜리 무르치에라고를 출시한 이후 수익을 내기 시작하면서 경영 상황에 호전되고 있다.

이런 추세 때문에 일부에서는 다시 한 번 수퍼카의 전성시대가 도래할 것이라는 전망을 내놓기도 한다. 물론 거기에는 우리가 이그조틱카로 분류하는 접근할 수 없는 모델도 있겠지만 그보다 우선 시야에 들어오는 것은 양산 시스템을 취하고 있는 모델이다.

독일 프리미엄 브랜드 빅3 중 메르세데스 벤츠는 45만 5,500달러의 SLR이라고 하는 수퍼카를 시판하고 있는 대표적인 메이커. 여기에 최근 300SL의 전통을 이어받은 걸윙 도어 프로젝트를 추진했으나 여러 가지 이유로 취소했다고 한다. 다만 SL과 SLR 사이에 포지셔닝하게 될 12만 유로 정도의 걸 윙 도어 스포츠카의 계획은 아직 살아있다고 한다.

현재 가장 기세가 등등한 BMW는 Z4를 시작으로 Z4 M, M3, M5, M6로 이어지는 라인업을 구축하고 있다. 그런데 BMW에는 포르쉐나 페라리 등과 필적할 20만 유로 급의 수퍼카가 없다.

그래서 BMW는 미드십 2인승 스포츠카로 M5와 M6에 탑재해 정평이 있는 V10엔진을 탑재하고 섀시는 알루미늄을 채용한 Z9 컨셉트가 있다. 다만 정식으로 개발 허가가 떨어지지는 않았다고 한다.

한편 영국의 재규어는 2005년 프랑크푸르트쇼를 통해 선보였던 신형 XK의 고성능 버전 XKR을 2006 런던모터쇼를 통해 선보였다. XK의 고성능 버전 XKR은 XK에 탑재된 4.2리터 V8에 수퍼차저를 채용한 것으로 최고출력은 자연흡기 엔진보다 120ps 증대된 420ps, 최대토크는 57.1kgm로 향상되어 있다. 서스펜션은 스프링 레이트가 XK보다 앞 38%, 뒤 24% 향상되어 보다 스포티한 맛을 느낄 수 있게 함과 동시에 댐퍼의 감쇄를 2단계로 조정해 주는 CATS(Computer Active Technology Suspension)와 차량 제어 시스템인 'TRAC DSC'도 XKR에 맞게 튜닝 되어 있다.

한편 정통 스포츠카 브랜드인 포르쉐의 움직임도 간과할 수 없다. 포르쉐는 카이맨은 295ps 사양의 S버전부터 출시했다. 하지만 911과의 애매한 가격 설정 등으로 인해 베이직 모델인 245ps버전을 올 여름 출시할 것으로 알려졌다. 그리고 역으로 하나의 터보차저를 채용한 3.6리터 340마력 사양도 개발 중인 것으로 알려졌다. 이 차는 빠르면 내년 중에 출시될 것으로 알려졌다.

다음으로 마세라티 CC도 주목을 끄는 모델 중 하나다. 1998년 출시된 현행 쿠페 대신 8년 만에 개발되는 신형 쿠페의 디자인은 콰트로포르테와 아주 비슷하고 프론트의 거대한 라디에이터 그릴 등이 특징이다. 차체는 2+2인승 쿠페. CC, 즉 쿠페 카브리올레는 어디까지나 예상이지만 가능성이 아주 높은 것으로 전망되고 있다.

이 차체에는 현행 모델에 탑재되어 있는 4.2리터 V8 엔진을 베이스로 하고 BMW와 아우디, 그리고 메르세데스 벤츠 등 독일제 프리미엄 군단에 대항하려 하고 있다. 페라리에서 6리터 V12 엔진을 차용해 탑재하고자 한다는 것이다.

그렇다면 이런 수퍼카, 이그조틱카의 생명력의 핵심은 무엇일까. 물론 누구나 상상할 수 있듯이 고성능, 독창적인 디자인, 그리고 고가의 자동차를 소유하고 있다는 점을 중시하는 유저 등을 들 수 있을 것이다.

하지만 그보다는 그 메이커가 할 수 있는 장점이 무엇인지를 보여주면서 이미지 메이킹을 하는 것이 가장 큰 요소는 아닐까. 그 때문에 최근 들어 기존 프리미엄 브랜드들은 물론이고 프리미엄을 지향하는 브랜드들, 그리고 양산차 브랜드들까지 이런 고성능 모델의 개발에 발 벗고 나서는 것이다.

예를 들어 폭스바겐은 GTI와 R, 푸조 RC, 볼보 R, 캐딜락 V, 크라이슬러 SRT, 포드 GT 등이 그것이다. 아직 한국 메이커들은 이런 분야에 대해 내놓을만한 것이 없다.

수퍼카 그 자체의 판매대수는 적더라도 다른 양산 모델들의 가치를 높여 주는 수단으로서의 기본적인 역할을 한다. 동시에 수퍼 스포츠카의 시장을 만들어 나름대로의 수익성까지 올릴 수 있는 시대가 되어 있다는 것도 오늘날 자동차 시장에 내재된 잠재력이 아닐까?

쿠페 컨버터블의 전성시대를 맞이하다

한 대의 자동차로 두 가지 장르를 즐긴다.

소위 말하는 CC, 즉 쿠페 컨버터블 모델에 대한 말이다. 쿠페 컨버터블이라는 단어를 사용한 모델을 먼저 선보인 것은 프랑스 PSA푸조 시트로엥 그룹의 푸조다. 205에서 206으로 변화하면서 획기적인 디자인으로 세간의 주목을 끌었던 푸조가 그 모델의 오픈 버전을 리트랙터블 하드탑 컨버터블로 만든 것이다. 그러니까 과거에 하드탑 오픈카에서는 탑을 내려 주차장에 놓고 가야 하는 번거로움이 있었는데 트렁크에 수납해 필요할 때마다 변신을 하는 즐거움을 제공한 것이다.

하지만 리트랙터블 하드탑 컨버터블이라고 하면 메르세데스 벤츠의 SLK가 더 먼저다. 1996년 데뷔한 SLK는 하드탑이 트렁크 공간으로 말끔하게 수납되는 카멜레온 같은 독특한 기능의 모델을 선보인 이 분야의 선구자였다. 하지만 메르세데스는 SLK에 대해 쿠페 컨버터블이라는 용어를 사용하지 않고 바리오 루프(Vario roof)라고 했다.

그런데 우리는 하드탑 컨버터블하면 푸조를 먼저 떠 올리게 되는 것이다. 그것은 어쩌면 장르상의 차이 때문은 아닐까. 메르세데스 벤츠 SLK는 독일 프리미엄 브랜드답게 주행성에 비중을 둔 스포츠카 개념의 이미지를 추구하는 방향인데 반해 푸조 206CC 등은 그보다는 쿠페의 스타일리쉬한 디자인과 컨버터블의 오픈 에어링을 동시에 즐길 수 있다는데 초점을 맞추었다는 점에서 차이가 있다. 그것은 리트랙터블 하드탑이 가질 수밖에 없는 태생적인 한계 때문이다. 탑을 내렸을 때와 씌웠을 때의 앞뒤 중량 배분의 차이가 주행성을 강조할 수는 없게 한다는 것이다.

그럼에도 불구하고 2005년 프랑크푸르트쇼를 기점으로 다양한 쿠페 컨버터블이 등장하고 있다. 2005 프랑크푸르트쇼장에 전시되었던 쿠페 컨버터블 모델들은 볼보 C70을 비롯해 폭스바겐 이오스, 메르세데스 벤츠 SLK 클래스& SL시리즈, 렉서스 SC430, 오펠 트윈탑, 닛산 마이크라 C+C, 푸조 206CC와 307CC, 르노 메간 CC 등이다.

여기에 올 초 제네바쇼에는 2인승 경량 로드스터의 선구자 마쓰다 MX-5도 CC화했으며 이제는 BMW마저도 3시리즈 컨버터블을 하드탑 타입으로 개발하고 있을 정도다. BMW는 그동안 운동성능 측면에서 BMW류를 만족시킬 수 없다는 이유로 변신을 거부해 왔었으나 이제는 생각을 바꾼 것이다. 스포츠 로드스터로서의 성격은 Z4시리즈에 맡기고 3시리즈는 패밀리 유즈, 혹은 퍼스널 쿠페로서의 성격을 부여하겠다는 것이다. 물론 BMW도 2000년 파리살롱에 에드차라는 회사의 4인승 컨버터블의 하드탑을 채용한 3시리즈의 컨셉트카를 선보이기도 했었다. 양산에서만 늦을 뿐이지 적어도 이 부문에서는 선구자라는 얘기이다.

물론 재규어 XK시리즈나 메르세데스 벤츠의 CLK클래스처럼 여전히 쿠페와 컨버터블을 별도로 라인업 하는 예도 있다.

어쨌거나 이런 하드탑 컨버터블 바람 때문에 이런 형태의 루프를 제작하는 카만이라든가 CTS(CAR TOP SYSTEMS) 등의 주가가 한층 높아졌다.

볼보의 C70은 바로 이런 쿠페 컨버터블의 바람과 함께 등장한 모델이다. 850을 베이스로 했던 기존 소프트 탑 컨버터블 C70은 현행 S40과 V50 시리즈의 볼보 소형 플랫폼을 유용하고 있는 모델.

볼보는 C70에 거는 기대가 크다. 기존 소프트 탑의 경우 연간 8,000대 정도 팔렸었는데 신형으로는 그 두 배인 1만 6,000대 판매를 목표로 하고 있다.

뿐만 아니라 볼보는 올 해에만 세 개의 주력 모델을 발표해 그 어느 때보다 활발한 움직임을 보이고 있다. 플래그십인 S80에 많은 힘을 들였고 새로운 세그먼트의 모델 C30도 파리살롱을 통해 공식 데뷔시키며 기세를 올리고 있다. 그 사이에 SUV모델은 XC90의 페이스리프트 버전도 내놓았다.

그러니까 1980년대 후반 독일 프리미엄 브랜드들이 걸어온 세그먼트 확대의 길을 걸을 것인지에 대해서는 확실치 않지만 지금까지 니치 브랜드에서 메이저 프리미엄 브랜드로의 신분 상승을 위한 행보가 느껴진다는 것이다.

전 세계 1만 5천대 규모의 초고가차 시장의 전쟁

영국산 초호화 럭셔리카 브랜드 벤틀리가 한국시장에 공식 데뷔했다. 이미 그레이 임포터를 통해 70대 가까운 벤틀리가 수입되어 있는 상황에서 한국에 전시장을 오픈하고 공식 행보를 시작한 것이다.

벤틀리의 역사는 창업자 월터 오웬 벤틀리(Walter Owen Bentley)가 1918년 자신의 이름을 딴 자동차회사를 만들면서 시작됐다. 그의 타고난 기술적 안목과 기계에 대한 남다른 철학으로 만들어진 벤틀리는 1920년대 롤스로이스의 최대의 라이벌로 떠오르며 주가를 올렸다. 하지만 아쉽게 경제공황을 견디지 못하고 1931년 롤스로이스에 합병됐다.

그리고 다시 1990년대 말 인수합병의 열풍 속에서 롤스로이스와 벤틀리는 BMW 산하로 들어가게 되며 다시 2003년 1월 1일자로 롤스로이스는 BMW, 벤틀리는 폭스바겐 산하로 들어가면서 70여년 만에 각자의 길을 걷게 된다.

1931년 이후 롤스로이스는 귀족의 고급승용차로서, 벤틀리는 고성능의 대형 스포츠카로써의 이미지 차별화를 추구해 왔다. 하지만 그로 인해 자연스럽게 벤틀리와 롤스로이스는 격이 달라졌다. 지금은 마이바흐와 롤스로이스가 별도의 존재로 여겨지고 있다.

그리고 그 아래에 포지셔닝 되어 있는 모델이 바로 오늘 시승하는 벤틀리가 있고 또 하나 아스톤 마틴이다. 이렇게 구분하는 기준은 물론 판매가격이다. 마이바흐는 미국시장 기준으로 38만 달러, RR 팬텀은 32만 달러가 넘는 판매가격을 설정하고 있으며 벤틀리와 아스톤 마틴은 최상급 모델인 벤틀리 아나지가 24만 달러, 아스톤 마틴 V12 뱅키시S가 25만 달러 선이다. 필자는 그냥 20만 달러 모델로 분류해 설명해 왔었는데 분명한 차이가 존재한다는 것이다.

어쨌거나 20만 달러 이상의 가격을 받을 수 있는 모델을 보유하고 있는 이 네 개 브랜드들의 전 세계 연간 판매대수는 1만 5,000대 가량에 지나지 않는다.

하지만 그나마 불과 10여 년 전인 20세기에는 전 세계의 초호화 럭셔리카 시장은 롤스로이스가 아무리 많은 차를 만들어도 3,000대 정도에 불과했다. 그것을 생각하면 그 다섯 배에 달하는 1만 5,000대라는 시장 규모는 작다고만은 할 수 없다.

그 중 판매대수면에서 가장 괄목할만한 성장을 보인 것이 바로 벤틀리다. 벤틀리는 폭스바겐 산하로 들어가기 전에는 연간 1,000대에도 미치지 못하는 소규모 메이커였다. 과거 뮬잔느(Mulsanne)S라든가 에잇(Eight), 터보R, 그리고 컨티넨탈 등 다양한 라인업을 갖고 있었던 것에 비하면 판매대수는 미미했다. 하지만 폭스바겐 산하로 들어가면서 판매는 급증해 2004년 6,576대, 2005년 9,000대 가량을 판매하며 급상승을 보이고 있다. 물론 다른 브랜드들이 그렇듯이 벤틀리 역시 최대 시장은 미국이다. 2005년 벤틀리의 미국시장 판매대수는 2,144대의 컨티넨탈 GT와 1,217대의 플라잉 스퍼, 그리고 아나지를 300대 가량 판매했다. 같은 기간 롤스로이스는 382대, 마이바흐는 152대를 각각 판매했다. 아스톤 마틴의 경우 2003년 자료만 있는데 당시 V12 뱅키시(Vanquish)만 519대를 팔았다.

이런 초호화 럭셔리카들의 등장 배경은 당연히 경제 수준의 향상이다. 돈이 많아졌다는 것이다. 돈이 많은 사람들은 처음에는 잘 나가는 사람들이 타는 차를 타고 싶어 하지만 어느 정도의 수준에 이르면 나만이 갖고 있는 특별한 것을 찾게 된다.

20세기까지는 그런 욕구를 메르세데스 벤츠와 BMW, 재규어 등이 충족시켜 주었다. 그러나 그 프리미엄 브랜드들이 세를 확장하면서 희소성으로서의 가치가 경감되기 시작했다. 바로 그 빈자리를 메우고 등장한 것이 벤틀리와 아스톤 마틴이고 그보다 더 특별한 존재가 RR과 마이바흐다. 현대나 토요타, 폭스바겐 등 양산 브랜드의 모델로 만족해야 하는 사람들에게는 그야말로 그림의 떡일 수밖에 없는 존재들이다.

한 가지 이런 시장의 확대가 이들 브랜드 독자적으로는 불가능했을 것이라는 점을 간과할 수 없다. 아스톤 마틴만 미국 포드 산하의 브랜드로 갔고 나머지 세 개 브랜드는 모두 "Made by Germany"로 모두 거대기업 산하로 들어갔다. 브랜드 자체의 독창성은 뛰어나지만 규모의 경제가 지배하는 자동차산업의 특성상 어쩔 수 없는 길을 갈 수 밖에 없었고 결과는 성공적인 것으로 나타났다.

GT화 치닫는 프리미엄 SUV의 전쟁

세상에는 많은 사람들이 생각하거나 주장하는 것이 꼭 옳지만은 않다는 것을 입증한 예들이 적지 않다. '많은 사람들'은 특정한 사안에 대해 공감하고 그것을 해결하기 위해 다양한 구호를 동원하며 미래를 위해 준비를 하려 한다. 하지만 그것이 '모든 사람들'에게 공통되는 이슈가 아닐 수도 있다.

그것은 다양성으로 인한 것일 수도 있고 경우에 따라서는 호도된 내용으로 인해 현혹된 사안일 수도 있다. 대표적인 것이 세기말 컴퓨터 대란이다. 1999년에서 2000년으로 바뀌면서 전 세계의 컴퓨터가 오작동을 일으키며 엄청난 재앙을 일으킬 것이라고 호들갑을 떨었던 것이 엊그제 일 같다. 하지만 결과는 어땠는가. 컴퓨터와 관련 부품의 판매 증가로 끝나지 않았는가.

약간 포인트는 다르지만 최근 석유 문제로 지구촌이 떠들썩하고 전쟁이 끊이지 않고 있는 가운데서도 그 석유를 사용하는 자동차는 더 커지고 더 호화스러워지고 더 강해지고 있다. 물론 기술발전으로 인해 연비성능은 향상되고 유해 배기가스도 줄어들며 동시에 파워는 훨씬 더 강력해지고 있다.

그럼에도 불구하고 우리가 통상적으로 부르짖는 구호와는 반대로 가고 있는 것 같은 현상이 계속되고 있는 것만은 부인할 수 없다. 강대한 성능의 스포츠 세단을 끊임없이 개발해 시장에 내놓고 있고 더 크고 화려한 SUV들은 여전히 시장에서 각광을 받고 있다.

그리고 그런 흐름을 리드하는 것은 다름 아닌 프리미엄 브랜드들이다. 프리미엄 브랜드들은 양산 브랜드들이 하기 어려운 기술적인 차별화를 통해 그들만의 가치를 창조해 소비자들에게 제공하면서 그 대가로 높은 가격을 받아 낸다. 그것은 '달리는 즐거움'일 수도 있고 '품위와 희소성'일 수도 있으며 그것은 '가치'라는 단어로 요약된다.

어쨌거나 그런 프리미엄 브랜드들의 '가치'를 중시하는 전략은 여전히 효력을 발휘하고 있고 소비자들은 그런 점에 동의를 표하고 있다. 그런 상황에서 석유가 고갈된다거나 하는 것은 다른 차원에서 해결되어야 할 과제이다.

SUV시장에서도 프리미엄 브랜드들의 전쟁이 점입가경이다.

현재 시장에 출시된 SUV들 중 프리미엄급으로 분류될 수 있는 모델로는 오늘 시승하는 레인지로버를 비롯해 메르세데스 벤츠 ML클래스, BMW X5, 폭스바겐 투아렉, 볼보 XC90, 포르쉐 카이엔, 지프 그랜드체로키, 캐딜락 SRX, 아우디 Q7 등을 들 수 있다.

잘 알다시피 SUV의 뿌리는 물론 미국이다. 차체와 배기량 모두 크기에 비중을 두는 미국에서는 대형 세단과 픽업트럭 문화가 자연스럽게 발달되었다. 그중 서부 개척시대의 정신이 반영된 대표적인 것이 픽업트럭이고 그것이 대형 세단과 접목되어 등장한 것이 바로 SUV이다. 그리고 그 선구자는 크라이슬러 그룹의 지프 체로키다. 물론 탄생 당시의 SUV에 대한 이미지는 오프로더용 대형 4WD였다.

거대한 땅 덩어리에서 크기가 중요한 요소일 수밖에 없는 문화 속에서 탄생한 SUV는 그래서 미국인들의 생활 속에 쉽게 파고들었고 급속도로 판매는 증가해 갔다. 당시 등장한 미국산 SUV의 대표적인 모델로는 지프 체로키 시리즈와 포드 익스플로러를 들 수 있다.

그런 상황에서 '프리미엄 SUV'를 주창하며 등장한 것이 바로 메르세데스 벤츠 ML클래스다. 메르세데스 벤츠 M클래스는 1997년 데뷔한 모델로 아예 처음부터 미국 앨라배마에 공장을 건설해 새로운 전략을 추구했다. 이후로 2000년에는 BMW X5가 등장하면서 위에 언급한 모델들이 우후죽순처럼 시장에 투입되었다.

그런 과정에서 각 브랜드들은 자기 나름의 포지셔닝에 심혈을 기울였고 이제는 랜드로버와 지프 등 정통 오프로더 이미지를 가진 두 개의 브랜드와 주행성에 비중을 둔 도심형 SUV 이미지를 가진 여타 브랜드로 구분되어 있다. 물론 그 도심형 SUV들은 나름대로의 특성을 강조하며 각기 다른 장르임을 주장하고 있고 랜드로버와 지프도

도심형 모델을 라인업하고 있는 등 현실에서의 양상은 그렇게 간단하게 정리할 수만은 없다.

오늘의 주제는 랜드로버 레인지로버.

랜드로버는 크라이슬러의 지프와 함께 오프로더의 이미지를 살리고 있는 브랜드다. 다른 표현으로 하자면 온로드 성능에서 BMW의 성능을 100이라고 한다면 랜드로버는 80이라고 할 수 있고 역으로 오프로드 성능에서는 랜드로버가 100이라고 한다면 BMW가 80이라고 할 수 있다. 분명한 차별화는 거기에서 나타난다.

특히 랜드로버의 경우는 역사에 비해 강한 브랜드 캐릭터를 구축해 세계적으로 충성심이 강한 마니아들을 많이 보유하고 있기로 유명하다. 그리고 그런 충성심을 이끌어 낸 것은 다름 아닌 '랜드로버다움'이다. 브랜드 아이덴티티라고 자주 표현되곤 하는 것으로 어떤 형태의 변화가 도래하더라도 다른 브랜드와의 차별화에 성공하지 못하고는 설 땅을 찾지 못한다는 것은 자동차에서만 있는 일은 아닐 것이다.

이미 여러 차례 소개했듯이 정통 오프로더 브랜드 랜드로버의 플래그십 레인지로버가 처음 모습을 드러낸 것은 1970년. 현행 모델은 2002년 풀 모델체인지한 3세대 모델이다. 랜드로버의 플래그십인 레인지로버는 31년 만에 세 번째 모델로 진화할 정도로 라이프 사이클이 길다.

잘 알려져 있다시피 레인지로버는 스스로의 브랜드 이미지에 대해 고급 세단을 지향한 럭셔리 SUV로 규정하고 있다. 54년 역사 동안 단 7개의 뉴 모델만, 그것도 4×4모델만을 생산해 온 랜드로버를 대표하는 모델로서의 존재감을 그렇게 표현하고 있는 것이다.

그것을 다른 말로 표현하면 "SUV의 그랜드 투어러"라고 할 수 있을 것이다.

그랜드 투어러, 우리가 GT라고 표현하는 장르의 차는 스포츠카의 성능을 갖추고 있으면서 럭셔리카의 안락성을 겸비한 모델을 일컫는다. 재규어가 이 분야에서는 오랜 역사를 갖고 있지만 사실 오늘날 대부분의 스포츠카와 스포츠 세단들은 GT화 되어가고 있다. 그만큼 호화롭고 사치스러운 내용을 갖추어 과거 '주행성에 집중'하는 시대의 그것과는 큰 차이를 보이고 있다.

SUV의 흐름도 예외가 아니다. 오늘 시승하는 레인지로버만 보아도 1990년대 필자가 카멜트로피 버전을 탔을 때의 차만들기와는 상상할 수 없을 정도로 크게 달라진 모습을 보여주고 있다. 다시 말해 오프로드에서의 주파성은 기본이고 온로드에서 쾌적하고 안락한 주행성을 겸비하고 있다는 것이다.

인테리어의 전체적인 분위기를 보면 랜드로버의 아이덴티티로 유지되고 있는 아날로그 분위기를 살리고 있지만 내용을 들여다보면 디스커버리3에서 채용하기 시작한 랜드로버의 아이콘으로 내 세우고 있는 "터레인 리스폰스(Terrain Response)" 기능 등 첨단 장비를 갖추고 있다. 그런 것들은 럭셔리성을 강조하면서 실제로는 온로드 주행성에 많은 노력을 기울이고 있는 것들이다.

정리하자면 랜드로버는 정통 오프로더로서의 성능은 디스커버리를 통해 표현하고 플래그십인 레인지로버는 GT SUV, 즉 프리미엄 SUV로서 절대적인 우위를 지키겠다는 의지를 표명한 것이다. 물론 브랜드 아이덴티티가 극단적으로 강한 모델들은 그만큼 수요층에 한계가 있다. 역으로 표현하면 마니아층이 두텁고 그들은 바로 그런 희소성 때문에 다른 유저들과의 차별화를 하며 그들만의 '가치'를 향유하고 있는 것이다.

갈수록 세분화되는 시장과 아이덴티티 전쟁

20여 년 전 필자가 자동차 전문기자로서 첫 발을 디뎠을 때부터 상당기간 동안 주변 사람들로부터 'Dream Car'가 뭐냐고 질문을 받으면 당연하다는 듯이 포르쉐 911이라고 대답했었다. 당시야 물론 자동차 전문기자라는 직업의식이 뚜렷하지 않았던 시절이기도 했지만 그래도 그렇게 답하는 것이 자존심을 지킬 수 있을 것이라는 생각 때문이었다.

그리고 실제로 지금은 사라진 944를 비롯해 928 등 역사 속의 포르쉐는 물론이고 오늘날 스포츠카의 세계 최고봉의 자리를 지키게 해준 911의 운동성능에 경이로움을 표하기도 했다. 물론 국내에서는 그런 기회가 많지 않았다. 운 좋게 초창기부터 해외 자동차 전문기자들과의 교류가 많았고 그들과 만나 배운 것을 바탕으로 한 것이기는 하지만. 그로 인해 10여년이 지날 때까지 필자는 포르쉐 911을 진정한 드림카로 여기고 살아 왔다.

그런데 그런 인식이 모두에게 옳지만은 않다는 것을 분명히 각인시켜 준 모델이 있다. 바로 1989년에 데뷔한 마쓰다의 미아타 MX-5라는 모델이다. 경량 2인승 로드스터인 MX-5는 그때까지 통용되는 정통 스포츠카의 레이아웃과는 거리가 멀었다. 필자가 이 차를 처음 접하게 된 것은 1990년으로 수입이 되지는 않았지만 국내에 근무하는 미군들과의 교류가 있었기 때문에 시승해 볼 기회를 얻을 수 있었다. MR 또는 FR, RR 등이 정통 스포츠카의 전형적인 레이아웃이라고 여겨졌던 시절 등장해 지금은 3세대로 진화해 있는 미아타 MX-5도 뒷바퀴 굴림 방식이기는 하지만 누구나 다루기 쉬운 모델로 흔히 말하는 스파르탄한 다이나믹성과는 거리가 먼 차다.

하지만 MX-5는 최고의 스포츠카로 자타가 공인하고 있는 포르쉐

911을 비롯해 페라리, 람보르기니, 맥라렌 등 이그조틱카 등과 함께 다섯 손가락 안에 꼽히는 사랑받는 스포츠카로 여전히 군림하고 있다. 더불어 미아타 MX-5는 석유파동으로 시들해져 가던 스포츠카에 대한 인식을 바꾸어 주었으며 그 영향으로 메르세데스 SLK를 비롯해 포르쉐 박스터, BMW Z3 등이 등장하게 한 장본인이기도 하다.

이처럼 컨셉이 다른 모델이 쟁쟁한 스포츠카들과 어깨를 나란히 하고 있는 이유는 그다지 복잡하지 않다. 자동차라는 것도 결국은 하나의 상품이라는 점에서 그것을 선택하는 사람들이 성격을 결정짓는 시대로 변했다. 또 하나 메이커의 입장에서 본다면 갈수록 연성화되어 가는 유저들의 특성을 잘 파악했고 그에 걸 맞는 차 만들기를 했다는 것이다.

전체적인 밸런스를 중시하면서 아이덴티티 살려

SUV인 XC90를 이야기하면서 무슨 스포츠카 이야기인가 하는 의견을 제기할 수 있을 것이다. SUV의 성격변화를 이야기하고자 함이다. SUV의 시조인 지프 체로키를 시작으로 프리미엄 SUV의 등장, 그리고 크로스오버, 또는 퓨전카라는 용어를 등장시킨 오늘날의 컴팩트 SUV의 전성시대 속에서 소비자들은 그야말로 혼란의 연속일 수도 있을 것이다. 특히 1997년 메르세데스 벤츠 ML클래스로 촉발된 프리미엄 SUV 전쟁 속에서 등장한 볼보 XC90는 그들만의 아이덴티티를 살리면서 수많은 SUV들 속에서 포지셔닝하기 위한 차 만들기를 해야 했다. 물론 XC90가 처음 등장한 것은 2002년이었고 그때는 이미 BMW X5가 '달리는 SUV'라는 이미지를 강하게 뿌리내린 때였다.

후발 주자로서 자신의 입지 확보를 위해 할 수 있는 방법은 크게 두 가지. 하나는 톱의 위치에 있는 모델을 철저히 벤치마킹해 그보다

한 단계 앞선 모델을 만들거나 아니면 전혀 다른 자신만의 컨셉을 창조해 내는 것. 물론 그렇다하더라도 크게 보아서는 크로스오버의 범주에 들어가기 때문에 차별화는 쉽지가 않겠지만……

XC90가 데뷔할 당시에는 공동 프로젝트로 진행된 폭스바겐 투아렉과 포르쉐 카이엔 등 쟁쟁한 'Made in Germany'들이 시장 개척에 열을 올리기 시작한 때. 물론 지금도 크게 달라지지 않았지만 유럽 메이커들이 만드는 이런 프리미엄 SUV들은 실질적인 수익을 올려 주는 달러박스다. 특히 미국시장에서의 이익이 사운을 좌우할 정도로 볼륨이 크다. 이런 바람에 더해 유가 폭등 사태까지 겹치자 대형 SUV에만 치중하던 미국 메이커들까지 앞 다투어 CUV를 개발해 출시하고 있을 정도다.

어쨌거나 이 시대 등장한 SUV들은 모두가 승용차의 플랫폼을 베이스로 한 것들이었고 볼보 XC90 역시 플래그십 S80을 베이스로 개발됐다. 볼보측은 이에 대해 S80을 SUV개념으로 해석한 것이라고 설명했다. 공격적이지 않으면서도 품위를 잃지 않는 모델을 보게 될 것이라는 것이었다. 추세가 그렇다. 4WD 시스템을 채용하면서도 지향하는 방향은 포장도로에서 주로 사용하는 승용차 감각이다.

그런데 여기에서 볼보만의 색깔이 나타난다. 볼보는 당시 이런 결정을 내린 배경으로 미국 LA지역의 잠재 구매자를 대상으로 한 설문조사를 들었었다. 우선은 볼보의 브랜드 이미지에 손상이 없어야 한다는 것과 승용차처럼 안정적이면서도 승용차 감각의 주행성을 보일 것, 브레이크와 코너링 성능도 승용차와 같을 것, 그리고 리어 시트의 안락성을 확보할 것 등이었다. 이를 다시 해석하면 극단적인 주행성 위주의 모델이 아니라 종합적인 균형을 갖춘 모델을 지향하고 있다는 것이다. 더불어 랜드로버나 지프와 같은 정통 오프로더쪽으로 치우친 것 또한 아니다.

다만 잘 알려져 있다시피 차 만들기 과정에서 여성 디자이너와 엔지니어의 참여가 높은 메이커답게 여성 취향의 터치를 고려하게 되었고 실제 판매에서도 여성 구매자가 80% 가까이 될 것을 기대했었다. 여성 취향이라는 의미는 결국 조작성이나 주행성이 승용차 감각이라는 것을 의미하는 데 다름 아니다. 전체 판매대수에서 여성 오너의 비율이 얼마인지의 자료는 없지만 2005년 XC90는 8만 5,994대가 판매되어 세계에서 가장 많이 팔린 볼보차라고 하는 실적이 그런 컨셉이 먹혀들었음을 입증해 보이고 있다.

자꾸 하는 얘기이지만 소품종 다량생산에서 다품종 소량생산의 시대로 접어든 상황에서 확실한 브랜드 아이덴티티를 바탕으로 분명한 타겟 마켓 설정을 통한 시장공략이 얼마나 중요한가를 다시 한 번 보여 준 사례라 할 수 있을 것이다.

 BMW 이노베이션데이 2006-3리터 트윈터보로 306마력!

BMW가 전 세계 자동차 전문기자들을 그들의 본사가 있는 뮌헨으로 초청해 그들이 개발하고 있는 새로운 엔진과 관련된 기술들을 공개했다. 올해의 특징은 그동안 디젤엔진의 발전에 비해 상대적으로 늦은 감이 있던 가솔린엔진의 개량에 획기적인 테크놀러지를 도입했다는 것이다. 언제나 그렇듯이 BMW는 그들의 브랜드 아이덴티티인 '드라이빙 다이나믹스'를 살리면서 출력과 토크를 증강시키고 연료소비의 최소화, 최적의 중량저감을 실현해 내고 있음을 강조했다. BMW 이노베이션데이 2006 현장에서 만난 신기술들을 소개한다.

흔히들 에너지 문제의 심각성을 논하면서도 정작 새로 등장하는 자동차들은 차체의 크기 뿐 아니라 엔진 배기량도 증대되어 온 것이 지금까지의 현실이었다. 물론 그만큼의 엔진 관련 소프트웨어의 발전으로 출력과 토크도 과거와 비교할 수 없을 정도로 증강되어 그 어느 때보다 달리는 즐거움을 만끽할 수 있는 시대에 살고 있다. 그리고 그것은 자동차를 타는 사람들에게는 어떤 형태로든지 욕구를 충족시켜주는 것으로 인식되어 왔다.

하지만 자동차회사들은 에너지 문제의 심각성을 잘 알고 있고 그 때문에 언제까지나 배기량을 늘려 출력을 키울 수만은 없는 상황에 이르렀다. 그래서 체감 파워가 더 좋은 디젤엔진의 발전에 집중하거나 또는 역으로 하이브리드 시스템 등을 도입해 연비에 초점을 맞추는 형태로 발전하고 있는 것이 오늘날의 현실이다.

따라서 사람들은 가솔린엔진의 발전에는 한계가 있다고 생각하기에 이르렀다. 이산화탄소 배출량에서 디젤엔진에 뒤질 뿐 아니라 실용영역에서의 토크감이 디젤에 비해 상대적으로 부족해 적어도 유럽 시장에서는 디젤이 가솔린을 압도하고 있는 상황인 것이다.

그런데 그런 유저들의 욕구를 너무나 잘 알고 있는 BMW가 새로운 대안을 제시했다. 그들의 브랜드 아이덴티티인 드라이빙 다이나믹스를 살릴 수 있는 출력과 토크를 크게 증대시키면서 최적의 중량저감과 연료소비의 최소화 등을 달성한 통합 개념의 테크놀러지를 개발한 것이다.

기본적인 컨셉은 이피션트 다이나믹스(Efficient Dynamics)다. 번역하자면 '효율적인 역동성'이라고 할 수 있을 것 같다. 풀어 설명하면 종합적인 효율성을 살리면서 역동적인 주행성을 살린다는 것이다. 이는 좀 더 강력한 파워를 내면 중량은 낮추고 연비는 향상시키는 통합적인 개념을 말한다. 그러니까 같은 배기량의 엔진을 사용하면서 출력은 훨씬 높이고 또한 그 출력을 더 강력하게 사용할 수 있도록 차체 중량을 저감해 결과적으로 연비 효율까지도 높인다는 것이다.

BMW마니아들은 그들이 BMW를 구입하는 이유 중 가장 큰 것 중 하나가 최고 수준의 '달리는 즐거움'을 추구할 수 있다는 것을 든다. 물론 거기에는 높은 수준의 경제성도 포함되어 있다. BMW는 이것을 이피션트 다이나믹스(Efficient Dynamics)라고 칭하고 그들의 개발 활동은 바로 이 두 가지 기준을 충족시키기 위한 것이라고 강조하고 있다.

2006 이노베이션데이에서 BMW는 새로운 개념의 드라이브 트레인 기술과 에너지관리, 그리고 재료 기술에 관한 최신 개발 상황을 공개했다.

메르세데스 벤츠 그룹 왜 AMG를 내세우는가?

사실 필자와 같은 직업을 가진 사람은 물론이고 자동차를 사랑한다면 누구나 각 브랜드들이 치열한 경쟁을 통해 새로운 무언가를 개발해 내고 그것을 통해 또 다른 즐거움을 제공하는 것에 대해 고마워할 것이다. 그리고 가능한 한 그런 경쟁의 분위기를 띄워서 유저들에게 좀 더 많은 정보를 제공할 수 있기를 기대하기도 한다. 아무리 좋은 브랜드나 모델이라도 혼자만 독보적인 존재로 부각된다면 아마도 그 의미는 상대적으로 반감될 수가 있을 것이다. 비교와 경쟁을 통해 우위를 내 세우고 그 자리를 지키기 위한 치열한 기술개발이 결국은 소비자들을 감동시키고 그것이 바로 브랜드의 가치로 이어지는 것이다.

그런 면에서 BMW의 M 디비전과 메르세데스 벤츠의 AMG 디비전은 끝없는 파워 경쟁을 펼치며 우리를 즐겁게 하는 대표적인 튜닝 브랜드에 속한다. 물론 그 외에도 많은 브랜드들이 고성능 버전을 별도로 라인업해 그들만의 파워풀한 엔진 성능과 발군의 섀시 성능을 자랑하고 있지만 브랜드 가치에서 한걸음 앞서 있는 이 두 브랜드의 퍼포먼스 버전은 누가 뭐래도 자동차 기술의 역사를 리드해 오고 있는 대표적인 존재라고 할 수 있을 것이다.

그런데 국내에는 BMW M사에 대한 정보는 상당히 많이 알려져 있고 M시리즈의 마니아들도 적지 않게 형성되어 있다. 그에 반해 AMG에 대한 정보는 그리 많지 않은 것 같다. 수년 전부터 일부 소규모 업체에서 AMG 모델을 수입 시판해 오고 있지만 이런 장르의 모델이 그렇듯이 절대 수량이 많지 않아 인지도는 그다지 높지 않은 편이다.

하지만 이웃 일본의 경우는 한때 AMG의 판매량 절반을 차지할 정도로 높은 수요를 보인 적도 있어 메르세데스라는 브랜드와 함께 그 인기는 아주 높다. 일본 시장은 사실 우리나라와는 많이 다르다. BMW의 튜닝 브랜드인 알피나(Alphina)도 전체 판매의 절반을 일본시장에서 소화한다는 것을 보아도 그 차이를 실감할 수 있다.

그런 일본과는 달리 우리나라에는 세계 최고봉의 고성능과 고품질을 과시하는 AMG의 혁신성과 진가는 잘 알려져 있지 않았다.

AMG가 2003년에 발표한 6리터 V형 12기통 트윈 터보는 최고출력이 612마력에 달하고 SLR맥라렌에 탑재된 5.5리터 수퍼차저는 626마력을 자랑한다. 그리고 AMG가 완전히 새로 개발한 V형 8기통 6.3리터 엔진은 자연흡기 엔진으로서는 동급 세계 최강의 514마력을 발휘한다. 세부적인 부분에 이르기까지 정밀한 마무리를 과시하는 품질은 한 치의 오차도 허용하지 않는다는 자세를 견지하고 있다. 그것을 평론가들은 완벽주의라고 부른다.

한 사람의 엔지니어에 의해 조립되어진 엔진으로부터 경이적인 성능을 발휘하는 AMG는 프리미엄 브랜드의 지위를 확고하게 확립하고 있다. 그 이야기는 곧 그런 성능으로 사람들을 감동시킨다는 얘기이다. 그렇다면 도대체 무엇이 AMG의 매력일까.

지난번 AMG의 히스토리에 대해 이야기한데 이어 이번에는 AMG의 존재 의의와 그 철학에 대해 살펴본다.

이미 설명했듯이 레이싱 엔진을 개발하는 메이커로서 출발했던

AMG는 어떻게 해서 프리미엄 브랜드 부분으로 성장했을까. AMG의 진가를 알기 위해 그 컨셉과 철학을 다시 한 번 되짚어 보자.

AMG의 시작은 1967년. 한스 베르너 아우프레히트와 에르하르트 메르셔가 독일 부르그스톨에 있는 작은 공장에 레이싱 엔진의 개발 테스트를 하는 회사를 설립했다. AMG라는 이름은 아우프레히트의 A, 메르셔의 M, 그리고 고향 글로자스바흐의 G를 조합한 것.

그러니까 두 사람으로 시작한 AMG는 1976년 본거지를 현재의 본사가 있는 아팔터바흐(Affalterbach)로 옮겼고 그 때 이미 40명이나 되는 직원들이 일하는 제법 큰 회사로 발전해 있었다. 지금은 700명이나 되는 임직원이 일하고 있다.

AMG의 이름을 일약 유명하게 한 것은 1971년의 수퍼 프랑코르샨 24시간 레이스. AMG가 튜닝한 420마력의 메르세데스 300SEL은 도저히 세단형이라고는 생각할 수 없을 정도로 빠른 속도를 보여 준 것이다. 그것은 당시의 상식을 뒤엎을 정도로 충격적인 것이었다.

16인치 타이어를 장착하던 시대에 18인치를 끼우고 범퍼 부분까지도 차체와 같은 컬러로 한 것은 AMG가 처음이었다. 그 디자인면에서의 충격 뿐 아니라 속도와 내구성도 발군이었기 때문에 당연히 세간의 주목을 끌게 되었던 것이다.

AMG는 1990년 2월에 다임러벤츠와 자본제휴를 하게 된다. 그 후 다임러크라이슬러의 100% 자회사로 되고 생산대수는 2005년에 2만 5,000대로 비약적으로 확대되었다.

하지만 한 대 한 대를 수작업으로 만든다고 하는 AMG의 정신은 여전히 그 맥을 이어오고 있다. 그것을 이들은 '아인 만, 아인 모토(Ein Man, Ein Motor)'라고 부른다.

그리고 창업자인 아우프레히트시는 HWA(Hans Werner Aufrecht)라고 하는 레이싱 회사를 설립해 메르세데스 AMG와 협력하면서 모터

스포츠의 장에서 경쟁을 하고 있다. 다른 경우와 다른 관계설정에 대해 의아해 할 수 있지만 AMG의 이런 철학은 지금도 중요한 요소로 작용하고 있다.

그렇다면 AMG는 앞으로 어떤 방향으로 나갈 것인가.

AMG의 역사를 들여다보면 흥미로운 것이 보인다. 우선 현재의 방침인 메르세데스 벤츠의 브랜드 명을 톱으로 해 AMG모델을 라인업한다고 하는 기본방침은 변하지 않을 것 같다. 하지만 앞으로는 지금까지 이상으로 개성을 강화하고 차별화하는 작업을 시도할 것으로 보인다. 특히 2006 제네바쇼장의 프레스데이서 다임러크라이슬러의 수장 디터 제체는 AMG 모델을 직접 운전하고 무대에 등장하면서 앞으로 메르세데스 벤츠 승용차 그룹에서 AMG에 대해 많은 비중을 둘 것임을 시사했다.

그러기 위해서는 앞으로 전략도 변해야만 할 것이다. 그것은 라이벌인 BMW의 M사와 아우디의 콰트로사가 생산하고 있는 모델이 양산차와의 차이를 명확히 하는 방식으로 갈수록 인기를 끌고 있기 때문이다. BMW M사와 아우디 콰트로사에 AMG 출신이 CEO로 취임한 것도 흥미를 끄는 대목이다.

BMW M사의 울리히 브룬케는 AMG의 사장이었으며 아우디 콰트로사의 폴로바인은 AMG에서 오랜 동안 개발을 지휘했었다.

어쨌든 AMG는 제네바쇼에 이어 지난 4월 뉴욕오토쇼에서도 AMG의 최신 모델 E63AMG를 발표했다. 이 모델은 최고출력 514ps, 최대토크 630Nm으로 0-100㎞/h 가속성능이 4.5초, 최고속도는 스피드리미터에 의해 250㎞/h로 제한되어 있다. 사상 최강의 E클래스를 내놓은 것이다.

2006년 여름에는 CL65AMG, 2007년 여름에는 C63AMG를 발표할 예정이다. 이들 모델은 지금까지보다 훨씬 개성적인 방향성을 추구할 것이라고 한다.

이렇게 해서 AMG는 메르세데스 벤츠의 톱 베리에이션으로서 시리즈의 수량을 늘려 가는데 전력할 것으로 보인다.

다만 A클래스와 B클래스의 AMG 버전은 아직 예정에 없다. 또한 일부에서 바라는 데로 AMG 독자의 보디를 가진 수퍼 스포츠카가 등장할 가능성은 당장에는 없어 보인다.

1971년의 수퍼 프랑코르샨 24시간 레이스에서의 타의 추종을 불허하는 주행성을 원점으로 앞으로 AMG는 레이싱 테크놀러지와 그 장인정신으로 개성화와 차별화를 추구하면서 돌진해 갈 것이라고 한다. 물론 그 목표는 라이벌이 BMW M사는 물론이고 AMG 자신의 벽을 넘는 것이다.

아우디 스포츠의 요체는 콰트로와 경량화

세계의 모든 자동차회사들은 스포츠카를 만들고 싶어 한다. 그것이 프리미엄 브랜드이든 양산 브랜드이든, 아니면 니치 브랜드이든 모두가 강렬한 고성능 이미지를 가진 스포츠카를 만들고 있거나 개발하고자 한다. 물론 포르쉐와 같이 정통 스포츠카를 표방하는 브랜드를 비롯해 이그조틱카에 속하는 페라리나 람보르기니 등과는 그 개념이 약간 다르다. 주행성만을 절대시 하는 이들 모델의 차 만들기와는 다르다는 것이다. 다시 말하면 대량 생산을 하는 메이커들이 원하는 것은 '스포츠카'가 아닌 '스포츠 세단'을 표방한다.

그 시조는 물론 많은 사람들이 BMW를 꼽는다. 현행 3시리즈의 선조 모델부터 스포츠 세단을 표방해 오늘날에 와서는 프리미엄 브랜드들 뿐 아니라 양산 메이커들까지 스포츠성을 중시하는 차 만들기를 하도록 했다.

'달리는 것'이 주목적인 자동차에 '달리는 즐거움'을 강조하는 분위기를 만들어 냈고 그것을 무기로 그들의 브랜드 가치를 높여왔다고 할 수 있다. 브랜드 가치의 제고는 자신들이 만든 차의 가격을 상대적으로 높게 책정해 수익성을 높이는 결과로 이어졌다. 역으로 소비자의 입장에서 본다면 다른 브랜드와는 분명히 다른 가치를 향유할 수 있다는 점에서 높은 가격을 지불하고라도 그 차를 사게 된다. 제조사와 소비자 간의 이해가 맞아 떨어진 것이다.

오늘날 우리가 말하는 프리미엄 브랜드는 유럽 메이커들이 주도하고 있다. 흔히들 미국시장에서 정통 세단형 모델에 6만 달러 이상의 가격표를 붙일 수 있는 브랜드를 프리미엄 브랜드라고 구분한다. BMW와 메르세데스 벤츠, 아우디, 재규어 등이 그것이다. 렉서스와 아큐라, 인피니티 등도 일본 자동차 전문기자들의 표현대로 '잘 팔리는 차'인 것은 분명하지만 '좋은 차'라고 하기에는 아직은 시간이 필요하다. 그래서 토요타도 최근 렉서스 라인업에 5.0리터 엔진을 얹은 IS-F를 개발하고 있다.

하지만 그리 쉬운 일은 아닌 것 같다. 개발해 내놓는다고 성공의 길을 걷는 것은 아니라는 얘기이다. 혼다의 경우 NSX가 유명을 달리했고 닛산도 GT-R이라는 걸물이 있으며 마쓰다도 RX-7 등 마니아층이 두터운 모델이 있지만 아직까지 글로벌 플레이어로서의 입지는 구축하지 못하고 있다.

어쨌거나 위에서 거론한 프리미엄 브랜드들은 모두 나름대로 장기인 분야에 집중 투자해 그것을 트레이드 마크로 키웠고 그것은 세계 자동차 업계에 대해 트렌드 세터(Trend setter)로서 자리잡고 있다. 현 시점에서 가장 앞선 것은 뒷바퀴 굴림 방식을 기본으로 하는 BMW의 M시리즈가 선도를 하고 있고 메르세데스 벤츠도 최근 AMG 버전에 대해 집중 투자를 하고 있다. 재규어가 XK시리즈에 XKR를 추가한 것도 같은 개념이다.

그리고 오늘의 주제인 아우디.

유럽 메이커들이 모두 그렇듯이 아우디의 전신인 아우토우니온도 브랜드의 지명도를 높이기 위해 모터스포츠에 출전했다. 그를 위해 페르디난트 포르쉐 박사에게 의뢰해 P 왜건이라는 모델을 만들게 된다.

재미있는 것은 그때 시작된 포르쉐와 아우디의 관계는 오늘날까지 이어져오고 있다는 것과 지금은 폭스바겐 그룹의 총수인 페르디난트 피에히 박사가 아우디에 근무한 적이 있었다는 것이다.

그리고 그가 내놓은 것이 오늘날 아우디의 대명사가 된 콰트로 시스템. 이미 여러 차례 시승기를 통해 설명했지만 그때까지 네 바퀴 굴림 방식은 어디까지나 정통 오프로더에 필요한 시스템으로 여겨졌던 것을 아우디가 온로드에서 고성능을 이끌어 내기 위한 것으로 그 개념을 바꾼 것이다.

아우디는 1980년 봄 제네바쇼를 통해 그때까지 없었던 전혀 새로운 컨셉트 4WD시스템인 "콰트로(Quattro)"를 발표했다. 4WD라고 하면 오프로드카 밖에 떠올리지 않았던 당시로서는 "빠르고 안전한 주행을 위한 4WD"라고 하는 컨셉은 놀라운 발상이었다. 그 후 아우디 콰트로는 WRC에 참전, 큰 성과를 올렸고 아우디 스포츠 이미지를 향상시키는데 지대한 역할을 했다.

오늘날은 그 때문에 프리미엄 브랜드는 물론이고 대부분의 역량을 갖춘 메이커들이 네 바퀴 굴림 방식 모델들을 앞 다투어 내놓게 되기에 이르렀다.

아우디라고 하는 메이커는 그 아이콘인 네 개의 링이 표시하듯이 네 개의 메이커의 집합체로서 출발했다. 거기에는 기업 안팎에서 격심한 경쟁을 반복해 온 역사가 있고 그 과정에서 단련된 엔지니어들의 정신이 오늘날 아우디의 "기술에 의한 선진(Vorsung durch

Technologie)"이라고 하는 자세로 귀결되었다.

아우디는 결코 타협하지 않고 기술은 끝까지 밝혀내며 반드시 결과를 도출한다는 자세를 견지하고 있다. 콰트로의 데뷔 이후 WRC에서의 활약에 이르는 과정을 보면 그것이 잘 드러나 있다.

그런데 이런 엔지니어들의 혼은 때로는 상업적으로는 성공하기 어렵다는 잘 보여 주는 것이 있다. 그 전형적인 예가 A2다. 플래그십인 A8이 알루미늄 보디를 채용해 1994년에 등장해 성공을 거두었지만 코스트 문제로 인해 A2는 결국 성공하지 못하고 단종의 길을 걷고 만 것이다.

하지만 아우디의 엔지니어들은 어떤 형태로든 좋은 기술을 양산차에 적용해야 한다고 하는 생각을 갖고 있음에는 변함이 없다. 그냥 타협하지 않고 일보 진전하기 위한 노력을 한다는 것이다.

'콰트로'와 '경량화'는 지금도 아우디에 있어 핵심 테크놀러지다. 아우디를 이끌고 있는 CEO 마틴 빈터콘은 아우디의 다음 기술이 무엇인가 하는 질문에 '경량화와 콰트로의 진화다.'라고 답하고 있다.

그런데 여기에 또 하나 오늘날 아우디를 얘기할 때 반드시 거론되는 기술이 있다. TDI 즉, 디젤엔진이다. 아우디는 TDI를 레이싱카 R10에 탑재해 2006년 6월에 르망 24시간 레이스에서 디젤차 최초로 우승을 거두며 세계에 확실하게 그들의 존재를 각인시켰다.

그리고 그 결과물이라고 할 수 있는 미드십 정통 스포츠카 R8이 2006파리살롱을 통해 데뷔해 이 부문에서는 오히려 BMW를 앞서는 모양새를 갖추게 되었다. '스포츠세단'을 넘어 '스포츠카' 장르에 넣을 수 있는 미드십 모델을 개발해 경쟁 메이커들을 긴장시키고 있는 것이다.

아우디의 RS와 S라인의 포지셔닝은 BMW의 M 버전과 같은 것이다.

BMW에 M사가 있다면 아우디에는 콰트로(Quttro)사가 있다. BMW는 M3, M5 등으로 탄탄한 입지를 구축하고 최근에는 M6에 이어 Z4 M 버전의 출시도 앞두고 있다. 사실 스포츠 세단 분야에서는 아직까지는 BMW가 시장을 장악하고 있다고 해도 과언이 아니다.

그러나 아우디 콰트로사의 제품도 만만치 않다. 콰트로사는 아우디 본사 직계의 튜닝 전문 부문이다. 이 회사에서는 RS4와 S라인 등 아우디 스페셜 모델을 개발하는 것이 주 업무다. 아우디 라인업에는 1991년 등장한 S시리즈가 있고 1993년부터 판매가 시작된 RS시리즈가 있다.

RS계에는 RS4와 RS6가 있고 S라인에는 S3부터 S4, S6, S8에 이르기까지 풀 라인업을 갖추고 있다. S4에는 왜건과 카브리올레까지 있고 S6도 왜건 버전이 있다. 더불어 S라인 스포츠 서스펜션, S라인 익스테리어 패키지, S라인 인테리어 패키지 등 많은 스페셜 파츠도 개발하고 있다.

참고로 아우디는 1990년대 초부터 A4를 베이스로 한 S4와 RS4에 4.2리터 V8 엔진을 탑재해 왔다. 지금에 와서는 메르세데스 벤츠 C클래스 AMG 버전과 BMW M3에는 V8 엔진이 없다는 점 때문에 아우디는 그것을 장기로 내 세우고 있기도 하다.

문제는 그렇게 큰 엔진을 작은 차체에 어떻게 탑재하느냐이다. 아우디가 제시한 해결방법은 세로배치이다. BMW나 메르세데스와는 달리 아우디는 앞바퀴 굴림 방식을 기본으로 한 4WD시스템을 채용하고 있다. 그래서 구동계통의 레이아웃도 다를 수밖에 없다. 아우디는 캠 샤프트의 구동부를 엔진 뒤쪽으로 이동시켜 전장을 짧게 할 수 있었다고 설명하고 있다.

그러면서 추구하는 아우디의 스포츠 세단 컨셉은 'Everyday Sports', 다시 말해 365일 즐기는 고성능 세단이다. 다른 표현으로 하자면 스파르탄한 주행도 할 수 있으며 장거리 주행을 해도 피로감이 덜한 일상생활 속에 스포츠카라는 얘기이다.

브라질 중심, 남미남부공동시장이 뜬다.

중국과 인도, 러시아와 함께 소위 브릭스(BRICs) 국가에 속하는 브라질에 대한 자동차회사들의 투자가 가속화되고 있다. 저가차의 수요 확대 전망에 기인한 것으로 현지생산 거점에서 소형차 등의 생산라인을 증강하고 있는 것. 또한 주변 남미 국가로의 수출을 위한 기지로서의 역할도 제고한다는 계획이다.

블룸버그 뉴스에 따르면 미국 GM은 브라질에서 이 달 출시한 신형 프리즈마 등 소형차의 제조라인을 정비하기 위해 2억 4,000만 달러를 투자했다고 한다. 저가 소형 오프로더에도 힘을 쏟는 이탈리아의 피아트도 앞으로 3년간 신차 개발에 14억 1,000만 달러를 투자할 계획인 것으로 알려졌다.

다우존스 등에 따르면 프랑스 르노는 2009년까지 3억 유로를 투자해 6개 모델을 개발함과 동시에 브라질 국내의 제조거점의 생산 능력을 증강해 2006년 기준 7만 8,000대에서 17만대로 두 배 이상 늘린다는 계획이다.

폭스바겐에 이어 유럽에서 두 번째로 큰 메이커인 PSA푸조시트로엥은 브라질에 대한 신규투자계획을 발표했는데 현지생산 증강 등으로 올해 판매 전망 3만 6,000대에서 2010년까진 10만대로 끌어 올릴 방침이라고.

이처럼 세계 각국 메이커들이 브라질에서의 사업 확대를 서두르고 있는 것은 자동차시장의 확대 페이스가 더 빨라질 것으로 전망되고 있기 때문이다.

브라질의 자동차 판매대수는 1997년 194만대를 정점으로 침체되어 왔으나 2년 전부터 증가세로 돌아서 2005년에는 163만대까지 회복됐다.

특히 정부차원의 정책 금리가 올 8월까지 연 14.25%로 1년 사이 5.5% 인하된 것도 판매 증가 요인으로 작용한 것으로 분석되고 있다. 지금까지 중고차를 주로 이용해 온 저소득층이 할부 금융을 이용해 소형 저가차를 구입하려는 움직임이 활발해지고 있는 것이다.

이런 현상을 반영하듯이 10월 29일 끝난 상파울로 모터쇼에서는 저가 신차들에 대한 관심이 아주 높은 것으로 나타났다.

또한 브라질에의 직접 투자가 집중하고 있는 것인 시장이 크고 수입 관세가 35%나 된다고 하는 점 외에 다른 남미 시장으로의 수출 기지로서의 정비를 서두르고 있기 때문으로 분석되고 있다.

브라질 자동차공업협회에 따르면 2005년 브라질의 자동차 수출대수는 89만대로 사상 최고를 기록한 것으로 나타났다. 주요 수출 대상국은 아르헨티나를 비롯해 멕시코, 독일 등인데 앞으로는 남미 여타 국가로의 수출이 더욱 확대될 것으로 전망되고 있다.

브라질, 아르헨티나, 파라과이, 우루과이로 구성된 MERCOSUR(남미남부공동시장)에의 베네수엘라 가맹이 7월에 조인되어 이 지역의 GDP는 1조 달러나 되는 거대 경제 블록이 되었다.

블룸버그통신에 따르면 GM은 MERCOSUR 지역에의 연간 투자액을 2009년과 2010년에 지금까지의 약 두 배에 상당하는 10억 레알로 확대할 계획이라고 한다. 일본의 닛산자동차도 이 지역에 180억 엔을 투자한다는 계획을 발표하고 있어 앞으로 브라질을 MERCOSUR 역내의 중심 제조기지로 강화한다는 전략들이 속속 구체화되고 있다.

완성차 위탁생산 전문업체 마그나 스티어가 부상한다.

마그나 스티어(Magna Styer 독일어 발음은 슈타이어)는 북미에서 자동차 메이커들과 계약에 의해 완성차를 조립하는 첫 번째 자동차 부품회사가 되고자하는 목표에 한걸음 다가섰다.

캐나다의 마그나 인터내셔널(Magna International Inc.)의 엔지니어링 부문인 마그나 스티어는 아직은 북미에서의 자동차조립에 대한 계약을 따 내지 못했다. 하지만 이 회사의 CEO는 몇 개의 미국 내 자동차 회사들과 대화가 진행 중이며 머지않아 거래가 성사될 수도 있을 것이라고 말하고 있다.

올해 이 프로그램이 실현될 수 있는 기회를 갖게 될 수도 있을 것이라고 마그나 스티어 북미 사장 아우구스트 호프바우어(August Hofbauer)는 밝혔다.

이 회사는 북미에 있는 자동차 메이커들에게 서플라이어들도 승용차와 트럭을 조립할 수 있다는 확신을 주는데 힘을 쏟고 있다. 특히 서플라이어들이 일반적으로 더 낮은 임금을 준다는 이유로 완성차 메이커들의 업무를 서플라이어로 이관하는데 반대하고 있는 전미자동차노조와의 마찰이 없이도 수행할 수 있다는 점을 강조하고 있다.

하지만 미국 내에서 이런 경우는 그렇게 익숙지 않다.

유럽에서는 오랫동안 완성차 조립업을 수행해 온 마그나 스티어는 2002년에 미국 로체스터에 사무실을 오픈해 북미에서 같은 일을 수행하기 위한 바닥다지기를 해오고 있다. 이 회사는 물론 자동차 디자인과 엔지니어링 서비스도 수행하고 있다.

미국 내에서 자동차를 생산하고 있는 메이커들은 운영비 절감을 위해 더 많은 업무를 저비용의 서플라이어들에게 이관하고 있다. 그리고 이것은 미국의 자동차산업의 패러다임을 변환시킬 수도 있는 일로 받아들여지고 있다.

하지만 인건비와 제조비용이 지속적으로 증가하고 더 많은 모델을 가능한 빨리 시장에 내놓아야 한다는 압력이 심해지면 변화할 수도 있을 것이다.

과거에는 이에 대해 꺼리는 것이 일반적이었던데 반해 앞으로는 하나의 옵션이 될 것이라고 전문가들은 내다보고 있다.

포드와 GM 등은 이런 면에서 좀 더 개방적인 자세를 견지하고 있다. 북미에서의 운영비를 줄이고 비용을 저감해 경쟁력을 확보하기 위해서다.

GM은 이미 계약 조립에 대한 우위성을 시험한 것으로 알려졌다. GM은 사우스게이트(Southgate)에 본거지를 둔 ASC Inc.으로 하여금 레트로 스타일 픽업 트럭인 2003년형 시보레 SSR의 인테리어와 익스테리어를 생산하도록 한 적이 있다. 하지만 최종 조립은 랜싱에 있는 GM공장에서 조립했다.

ASC는 SSR 계약을 노조가 있는 자동차회사들이 일자리를 유지하면서 소량생산차를 위한 공장을 건설하지 않아 비용을 저감하는 방안으로 장려하고 있다.

마그나 스티어는 이런 자동차를 생산할 수 있는 자체 조립공장을 운영하고자 하고 있다.

특히 미국시장은 앞으로 자동차의 수요가 계속 증가할 것이기 때문에 이런 접근에 대해 완성차회사들도 찬성할 것이라는 것이 이들의 주장이다.

마그나 스티어는 특히 연간 판매가 15,000대에서 5만대 사이의 니치 모델에 적합한 시스템이라고 주장한다. 예를 들어 컨버터블과 현행 모델의 하이브리드 버전 등이 그것이다.

오스트리아의 공장에서 마그나 스티어는 사브 9-3컨버터블을 비롯해 메르세데스 G클래스, 크라이슬러 300C오른쪽 핸들 사양, 지프 그랜드체로키, BMW X3 등을 생산하고 있다.

마그나 스티어는 현재 미국 내 공장 부지를 물색 중인데 구체적인 계약의 성사에 따라 선정될 지역이 달라질 것이라고 한다.

직감적인 감성에 호소하는 프랑스차의 매력 1

서유럽 승용차 모델별 판매대수 베스트6

1. 르노 메간 70만 2,750대
2. 포드 포커스 54만 9,949대
3. 폭스바겐 골프 54만 8,723대
4. 푸조 206 49만 7,122대
5. 푸조 307 44만 6,404대
6. 르노 클리오 37만 3,810대

유럽시장에서 베스트셀러 랭킹 상위를 점하고 있는 프랑스차가 정작 우리나라에서는 그다지 주목을 끌지 못하고 있다. 1987년 수입차 개방과 함께 르노는 쌍용을 통해 푸조는 동부 그룹을 통해 국내에 수입되었으나 르노는 3년 만에 푸조는 90년대 말에 철수를 하고 말았었다. 시트로엥도 삼환이 수입해 시판했었으나 작년에 슬그머니 자취를 감추고 말았다.

지금은 한불모터스를 통해 푸조만이 수입되어 디젤 승용차 도입 등으로 다시 한 번 시장 개척에 도전하고 있지만 독일차와 일본차에 가려 제대로 빛을 보지 못하고 있다.

하지만 정작 푸조와 시트로엥의 브랜드를 거느리고 있는 PSA푸조 시트로엥그룹은 탄탄한 모델 라인업으로 유럽시장에서 신장을 거듭하고 있고 르노도 닛산과의 제휴를 통해 글로벌전략을 전개하는 등 당당한 행보를 거듭하고 있다.

그것을 단적으로 보여 주는 것이 작년 서유럽시장에서의 승용차 판매대수다. 모델별로 베스트셀러에 등극한 것은 르노의 메간으로 70만 2,750대. 그리고 2, 3위가 54만대 수준의 포드 포커스와 폭스바겐 골프가 차지했고 4위와 5위에 49만여 대와 44만대가 판매된 푸조 206과 307이 각각 랭크되었다. 6위도 르노 클리오.

특히 70만대가 넘는 판매대수를 기록한 르노 메간의 실적은 다른 모델들을 압도하는 것이다.

메이커별로 보아도 프랑스차의 강세는 두드러진다. 모든 브랜드를 포함한 그룹 전체의 것으로 보면 폭스바겐이 1위이지만 폭스바겐 그룹의 숫자를 브랜드별로 나누면 1위는 르노다. 올 상반기의 판매대수로 보아도 르노의 서유럽시장 점유율은 10.2%로 1위. 이하 폭스바겐, 오펠&복스홀, 포드의 순으로 푸조는 5위로 7.7%의 점유율을 보이고 있으며 시트로엥은 6위로 6.3%다.

물론 서유럽이라고 해도 범위가 넓어 그 중에서 판매 상황에 차이가 있기도 하다. 자국인 프랑스에서 강세를 보이는 것은 당연한 것이고 그 외에 판매대수가 높은 것은 스페인과 포르투갈, 이태리 등 남유럽이 많고 또 영국에서도 의외로 건투하고 있다. 역으로 약한 곳은 독일과 오스트리아, 벨기에 등이다.

그 점유율의 이유를 분석하는 것은 간단치가 않다. 그 나라에서 쌓은 역사와 이미지, 판매네트워크, 정비 상황, 그리고 가격 등 다양한 요인이 작용하고 있다는 얘기이다.

하지만 분명한 것은 자동차 자체가 높은 평가를 받지 못하면 다른 어떤 조건이 전제되어도 이 정도의 판매는 기록할 수 없다고 하는 것이다. 견고한 보디에 심플한 메커니즘을 채용한 강인함과 교통 상황과 잘 어울리는 주행성, 그리고 높은 실용성 등, 높은 실력과 매력을 제공하고 있는 것이 프랑스차들이다.

그리고 지역조건에 맞는 주행성이 높은 평가를 얻는 또 다른 이유 중 하나다. 예를 들어 포르투갈 교외에 거주한다면 독일차의 고속성능이 필요로 하는 경우는 많지 않을 것이다. 물론 독일차를 찾는 의미 자체가 없다는 얘기가 아니라 그만큼의 추가 비용을 지불하고자 하는 사람의 숫자가 상대적으로 적다는 것이다.

사실 프랑스차의 매력을 똑 부러지게 정의하기란 쉽지 않다. 같은 유럽차 중에서도 가속성을 중시하는 이태리차와 종합적인 주행성과 안전성에 앞선 독일차, 그리고 유틸리티성에 비중을 두는 스웨덴차, 영국 귀족풍 분위기의 영국차 등에 대해 핸들링성에 가장 높은 비중을 두는 것이 프랑스차라고 할 수는 있지만 프랑스차는 단지 그런 성능만이 아닌 또 다른 무엇이 있다.

단지 디자인이 좋다거나, 승차감이 부드럽다거나 하는 식의 표현을 하는 것이 쉽지 않다는 것이다. 하지만 프랑스차를 타는 사람들은 그 차가 주는 매력에 빠지면 벗어나지 못한다는 말을 하기도 한다. 그것은 우리네 자동차 문화와는 달리 유럽의 소비자들은 자동차에서 느끼는 직감적인 감성을 중시하기 때문일 수도 있다.

예술의 힘이 느껴지는 프랑스차의 매력 2

고급감, 강성감, 안정성 등만으로 자동차의 가치를 평가할 수는 없다. 자동차는 '생활을 즐겁게, 감성을 풍부하게 하는 아이템' 중의 하나다. 프랑스 메이커들은 바로 그런 점에 비중을 크게 두고 있다고 할 수 있다.

각 나라의 문화적인 차이를 설명하는 재미있는 얘기가 많이 있는데 그 중 하나를 들어 보자. 어느 국제적인 대도시에 태풍이 몰아쳐 건물이 무너지고 도로 위의 가로수가 뿌리째 뽑히는 등 피해가 만만치 않았다. 그런데 그 중 한 가정집에 구멍이 뚫렸을 때 그것을 어떻게 해결하느냐 하는 것은 나라에 따라 다르다.

우선 독일인은 정밀기계로 구멍의 크기를 측정하고 두터운 판을 최신 공구로 절단해 구멍을 아주 매끈하게 메우고 페인트칠을 해 결과적으로 집은 다시 처음과 같은 모습으로 복원시킨다고 한다.

다음으로 일본사람은 독일인과 같은 방법으로 일처리를 한다고 한다. 그런데 다른 점은 독일인이 하는 비용의 1/3로 처리한다는 것이다.

그리고 한국 사람은 일본인이 하는 것과 같은 비용으로 하면서 그 절반의 시간에 처리한다고 한다.

그런데 프랑스인은 아내와 사랑을 나누면서 어떤 준비도 없이 보수한다. 즐겁게 와인도 한 잔하고 여러 종류의 크기와 소재의 판을 사용해 여러 가지 색깔의 페인트도 칠한다. 그 결과 원래 집과 전혀 다른 모습으로 건물이 외형이 바뀌어 버렸다는 에피소드가 있다. 그에 대해 프랑스인은 말한다. “이것이 예술의 힘”이라고.

우스갯소리일 수 있지만 어쨌든 프랑스는 예술의 나라인 것만은 분명한 사실이다. 흔히들 프랑스인은 독창적이라고들 말한다. 자동차의 세계에서도 예로부터 2CV, DS, 르노5 터보 등 탁월한 디자인일 뿐만 아니라 참신한 기술을 사용한 명차들이 수없이 많다.

하지만 그런 뛰어난 모델들이 많은 프랑스차임에도 불구하고 우리나라 시장에서는 그 가치를 제대로 인정받지 못하고 있다. 그에 대해 일부에서는 문화적인 차이 때문이라고 얘기한다. 미국차가 독일차나 일본차에 비해 주목을 덜 받는 것도 마찬가지다.

그것은 어쩌면 우리나라의 자동차문화가 수입차는 곧 고급차라고 하는 인식이 강하기 때문일 것이다. 그래서 한국에서 판매되는 수입차는 어느 나라 제품이건 풀 옵션을 당연하게 생각한다. 그것을 사용하는지 그렇지 않은지와는 상관없이 '다른 차에는 있는데 왜 이 차에는 없느냐?'라고 따져 묻는 것이 다반사다. 그래서 렉서스는 사이드미러 전동접이식 장치를 한국시장을 위해 별도로 채용할 정도다.

하지만 그런 유저들의 사고를 바탕으로 봤을 때 프랑스차는 거리가 있다. 무엇보다 달리는 즐거움과 실용성을 중시하는 프랑스차에는 그런 류의 호화 장비가 중심이 아니다. 또는 승차감은 좋은데 AT프로그래밍이 좀 떨어진다는 평가를 하는 이도 있다. 프랑스 내에서 판매되는 승용차 중 AT의 비율은 5% 전후에 불과하기 때문에 당연한 반응일 수도 있다. 프랑스차는 디자인에서부터 평범함보다는 자신만의 개성으로 인간의 감성을 자극하려한다. 그것이 경우에 따라서는 너무 앞서가기 때문에 거부감을 주기도 한다. 르노의 벨사티스 등이 좋은 예다. 하지만 그러면서도 유저가 자동차에서 찾는 실질적인 도구와 장비는 아주 다양하게 구비하는 것이 프랑스차다.

그러나 우리나라 소비자들은 자신이 원하는 차가 어떤 것인지를 먼저 따지는 것보다는 다른 사람이 가지고 있는 것과 비교를 우선하는 경향이 크다. 그 비교의 대상은 물론 출력, 배기량, 최고속도, 안전장비, 호화 엔터테인먼트 장비 등일 것이다.

하지만 최근 들어 그런 획일화된 문화에 변화의 바람이 일고 있다. 이제는 '남들이 타기에 나도 타는' 그런 구매가 아니라 자신만의 개성을 연출할 수 있는 차를 찾는 유저들이 많아지고 있다는 것이다. 프랑스차 뿐만이 아니라 다른 나라 브랜드들도 이제는 나름대로의 시장을 개척하기 위해 노력하는 예를 볼 수 있다.

물론 갑작스럽게 변화하지는 않겠지만 그런 변화가 자동차문화의 다양성을 키워갈 수 있을 것이다. 그래서 모든 것을 한쪽의 시각만으로 보지 않고 다양한 접근을 통해 서로 어울리는 법도 배워갈 것이다. 무엇보다 예술적인 감각으로 사람의 마음에 감동을 줄 수 있는 모델에도 눈길을 보낼 수 있어야 할 것이다. 자동차는 그래서 무기물이면서도 사람과 대화를 할 수 있는 도구라고 회자되고 있는 것이다.

왜고너, 볼프강, 닉 라일리, 그리고 현대기아

연말이 되자 글로벌 자동차업계의 경영진의 이동에 관한 이야기들이 심심찮게 등장하고 있다. 때가 때인 만큼 그에 대한 이러저러한 단상들을 모아 본다.

우선 눈길을 끈 것은 GM의 CEO겸 회장 릭 왜고너다. 그는 작년말에 어떤 형태로든지 2006년을 버티기 힘들 것이라는 관측이 지배적이었다. 그만큼 GM의 상황은 최악이었다. 그런 와중에서 올해 GM의 대주주이자 투자가인 커크 커코리언이 르노와 닛산의 CEO를 겸임하고 있는 카를로스 곤과 만나 제휴에 관한 논의를 시작하면서 새로운 국면을 맞기도 했었다.

그러나 지금 릭 왜고너의 주가는 상승하고 있다. 그는 GM의 현 상황을 제대로 읽고 그에 걸맞은 구조조정을 시행하고 있으며 그 결과가 올 들어 하나 둘 나타나고 있다는 평가를 받고 있다. 릭 왜고너는 GM의 금융부문인 GMAC Financial Services를 과감하게 매각했고 3만 4,000명의 인원 저감을 통해 90억 달러의 경비를 저감하는 등 주주들에게 좋은 조치들을 실행에 옮긴 것이다.

그로 인해 불과 1년 전 릭 왜고너가 할 일은 아무것도 없다는 평가를 뒤집고 지금은 그의 힘을 인정하는 분위기로 돌아서고 있는 것 같다.

물론 주식회사 제도가 정착된 나라에서 일어난 일인 만큼 어느 정도는 관측이 가능하다는 것이 우리나라 사정과는 다르다. 한 해 동안의 실적과 앞으로의 비전 등을 가지고 판단하기 때문이다. 그런 점에서 우리나라의 경우는 최고 경영진들의 앞날을 예측하기가 아주 어렵다는 것은 누구나 알고 있는 사실.

그런데 이 연말 또 한사람의 자동차 경영인의 거취에 대해 세계가 주목하고 있다. 바로 폭스바겐의 CEO 볼프강 베른하르트다. 그는 현재 다임러크라이슬러의 CEO인 디터 제체와 함께 미국의 크라이슬러 디비전을 이끌어 회생시킨 인물이다. 하지만 그 성과에 대한 보답으로 다임러크라이슬러 본사의 최고 경영진으로의 복귀가 내부 사정으로 무산되면서 폭스바겐으로 자리를 옮기며 새로운 전기를 맞는 듯했다.

하지만 다임러크라이슬러와 마찬가지로 내부 사정이 복잡한 폭스바겐에서 그의 자리는 그다지 탄탄해 보이지는 않았다. 그것은 폭스바겐을 이끄는 회장 페르디난트 피에히박사와 폭스바겐의 CEO 베른트 피셰츠리더 등의 관계 등이 상당히 복잡하게 얽혀있기 때문이다.

현재로서는 베른트 피셰츠리더는 올해 말에 퇴임하기로 되어 있으며 아우디의 CEO 마틴 빈터콘이 대신 그 자리로 옮긴다. 올 초 폭스바겐의 이사회가 피셰츠리더와의 계약을 2012년까지 연장한다고 발표했었던 것을 생각하면 의외의 일들이 순식간에 벌어지고 있는 것이다. 물론 그에 대한 설명이 있는 것도 아니다. 때문에 여러 가지 추측만이 나오고 있을 뿐이다. 가장 설득력 있는 것은 피에히 박사와의 관계가 나빠졌기 때문이라는 의견이 독일에서는 지배적인 것 같다.

그런데 재미있는 것은 그 피셰츠리더를 폭스바겐에 영입한 것은 바로 그 피에히 박사다. 영국 로버를 인수해 BMW를 경영 위기에 빠트렸다는 책임 때문에 BMW사장직에서 물러났던 그를 데려간 것이다. 페르디난트 포르쉐 박사의 손자인 피에히와 미니의 창시자 알렉스 이시고니스의 친척인 피셰츠리더의 인연은 이렇게 조금씩 정리가 되어 가고 있다. 사이가 나빠져 헤어질 수밖에 없는 상황에 이르게 된 것이다.

그러는 사이에 마틴 빈터콘이 부상을 했고 대신 볼프강 베른하르트의 자리가 위태롭게 된 것이다. 일부 독일 언론에서는 그가 다시 크라이슬러로 복귀하는 것이 아니냐 하는 추측들을 내놓고 있다. 2005년 프랑크푸르트모터쇼장에서 필자는 피에히 박사와 볼프강 베른하르트의 브랜드 방향성이 같지 않다는 것을 느꼈었다. 사실 그때부터 과연 어떤 형태로 발전해 갈 것인지를 주시해 왔다.

어쨌거나 이들은 자동차업계에서 경영의 귀재로 알려진 사람들이고 그들의 캐릭터로 인해 회사의 방향이 달라졌으며 힘든 처지에 빠진 회사를 구해 낸 경험을 가진 사람들이다. 때문에 어느 자리에 있던 자동차산업에 지대한 역할을 할 것은 분명하다.

우리나라의 경우도 포니정, 정세영 회장을 비롯해 능력을 한껏 발휘한 CEO들이 많았다. 맨주먹으로 일구어 낸 역사의 증인들이 수없이 많았다. 경영 측면에서의 남다른 수완을 발휘한 CEO는 물론이고 엔지니어로서 최고의 능력을 발휘해 한국 자동차산업을 세계 속에서 빛낸 사람들도 많았다. 그들을 옆에서 지켜 본 필자의 입장에서는 경이로울 수밖에 없다는 표현으로도 부족할지 모른다.

그런데 세상이 달라지면서 현대적인 경영 스타일에 대한 아쉬움이 생겨난다. 그런 생각 역시 특정 예로 인한 것일지 모른다. 다시 말해 영국 출신으로 GM대우를 다시 살려내고 GM아태지역 본부장으로 영전한 닉 라일리 사장의 행보가 여전히 존경스러워 보인다는 것이다. 군림하는 CEO가 아닌 같이 호흡하는 CEO, 카리스마의 원천을 권위주의에서 찾지 않고 스스로 실천함으로써 권위를 쌓은 그의 업적이 그래서 새삼 존경스러워 보인다.

지금 현대와 기아자동차는 최대 시장인 미국에서 판매가 하락세를 보이며 상황이 좋지 않아 보인다. 현지 법인의 CEO도 자주 바뀌고 있고 그 때문에 전략의 일관성도 없어 보인다. 안정되지 않다보니 단기적 실적에 급급하는 모습도 간혹 보인다.

그것은 국내에서도 크게 다르지 않은 것 같다. 특히 통합을 통한 시너지 효과를 극대화해야 할 현대자동차와 기아자동차 사이에 묘한 기류가 흐르며 소모적인 경쟁을 하는 것 같아 기자의 눈에는 자꾸만 거슬린다. 80년대와 90년대 우리나라 기업들이 해외로 앞 다투어 진출하면서 우리끼리 치고받고 했던 상황이 언뜻 떠오른다.

현대자동차와 기아자동차가 1998년에 통합된 것은 한국의 자동차 산업에는 기회였다. 자의반 타의반이었지만 규모의 경제에 가장 많이 지배를 받는 자동차산업의 특성상 두 회사가 통합된 것은 다시 한 번 도약할 수 있는 기회였던 것이다. 그런데 그 시너지 효과를 완전히 발휘하기도 전에 서로 반목하는 모습을 보이는 것이 필자의 눈에는 안타깝다.

세계 최대의 자동차회사인 GM도 휘청거리고 있고 포드도 앞길이 순탄해 보이지만은 않다. PSA푸조시트로엥도 그렇고 르노와 닛산도 새로운 돌파구를 찾기 위해 안간힘을 쓰고 있다. 그것은 덩치만 키우고 그 규모로 인한 효과를 제대로 살리지 못한 결과다.

지금 경쟁 상대는 다른 곳에 있다. 우리는 서로 힘을 합했을 때 뭔가를 이루어 냈으며 반목했을 때 외세로부터 침입을 당한 아픈 역사를 갖고 있다.

뭔가 돌파구를 만들어 내고 힘을 불어 넣을 수 있는 리더십을 발휘해야 할 때가 아닌가 하는 생각이 필자만의 생각은 아닐 것이다.

 부팅하는 자동차 시대 눈앞에 와 있다.

'부팅하는 자동차'는 자동차가 현실화 되고 있다. 자동차가 더 이상 기계적인 조합이 아닌 컴퓨터의 개념으로 사용되는 편의장비가 되어가고 있다는 얘기이다.

초보적인 것으로는 그동안 키를 꽂고 돌려서 시동을 거는 전통적인 방식에서 키를 꽂지 않아도 버튼만 누르면 간단하게 해결되는 것부터 시작된다. 소위 스마트키라고 하는 것으로 우리나라 자동차 중에도 르노삼성의 SM5와 SM7에 채용이 되어 판매가 되고 있다.

한 단계 더 진보된 것으로는 컴퓨터의 부팅과 똑 같은 방법으로 시동이 걸리는 자동차도 실용화가 눈앞에 와 있다. 바로 GM이 하이와이어라고 하는 연료전지 컨셉트카에 채용한 방식이다. 버튼을 누르면 화면에 컴퓨터의 부팅시와 마찬가지로 진행과정이 표시된다. 윈도우즈를 사용하는 컴퓨터의 경우 바탕화면에 다양한 아이콘이 뜨면서 사용할 준비가 되어 있음을 알려주는데 반해 하이와이어는 'Ready'라는 문구가 뜨면서 이제는 작동을 해도 좋다는 것을 알려 준다.

언뜻 듣기에는 좋아 보이는 이 방식은 아직 해결해야 할 과제가 있다. 시동 시간이다. 컴퓨터 부팅이야 10초에서 20초 정도의 시간이 걸리는 것이 별 문제가 되지 않지만 자동차의 경우는 키를 돌리면 그냥 출발이 가능해야 한다. 필자가 직접 시승해 본 하이와이어라는 자동차는 시동시간이 약 7-8초 정도다. 이것도 많이 발전한 것이다. 몇 년 전 처음 나왔을 때는 30초 정도의 시간이 걸렸었다.

그러나 그 정도의 부팅시간은 충분히 인내할 수 있을 정도로 이 하이와이어의 조종공간은 새롭다. 양손으로는 둥그런 스티어링 휠을 돌리고 왼발로는 클러치를, 오른발로는 액셀러레이터 페달을 밟고 또 오른손으로는 기어 레버를 조작해야 하는 번거로움이 없어져 버린 것이다. 양 손으로 잡을 수 있는 핸들에 이 모든 기능이 들어가 있다. 좌우로 돌리면 회전이 되는 것은 비슷하지만 손잡이 부분을 어떻게 작동하느냐에 따라 가속도 되고 제동도 된다. 그리고 그 상황은 가운데 모니터에 표시가 된다. 만화에서나 봤음직한 내용이 하나둘씩 현실화되어가고 있는 것이다.

한편 BMW가 처음으로 선보인 iDrive라고 하는 시스템은 자동차 안에서 운전하는 것 이외의 모든 작동 상황을 죠그셔틀 버튼 하나로 작동하도록 통합하고 있다. 카 오디오의 작동을 비롯해, TV, DVD, 내비게이션, 온도 조절, 주행상황 등 약 700여 가지의 필요한 모든 정보를 한 곳에 모아 놓고 있는 것이다. 그것을 오른손 아래쪽에 있는 둥그런 죠그셔틀 하나로 모두 조작한다.

필자는 이 시스템이 처음 등장했을 때 BMW의 본사가 있는 독일 뮌헨에서 직접 체험한 적이 있다. 우선은 신기했다. 그리고는 워낙에 많은 정보로 인해 약간은 복잡하다고 느꼈었다. 하지만 필자는 디지털에 대해 일찍부터 익숙해온 덕에 금세 친해졌다. 지금은 같은 독일의 아우디는 MMI라는 이름으로 비슷한 시스템을 채용하고 있으며 최근에는 닛산의 티아나를 베이스로 만든 르노삼성의 SM7에도 기능이 단순화된 형태이기는 하지만 비슷한 개념을 실현하고 있을 정도로 보편화의 길을 걷고 있다.

결국 이런 식으로 가게 된다면 우리가 컴퓨터를 이용해 음성인식으로 편집을 하는 것과 마찬가지로 음성으로 자동차를 조작할 수 있는 시대가 올 날이 머지않았다. 아니 아예 처음부터 목적지 설정 등을 입력만 해 놓으면 알아서 움직이는 자동차를 보게 될 수도 있다. 물론 도로에 ITS(Intelligent Traffic System) 설계가 선행되어야 한다는 인프라 구축의 문제가 남아 있다. 하지만 머지않아 우리는 차 안에서 업무를 보면서 원하는 목적지로 이동할 수 있는 시대에 살게 될 것이다.

하지만 이런 모든 것도 에너지 문제가 선결되지 않고는 아무 소용없는 일이다.

그래서 지구촌에서는 지금 화석연료를 대체할 연료를 찾는 작업에 총력을 기울이고 있다. 그런데 이 대체 에너지에 관한 이야기는 어제 오늘의 일이 아닌데 의외로 일반인들에게는 잘못 알려진 부분이 많다.

중요한 것은 당장에 우리가 가용한 석유 에너지를 절약하는 것이 급선무다. 그런 상태에서 지금과는 다른 에너지를 찾아내야 한다. 그것이 수소를 이용하는 것일지 태양열을 이용하는 것일지 아직까지는 확실하게 미래가 보이는 것은 없다.

그것을 알고 있는 자동차업계에서는 하이브리드카를 만들어 있는 에너지를 절약하는데 힘을 모으고 있다. 하이브리드의 사전적 의미는 '잡종, 혼합'이다. 자동차에서는 가솔린엔진과 전기모터 등 두 가지의 구동 시스템을 동시에 채용한 차를 일컫는다.

상황에 따라 가솔린엔진으로 구동하기도 하고 전기모터로 달리기도 하는 자동차를 하이브리드카라고 한다. 물론 가솔린엔진 대신 디젤엔진을 사용하기도 한다. 다만 이 하이브리드카는 구조적으로 정체와 지체가 심한 지역에서는 약 30% 정도의 연료절감을 기대할 수 있지만 고속 주행만 계속할 경우에는 별 소용이 없다. 오히려 그 시스템을 채용하는데 드는 비용만 낭비하는 셈이 된다.

그런 한계 때문에 자동차회사들은 수소를 이용하는 구동 시스템을 개발하고 있다.

수소를 이용하는 방식은 크게 두 가지로 나눌 수 있다. 현재의 엔진을 그대로 사용하면서 연료탱크에 수소를 싣고 LPG엔진처럼 자동차를 구동하는 소위 수소엔진이 그 하나다. 수소엔진이 실용화가 된다면 우리가 굴리고 있는 자동차를 근본적으로 바꾸지 않고도 지금 우리가 사용하는 자동차와 같은 감각으로 이용할 수 있어 이론적으로는 가장 합리적인 것이라고 할 수 있다. 하지만 수소저장탱크 등 기술적인 문제로 인해 이 역시 아직까지 확실한 대안으로 자리잡지 못하고 있다. 독일의 BMW가 1978년부터 연구를 해 최근 실용화에 박차를 가하고 있다.

두 번째는 수소 연료전지(Fuel Cell)차가 있다. 수소 연료전지차는 연료탱크에 수소를 탑재하는 것은 수소엔진차와 마찬가지다. 다만 자동차 안에 연료전지라는 시스템을 채용한다. 연료전지시스템이란 연료탱크에 탑재된 수소를 공급받아 산소와의 화학반응을 일으켜 전기를 생산하는 것을 말한다. 마지막에는 전기로 구동하는 자동차가 된다. 하지만 기존 전기자동차의 경우 사용하고 일정 시간 충전을 해야 했는데 연료전지는 수소만 연료탱크에 탑재하면 주행 도중 계속 발전을 하면서 이동을 할 수 있다는 점에서 근본적으로 차이가 있다.

하지만 이 연료전지차 역시 연료전지시스템의 천문학적인 비용으로 인해 가능성에 대해 확신을 하지 못하고 있는 상태다. 연료전지 내에는 스택(Stack)이라는 장비가 들어가는데 지금까지는 그 안에 백금을 사용해야만 한다. 이 백금은 공산품과는 달리 많이 사용할수록 더 비싸진다는데 문제가 있다. 그 때문에 엄청난 비용이 들게 되어 소비자들로부터 주목을 끌지 못할 수밖에 없는 처지에 놓여 있다.

결국 하이브리드와 연료전지 모두 근본적인 해결방안으로 떠오르지 못하고 있는 상황에서 이 시스템의 선호도에 따라 세계 메이커들은 날카로운 신경전을 벌이고 있다.

올 초 미국의 자동차도시 디트로이트모터쇼에 나타난 GM과 토요타의 보도발표회가 좋은 예였다. GM은 양산 가능한 연료전지차 시퀄(Sequel)에 대해 대대적으로 홍보했다. 그동안은 말 그대로 드림카 수준에 머물렀던 디자인을 실현 가능한 형태로 바꾸고 파워 트레인만 탑재하면 언제라도 양산이 가능하다는 것을 GM은 강조했다. 그리고 머지않아 자동차의 파워 트레인은 수소연료전지차로 전환이 될 것이라고 주장했다.

그런데 토요타의 보도발표회에서는 앞서 GM의 발표를 정면으로 반박이라도 하듯이 수소연료전지차의 실용화는 앞으로도 적어도 25년은 지나야 가능하다고 주장하고 나섰다. 토요타는 하이브리드카 부문에서는 세계의 선도자적 입장에 있는 메이커. 따라서 앞으로 토요타의 라인업 대부분에 하이브리드 버전을 채용할 것이라는 발표로 이 부문에서 자신들의 우위를 과시했다.

토요타측 관계자는 연료전지스택 제작비와 수소저장시스템 등의 획기적인 발전이 없이는 연료전지차는 빨라야 2030년 초나 되어야 양산이 가능할 것이라고 주장했다. 토요타는 하이브리드를 앞세우는 입장이지만 연료전지 부문에 있어서도 GM과 다임러크라이슬러, 혼다 등과 함께 선구자적인 입장에 있다.

그런 토요타가 현 시점에서 연료전지차를 개발하기 위해서는 전통적인 내연기관 엔진을 탑재한 차량에 비해 무려 10배 이상의 비용이 들어가는 연료전자차의 실용화 가능성을 멀리 본 것이다. 또한 32도 이하에서는 제 성능이 나지 않는다는 사실도 해결해야 할 문제다. 내구성도 현 시점에서는 최대 10년 10만 마일에 도달하려면 아직 멀었다. 때문에 토요타 측은 시험적으로 생산판매하는 것은 가능하지만 양산에 들어가는 것은 아직 어떤 전망도 할 수 없다고 주장하고 있는 것이다.

미래의 자동차를 이야기할 때 에너지 문제는 빠질 수 없는 얘기이다. 하지만 우리가 알고 있는 것과는 달리 문제는 그렇게 빠른 시간 내에 해결될 것 같지가 않아 보인다.

 드라이브 바이 와이어, 자동차산업 지도를 바꾼다.

브레이크와 액셀러레이터, 스티어링 휠 등 자동차 각 부분에 바이 와이어 기술의 채용이 더욱 빠른 속도로 증가할 것으로 보인다.

오늘날의 자동차는 대부분의 경우 케이블이라든가 유압, 기계적인 장치 등에 의해 운전자가 원하는 움직임을 자동차에 전달하는 형태를 취하고 있다. 액셀러레이터 케이블, 브레이크액 등을 말하는 것이다.

그런데 비행기에는 이미 폭넓게 사용되고 있는 소위 플라이 바이 와이어(fly-by-wire) 기술이 자동차에도 드라이브 바이 와이어(Drive-by-wire)의 형태로 채용이 되고 있다. 스티어링 칼럼과 브레이크 라인이 센서와 액츄에이터에 의해 작동이 되고 있으며 스티어링 휠은 조이스틱이나 다른 형태의 컨트롤 유닛 등으로 대체되어가고 있다.

베어링과 실(seal) 전문 메이커로 유명한 스웨덴의 SKF사는 이 부문에서 주도권을 잡기 위해 노력하고 있다. 물론 델파이와 지멘스(Siemens VDO Automotive)와 보쉬(Robert Bosch GmbH) 등도 마찬가지다.

SKF사는 GM의 연료전지 자동차 하이 와이어(Hy-Wire), 사브를 베이스로 이태리 디자인 하우스 베르토네가 개발한 컨셉트카 노반타(Novanta) 등 여러 가지 프로토 타입 자동차에 드라이브 바이 와이어 기술을 채용했다. SKF는 또한 여러 대의 에어버스 모델에 사용되고 있는 플라이 바이 와이어 기술도 개발한 경험이 있다.

SKF는 지난 주 플리머스에 있는 SKF의 북미 테크니컬센터가 주도해 컴퓨웨어 아레나에 노반타를 전시했다.

이 차에는 액셀러레이터도 없고 브레이크 페달도 없다. 단지 휴먼 머신 인터페이스라고 하는 메커니즘만이 있다. 이는 비행기 조종간과 모터사이클 핸드 레버의 중간 형태로 생긴 것이다. 핸들을 뒤쪽으로 돌리면 자동차가 앞으로 전진하고 반대로 돌리면 감속 정지한다.

SKF의 시스템은 센서를 사용해 운전자의 작동을 감지해 스마트 일렉트로 미케니컬 액츄에이터라고 하는 컨트롤러에 정보를 전달한다. 이 액츄에이터는 전기적인 에너지를 자동차의 기능으로 전환하는 역할을 한다.

예를 들어 운전자가 자동차를 회전시키고자 하면 스티어링 칼럼이 아닌 센서가 그 정보를 스티어링 랙에 전달해 휠을 돌리게 된다.

이 외에도 SKF는 급제동과 급가속을 조절할 수 있는 바이 와이어 시스템을 개발하고 있다. 궁극적으로는 자동차의 승차감과 핸들링을 개선해 주는 서스펜션 바이 외어어도 개발하고자 하고 있다고 SKF의 드라이브 바이 와이어 사업부 관계자는 설명하고 있다.

드라이브 바이 와이어 시스템은 엔진 파워의 손실을 저감 등으로 인해 연료 소모도 줄일 수 있는 이점이 있다.

또한 자동차의 디자인을 좀 더 다양하게 할 수 있으며 쓸데없이 많은 장비를 단순화할 수 있으며 이론적으로는 스티어링과 브레이킹, 그리고 다른 기능의 조작을 자동차의 어느 위치에서나 가능하게 할 수 있다.

지멘스가 개발한 브레이크 바이 와이어 시스템은 브레이크 페달과 브레이크 사이에 케이블이 없다. 더불어 브레이크액도 없어 브레이크 페달을 자동차 안 어느 곳에나 설치할 수 있다.

컨셉트카 노반타의 컨트롤은 사용하지 않을 때는 운전석 도어 쪽으로 접어 넣을 수 있다. 하이 와이어의 컨트롤 유닛은 운전석 좌우로 움직일 수 있어 어느 쪽에나 운전석을 설치할 수 있다.

물론 아직까지는 이런 형태의 드라이브 바이 와이어는 모터쇼장의 컨셉트카에서는 자주 등장하는 것이기는 하지만 오늘날 자동차와 같은 형태로까지 자연스럽게 작동될 수 있도록 발전하는 데는 시간이 필요할 것이다.

운전자는 지멘스의 브레이크 바이 와이어 시스템을 손으로 조작할 수 있지만 자동차회사들은 풋 브레이크 형태로 우선 적용하고자 할 것으로 이 회사 측은 전망하고 있다.

그것은 운전자들이 그 장비에 익숙해질 필요가 있다는 것을 의미한다. 때문에 키레스 엔트리의 키에는 여전히 기존 형태의 키가 같이 설계되어 있는 것이다.

경우에 따라서는 드라이브 바이 와이어 시스템일지라도 기존 자동차와 같은 진동과 회전 상승감 등을 운전자에게 전달 할 수 있도록 만들어질 수도 있을 것이다.

다시 말해 손으로 뭔가 전해져야 무슨 일이 일어나고 있는지 알 수 있고 그에 맞춰 조절할 수 있기 때문이다.

그리고 그것은 기존 자동차에 익숙한 사람들의 세대가 지나고 닌텐도 게임이 익숙한 세대들이 주류를 이룰 때쯤에야 새로운 형태의 조종간이 본격적으로 보급될 수 있을지도 모른다.

하지만 이미 많은 사람들이 그 내용을 알고 있든 아니든 전자제어 스로틀 컨트롤 등 드라이브 바이 와이어 시스템이 일부라도 적용된 자동차를 타고 있다. 전자제어 스로틀 컨트롤은 액셀러레이터와 스로틀 사이를 연결해 주는 전통적인 기술을 사용하지 않고 있다.

또한 일부 고급차에서는 바이 와이어 주차 브레이크 시스템을 채용하고 있다. 이는 BMW가 7시리즈에 처음 적용하기 시작했으며 최근에는 일부 중형차에도 채용되어 시판되고 있다.

아직까지는 모든 부분에 드라이브 바이 와이어 시스템을 적용하려면 10년 이상의 시간이 필요로 할 것으로 전문가들은 분석하고 있다. 또한 현재의 12볼트 배터리로는 이런 시스템이 완전히 채용되는데 문제가 있기 때문에 최근 일고 있는 42볼트 배터리의 실용화도 동반되어야 가능한 것들이다.

때문에 지금으로써는 하이브리드 시스템의 경우에만 드라이브 바이 와이어 시스템을 모두 소화할 수 있을 뿐이다.

어쨌건 드라이브 바이 와이어 시스템의 본격적인 적용은 자동차에 대한 인식의 전환은 물론이고 자동차 정비 산업 부문에도 엄청난 변화를 야기할 것으로 보여 각 부문에서 그에 대한 대책 마련을 지금부터 해 나가지 않으면 안 될 것으로 보인다?

컴퓨터화로 정비업계의 지각변동이 진행되고 있다.

필자는 얼마 전 '부팅하는 자동차 시대가 도래한다.'는 칼럼을 통해 자동차 기술의 컴퓨터화에 따라 자동차정비업계도 큰 변화를 겪게 될 것이라고 지적한 바 있다. 이번에는 그것을 약간 풀어 다시 한 번 짚고 넘어 간다.

"드라이브 바이 와이어(Drive By Wire)"로 표현되고 있는 자동차 기술의 첨단화는 자동차의 조작을 더 이상 물리적인 연결이 아닌 컴퓨터의 명령으로 하는 시대로 가고 있다. 다시 말하면 원형의 스티어링 휠을 돌려 자동차의 방향을 전환하는 형태의 장치가 사라진다는 것이다. 또한 발로 페달을 밟아 가속을 하고 제동을 하는 메커니즘이 자동차에서 자취를 감추게 된다는 얘기이다. 그 대신 버튼을 눌러 컴퓨터를 부팅하듯이 시동을 걸고 모터사이클의 손잡이와 같은 형태의 조작계로 가속을 물론 제동까지 하게 된다.

물론 이런 형태의 기술들은 전혀 생소한 것이 아니다. 이미 자동차에 적용이 되어 실용화가 진행되고 있다. 예를 들어 주차 브레이크의 경우 레버를 당기거나 발로 밟는 방식이 지금도 더 많기는 하지만 버튼 하나로 간단하게 작동시키는 형태의 모델들이 늘고 있다. 주행 도중 앞 차와의 거리가 가까워지면 자동차가 알아서 제동을 해 주는 것도 좋은 예다. 사이드 미러에 보이지 않는 사각지대에 자동차가 있을 경우에는 경고음이나 점멸등을 통해 알려준다. 지금 이런 것들이 하나씩 적용되어 가는 단계이지만 머지않아 우리가 공상영화에서 볼 수 있는 '자동 모드', '수동 모드'를 선택해 주행을 하는 시대가 도래할 것은 분명하다.

이것은 1990년대를 전후로 해 카뷰레터 엔진이 전자제어연료분사 방식으로 바뀌었을 때보다 더 큰 변화다. 그 당시 정비업에 종사하던 사람들 중 절반가량이 이직을 하지 않을 수 없었다. 카뷰레터 엔진은 말 그대로 기계적인 조작에 의한 것이지만 오늘날의 엔진은 전자제어식이기 때문에 그에 대한 지식이 없으면 손을 댈 수 없다. 엔진뿐 아니라 자동차에는 수많은 전기장치와 전자장비들이 도입되면서 정비업계에 커다란 변화를 몰고 왔던 것이다.

엔진의 변화에서도 그랬지만 자동차의 컴퓨터화로 인해 그 타격을 가장 크게 받는 것은 역시 자동차정비업계다. 체계적인 기술교육이 부족한 정비업계에서는 컴퓨터화된 엔진을 수리할 수 없기 때문에 어쩔 수 없이 문을 닫을 수밖에 없는 상황에 직면하게 된다는 얘기이다.

특히 소규모 카센터(경정비업계)의 경우에는 영세성 때문에 교육의 기회가 전무한 경우도 많아 어느 순간 자신의 의지와는 관계없이 더 이상 일을 할 수 없는 상황에 처하게 될 수도 있다.

지금이야 경정비업체에서도 판금과 도장, 엔진 ECU 등 특별한 부분을 제외하면 대부분의 장치를 직접 정비할 수 있다. 그래서 '장인, 명장' 하는 기술인이 선정되기도 하고 그만큼 인정을 받을 수도 있다. 하지만 그것은 어디까지나 아날로그형 엔지니어다. 눈에 보이는 것을 직접 확인하고 그것을 원 상태로 되돌린다거나 혹은 경우에 따라서는 개선까지도 할 수 있다.

하지만 디지털 시대의 자동차 정비는 그런 열정만으로는 할 수 없게 된다. 세계적인 IT강국인 한국이지만 아직도 컴퓨터를 다루지 못하는 소위 컴맹의 비율이 더 많다. 특히 자동차정비업에 종사하는 사람들은 일의 성격상 컴퓨터와 친해질 시간이 거의 없다. 흔히들 하는 인터넷조차도 아직은 생소한 것이 현실이다.

물론 많은 업체들이 고객관리 시스템을 컴퓨터로 관리하고 있지만 그것도 사실은 대부분 정비업에 맞도록 세팅해 놓은 컴퓨터를 비치한 경우가 더 많다. 특히 그정도 규모의 업체에서는 업무를 담당하는 직원을 별도로 두어 정작 정비 엔지니어들은 접할 기회를 갖지 못하거나 또는 거부감으로 인해 접근을 꺼리는 것이 대부분이다.

그들에게 자동차의 컴퓨터화는 생각보다 훨씬 심각한 스트레스다. 얼핏 그 정도는 알 수 있지 않느냐고 생각할 수 있지만 현실은 그렇지 않다. 컴퓨터 자체로 그냥 이런 저런 정보 검색하는 것도 쉽지 않은데 그것을 자동차의 특정 장치와 연결해 그것의 이상 유무를 진단하고 수리한다는 것은 경우에 따라서는 불가사의에 가까울 수 있다.

하지만 아직도 경정비업체의 이점은 있다. 내 집과 가까운 곳에 위치해 접근이 용이하고 오래 거래하면서 쌓인 신뢰 등으로 인해 특별한 경우가 아니면 믿고 거래하는 경우가 많다.

하지만 동시에 소규모 영세업자 위주의 정비시장 구조로 인해 자동차 정비 서비스 수준이 전반적으로 낙후되어 있다는 인식이 아직까지 잔재해 있고, 소비자는 가격/품질에 대한 불신이 높다는 것을 부인할 수 없다. 과다 비용을 청구한다거나 최신 정비기술의 습득이 어려워 정비 서비스 능력이 떨어진다는 생각을 소비자들이 갖고 있다는 것이다.

이런 상황의 변화로 인해 21세기 들어 국내에서도 자동차정비업계의 대규모화, 또는 프랜차이즈화가 진행되고 있다.

기본적인 프랜차이즈는 물론 완성차회사들의 직영정비업체들이다.

자동차를 직접 개발 생산하는 메이커에서 관리를 하기 때문에 첨단 기술 습득에서 우선권을 갖고 있고 또한 부품업체들과 대규모의 거래로 인해 가격을 낮출 수 있는 힘도 일반 정비업체에 비해 월등히 앞서 있다.

그러나 소비자들이 모두 완성차업체 직영정비업체만을 이용하는 것은 아니다. 그들은 우선 시간적으로 제한이 많다. 일은 바쁜데 수리를 위해 예약을 해야 하는 등의 번거로움이 많다. 또한 많은 차량들이 접수되기 때문에 수리를 의뢰하고도 순서를 기다려야만 한다.

때문에 기술력이 있는 또 다른 정비업체로 눈을 돌리게 된다. 그래서 등장한 것이 프랜차이즈 정비업체다. 미국의 경우 셸(Shell)과 아모코(Amoco), 모빌(Mobile), 마이다스(MIDAS), 지피루브(jiffy lube) 등 유명한 정비 프랜차이즈 업체들이 성황을 이루고 있다.

일본도 자동차병원 개념의 토탈 정비 서비스를 추구하는 프랜차이즈 업체들이 많다. 니세키 미쓰비시(Nisseki Mitsubish), 이데미추(Idemitsu) 등의 업체들이 높은 입지를 구축하고 있다.

특히 이들은 온오프라인 통합 서비스 체계를 구축하며 시대적인 흐름에 맞는 정비업 경영을 전개하며 소비자들에게 다가가고 있다. 우리나라의 경우 IT강국을 외치면서도 정작 생활에서 IT개념을 활용해 편리성을 추구하는 것과는 거리가 멀다. 일본의 경우 고속도로 통행료 자동지불 시스템을 활용하는 운전자가 60%에 가까운데 우리나라는 5%에도 미치지 못하고 있다는 것이 좋은 예다.

현재의 정비업 종사자들은 이 부분에 대해 눈을 돌릴 필요가 있다. 프랜차이즈를 통하면 컴퓨터화 등 어려운 부분은 좀 더 저렴한 비용에 쉽게 해결할 수 있는 방법이 있다. 우선 이 부분부터 하나씩 해결하면서 컴퓨터화 되어가는 자동차 기술에 대응할 수 있는 방법을 찾아 나가야 한다. 그래야 카뷰레터 엔진이 전자제어연료분사 엔진으로 바뀔 때와 같은 상황에 대응할 수 있으며 나아가 지금보다 훨씬 좋은 환경에서 더 높은 수익을 올릴 수 있게 된다.

자동차정비업의 미래는 누가 만드는 것일까?

필자는 자동차를 수리하고자 할 때 주로 집에서 가까운 경정비업체에 들른다. 소위 말하는 카센터에 간다는 얘기이다. 사람의 성향에 따라 다르겠지만 필자의 경우는 자동차회사에서 경영하는 직영 정비업체와 같은 대형 업체에 들르는 것이 쉽지 않다. 물론 과거에는 여러 차례 갔었다. 그런데 그곳에 가면 수리는 잘 하겠지만 시간에 대한 관념에서 필자와 많은 차이를 보인다.

우선은 접수하는 과정에서부터 다시 차를 찾는 과정까지 걸리는 시간이 너무 오래 걸린다. 그런 과정에 익숙한 사람들은 별 문제 없이 하겠지만 직업상 그렇게 여유 있게 시간을 내지 못하는 필자의 입장에서는 항상 걸림돌이 되어 왔고 그 후 필자는 대부분의 경우 가까운 카센터에 정비를 의뢰하는 것이 습관처럼 굳어져 있다.

이런 경정비 업체는 필자의 직업상 좋은 점도 많다. 가끔 시간이 나면 엔지니어들과 이야기를 나누며 자동차의 기술적인 문제점에 관한 이야기라든가 최근 한국차가 고장이 잘 나지 않아서 생기는 고충(?)도 들을 수 있다.

과거와는 달리 요즘은 경정비 업체 종사자들도 기술력은 물론이고 신뢰성도 많이 높아져 있다. 법적인 제약 때문에 하지 않을 뿐이지 경우에 따라서는 고도의 정비가 가능한 업체도 적지 않다. 또한 이제는 더 이상 소비자들이 모른다고 해서 바가지를 씌운다거나 하는 일은 보기 힘들어졌다. 그랬을 경우 인터넷 등을 통해 금세 알려져 영업을 하지 못할 수도 있게 되었기 때문이다.

그래서 소위 말하는 동네 카센터들은 과거와는 현저하게 차이가 난다. 그저 성실하게 자동차만 고친다는 자세에 서비스 정신이 가미되기 시작했고 업소를 홍보하거나 하는 면에서도 눈길을 끄는 전략을 동원하기도 한다. 취재를 다니면서 만난 예 중에서는 분명 카센터, 즉 경정비업체인데 오전 중에 차량을 끌고 직원들과 함께 아파트 단지를 찾아 주부들을 대상으로 무상점검서비스를 하면서 업체를 알리는 예도 목격했다.

그뿐인가. 아주 오래된 이야기이지만 '고객 관리'라는 것도 90년대의 그것과는 다르다. 대기업에서나 할법한 CRM, 즉 고객 관계 관리(Customer Relationship Management) 기법까지 동원해 철저하게 고정고객을 확보하고 있는 업체도 적지 않다.

그러니까 오늘날의 자동차정비업 종사자들은 외부에서 말하는 데로 자동차의 전장 또는 전자화로 인해 자동차정비업의 미래가 불확실하다는 것은 그들도 알고 있다. 하지만 그보다 중요한 것은 지금의 현실에 충실하면서 그런 미래를 대비해야 한다는 자세를 갖고 있다는 것이다.

그런데 그런 자세에도 불구하고 자동차경정비업의 형태가 과거와는 많이 달라지고 있다는 것을 알아야 할 필요가 있을 것 같다.

다 알고 있는 사실이지만 지금과 같은 부분정비업 등록법규가 시행된 것은 1998년 10월부터였다.

당시 국내에는 약 3,000여개의 정비공장과 3만여 개의 부분정비업체가 있었다는 추산 자료가 있다. 그런데 부분 정비업법의 발효로 인해 등록업체와 미등록 업체로 기존 카센터가 이분화 되었다. 물론 비율은 당연히 등록업체가 많다. 2000년 말 통계로 등록을 한 부분 정비업체의 수가 2만 4,171개로 전체의 71.2%에 달했고 미등록 업체는 6,782개로 19.9%에 이른 것으로 나타났었다.

그러면서 부분 정비업, 다시 말하면 카센터의 모양세가 달라지기 시작했다. 그때까지 정비 위주의 단순 상품으로만 운영되거나 또는 체계가 없이 주먹구구식으로 운영되어 오던 카센터들이 나름대로의 입지를 구축하게 된 것이다. 가장 위에는 자동차회사의 정비 공장이 있고 그 정비공장과 연계된 부분 정비업이라는 형태로 외형이 갖추어져 가기 시작했다는 것이다.

그러면서 나타난 현상이 카센터의 브랜드 도입 및 프랜차이즈 개념의 구축이다. 가까운 예로 동네 제과점에서 먼저 선보였던 것이지만 자신의 이름을 내건 간판이 등장했다. 사실 지금도 이런 간판을 단 업체를 보면 그래도 믿을 수 있겠다는 생각이 드는 것은 분명하다. '아주 강심장이 아니고는 자신의 이름을 걸고 속이지는 않겠지'라는 이미지를 갖게 된다는 것이다.

그런데 한 가지 다른 생각이 머리에 떠오른다. 우리가 흔히 대기업 제품을 선호하는 이유를 들 때 사후에 문제가 발생했을 때 A/S가 잘 된다는 점을 먼저 꼽는다. 경우에 따라서는 어거지에 가까운 주장을 하더라도 기업 이미지를 고려해 해결을 해 주는 경우도 없지 않다. 특히 백화점과 같이 대중이 많이 모이는 경우에는 대부분의 경우 소비자의 불만을 해소하는 쪽으로 유도한다. 물론 백화점이야 입점 업체들에게 그 책임을 다시 전가할 수 있기 때문이라고 할 수 있을 것이다. 하지만 그렇다하더라도 그런 대응을 잘못해 이미지가 나빠지면 내점 고객이 감소하게 되고 그 결과 전체 매출 저하로 이어지는 것은 당연지사.

카센터에서도 이런 시스템이 적용될 수는 없을까 하는 생각이 그래서 떠오른다는 것이다. 내가 서울의 모 지역 카센터에서 수리를 했더라도 부산에서 그에 대한 사후 서비스를 받을 수는 없을까 하는 것이다.

바로 그런 발상에 착안해 등장한 것이 정비업 프랜차이즈 시스템이다. 오늘날에야 유통의 기본으로 알려져 있는 이 프랜차이즈 시스템이 자동차 정비업에 잘 적용된다면 정비업자는 물론이고 소비자들에게까지 이익이 돌아가기 때문에 그 필요성이 인정되었고 그런 업체들이 생겨나게 된 것이다.

그래서 지난 호에 미국의 셸(Shell)과 아모코(Amoco), 모빌(Mobile), 마이다스(MIDAS), 지피루브(jiffy lube) 등 유명한 정비 프랜차이즈 업체들의 예를 들었었다. 반복되는 이야기이지만 일본도 자동차병원 개념의 토탈 정비 서비스를 추구하는 프랜차이즈 업체들이 많다. 니세키 미쓰비시(Nisseki Mitsubish), 이데미추(Idemitsu) 등의 업체들이 높은 입지를 구축하고 있다.

이들에게서 주목할 것은 단순한 프랜차이즈 시스템만을 추구하는 것이 아니라는 점이다. 온오프라인 통합 서비스 체계를 구축해 정보화 시대에 맞는 정비업을 하고 있다는 점이다. 다시 하는 말이지만 세계에서 인터넷 보급률이 가장 높다고 자부하는 대한민국인데 그것을 실제 경영에 최대한 활용하고 있는 예는 많지 않은 것 같다 IT강국을 외치면서도 정작 생활에서 IT개념을 활용해 편리성을 추구하는 데는 서툴다는 것이다.

물론 모든 정비업체가 이런 식으로 프랜차이즈화 되어야 한다는 얘기는 아니다. 다만 오늘날의 소비자들이 무엇을 원하고 어떤 형태의 서비스를 받기를 희망하는지를 정확히 파악해야 한다는 것이다. 한 대기업에서 조사한 자동차 사용자들의 정비업체 선택 이유에 관한 조사에서 가장 높은 비율을 차지한 것이 신뢰성이었다는 점이 이를 잘 보여 주고 있다.

그것은 자동차라는 것이 사전 점검을 통해 고장을 사전에 방지할 수 있기 때문이다. 그런 소비자들은 굳이 그런 프랜차이즈의 도움이 필요 없을 수도 있다. 여행 중에 발생한 고장은 보험을 활용하면 되기 때문이다.

여기에서 주장하고자 하는 것은 프랜차이즈화 하자는 것이 아니다. 시대가 달라지고 자동차가 달라지고 사람도 달라지고 변하지 않는 것이 없다는 사실은 인정하면서 자신만은 변하고자 하지 않는 자세를 한번쯤은 돌아보자는 것이다. 소비자를 섬길 때 그 결과 나는 수익을 얻을 수 있다는 사실을 잊지 말자.

::: Automobile Industry column

2 Korea Automobile Industry

 현대자동차, 무엇을 전면에 내 세울 것인가?

현대자동차가 앨라배마 공장에서 생산을 시작한지 벌써 세 달이 지났다. 아직은 미국 내에서 판매되는 쏘나타의 20% 정도에 해당하는 3.3리터 모델만을 조립하고 있어 본격적으로 미국산 쏘나타가 미국시장에서 생산된다고 하기에는 무리가 있다. 다만 현대자동차가 미국에서 대대적으로 미국산 쏘나타임을 강조하는 것과 궤를 같이 미국의 소비자들로부터 'Made in U.S.A.'로 인정받으려면 그에 걸맞은 생산량을 달성해야 할 것이다.

물론 그것은 토요타 캄리와 혼다 어코드가 장악하고 있는 컴팩트카 혹은 미드사이즈카 세그먼트에서 나름대로의 입지를 구축하기 위함이다. 그렇게 되면 흔히 말하는 미국 내 메인 스트림 소비자들의 구매 대상 리스트에 올라갈 수 있게 되고 그것이 바로 현대자동차가 미국에서 현지 생산을 하는 가장 큰 목적 중 하나라고 해도 무방할 것이다.

이미 잘 알려져 있다시피 풀 사이즈 픽업 트럭을 제외하고 미국시장은 사실상 해외 브랜드들에 의해 장악 당하고 있다. 특히 쏘나타가 속한 세그먼트는 일본 메이커들이 아성을 구축하고 있다. 그리고 이들 일본산 모델들에 비해 쏘나타의 판매량은 아직 차이가 많다.

현대자동차측이 조사한 자료에 따르면 최근 현대자동차의 판매가 급신장을 거듭하고 있지만 미국의 자동차 구매자 중 4/5는 현대를 모르거나 혹은 좋아하지 않거나 현대라는 브랜드에 대해 신뢰를 보내지 않고 있는 것으로 나타났다고 한다.

때문에 현대자동차는 미국시장의 소비자를 끌어 들이기 위해 한국차의 트레이드마크인 워런티 기간 제공 시한을 연장하는 것과 경쟁모델보다 더 많은 안전장비 등을 장착하는 것을 장기로 내 세우고 있다. 그렇게 되면 어쨌든 경쟁 모델보다 가격 경쟁력에서 우위에 서게 될 것이라는 생각인 것 같다.

예를 들어 미국에서 판매되는 모든 쏘나타는 여섯 개의 에어백을 장착하고 있다. 또한 미국에서 판매되는 미드사이즈 세단 중 처음으로 ESP를 채용했고 또 첨단 ABS도 적용하고 있다. 독일과 스웨덴에서 실시된 조사에 따르면 ESP를 장착한 차량은 사고가 큰 폭으로 줄었다고 한다.

어쨌거나 이처럼 다양한 옵션을 장착하고도 2만 달러 이하의 소비자 권장가격(sticker price)을 제시하고 있지만 그렇다고 쏘나타가 여전히 최저가에 리스트 되지는 않는다. 그 좋은 예가 포드 퓨전이다. 포드는 퓨전에 대해 '현대차보다 싼 미국차'라는 점을 내 세웠다. 하지만 현대자동차측은 퓨전이 낮은 가격으로 판매되는 것은 장비가 그만큼 적기 때문이라고 주장한다. 예를 들어 기본적인 품목이라고 할 수 있는 ABS 마저도 포드 퓨전에는 옵션으로 설정되어 있다.

이에 대해 포드측은 소비자들은 안전장비를 옵션으로 설정해 구매하기를 원한다고 주장한다. 참고로 포드 퓨전의 ABS 옵션 가격은 500달러.

다시 말해 현대자동차는 높은 신뢰성과 브랜드 로열티를 갖고 있는 토요타 캄리나 혼다 어코드를 따라잡기 위해서는 우선 포드 퓨전 등을 이길 수 있어야 한다는 얘기가 된다.

쏘나타가 속한 세그먼트에서는 캄리와 어코드가 선두를 다투고 있고 이어서 폭스바겐과 닛산, 새턴, 포드 등이 뒤를 잇고 있으며 판매량으로 그 다음이 현대자동차다.

현대자동차는 그동안 모든 역량을 품질에 집중해 왔다. 그 결과 이제는 적어도 초기 품질에서는 선두그룹에 속할 정도로 개선되었다. 하지만 그렇다고 해서 당장 미국 시장의 소비자들이 현대자동차의 모델들에 대해 높은 신뢰를 부여하지는 않는다. 지난 봄 출시한 쏘나타에 대해서도 미국의 자동차전문지들이 캄리, 어코드와 직접 비교를 해 우위에 있다는 평가를 내놓은 예도 있다. 하지만 그것이 당장에 모든 소비자들로부터 인정을 받을 수 있다는 것은 아니다. 시간이 필요하고 좀 더 세밀한 마케팅 전략을 통해 실수요자들에게 파고 들어가야 한다는 얘기이다. 트렌드의 변화에 좀 더 민감하게 대응할 수 있어야 하고 도대체 왜 현지화 전략이 중요한지에 대해서도 그동안과 다른 시각에서 재검토가 되어야 한다.

일본 메이커들이 소위 말하는 'Good and Cheap'이라는 이미지의 벽을 넘는데 30년이라는 세월을 보내야 했다. 좋은 품질의 제품을 만들고도 메인스트림으로부터 인정받는데 걸리는 시간이 그렇게 길었다는 것이다. 현대자동차나 기아자동차는 지금 국내 언론에 보도되는 것처럼 세계적이라거나 토요타가 견제를 해 부품을 공급하지 않을 정도로 높은 수준이라고는 할 수 없다. 다만 저가시장에서 괜찮은 품질과 가격경쟁력으로 상대적 우위를 점하고 있을 뿐이다.

하지만 그 지위마저도 언제까지나 유지되리라고 보는 전문가는 없다. 일본 메이커들이 다시 저가 시장을 다양한 방법으로 공략하기 시작했고 중국산 모델들이 벌써부터 겁 없이 해외시장을 노크하고 있다.

현대자동차의 싸움은 이제 본격적으로 시작되었다고 할 수 있을 것이다.

그 싸움의 요체는 현대자동차가 주장하듯이 "A Hyundai you've never seen before."다. 그런데 그동안 보지 못했던 것이 무엇이냐에 대한 구체적인 답을 제시해야 한다. 품질을 전면에 내 세운 토요타를 답습해서는 따라잡을 수 없다는 얘기가 그래서 나온 것이다.

 현대 쏘나타의 어제와 오늘, 그리고 내일

현대자동차의 쏘나타는 한국차를 대표하는 모델이다. 그만큼 오랜 역사를 갖고 있으며 다른 모델들과는 달리 한 가지 이름을 데뷔 이래 사용하며 5대 째에 이르고 있다.

그러니까 쏘나타는 데뷔한 지 20년 동안 차명이 바뀌지 않은 유일한 한국산 차종이다. 또한 단일 브랜드로 250만대 이상 생산한 최초의 한국산 중형차로 우리나라 자동차의 기술적인 발전을 적나라하게 보여주는 모델이다.

더불어 쏘나타는 한국의 자동차문화를 리드해 온 한국을 대표하는 자동차이기도 하다. 그러면서 브랜드 이미지가 무엇인지를 한국의 소비자들에게 보여주고 있기도 하다. 뿐만 아니라 쏘나타는 한국차만의 브랜드 이미지를 갖고 해외 시장에서 활약을 하고 있는 국가 대표격 모델이다. 해외에서는 현대라는 브랜드보다는 쏘나타라는 차명이 더 알려져 있을 정도다.

물론 그것은 판매가 뒷받침됐기 때문에 가능한 일이었다. 1세대 쏘나타의 판매는 연간 12만대 전후였다. 그런데 2세대가 등장하자 판매는 두 배로 뛰었다. 피크였던 1996년에는 24만대까지 치솟았다. 3세대는 IMF라는 상황 때문에 약간 떨어지기는 했지만 국내 중형차 시장의 부동의 1위를 고수했다.

쏘나타는 또 모델체인지를 할 때마다 진보된 기술력을 보여 주었다. 예를 들어 1세대 쏘나타는 에어컨, 파워 스티어링 등 그때까지 옵션이었던 것을 기본품목으로 했다. 2세대 쏘나타는 ABS를 비롯해 SRS 에어백, 전자제어 현가장치 ECS 등 안전장비 강화가 주목을 끌었다. 쏘나타 Ⅲ는 특히 소음에 신경을 써서 우레탄 소음재 HHF, 액체 봉입형 엔진 마운팅을 적용하고 바닥과 측면에 소음재를 강화해 N.

V. H(소음진동강성) 최적화를 통해 정숙성을 유지했다. 이밖에도 속도 감응형 파워 스티어링 EPS, 듀얼 에어백, TCS 등의 첨단 장비와 급격히 늘어나는 레저 인구를 위한 스키 스루 기능 등을 갖추는 등 중형차로서 부족함 없는 편의장비와 안전장비를 골고루 갖추었다.

그리고 4세대째 모델인 EF 쏘나타에서는 국내 처음으로 감성품질이라는 단어를 도입해 자동차의 품질을 한 단계 끌어 올렸고 그 결과가 최근 미국 J.D.파워사와 컨슈머 리포트의 품질조사에서 토요타와 비슷한 품질수준으로 나타났다. 쏘나타는 이제 더 이상 한국차가 품질문제로 인한 하급 모델이 아니라는 것을 보여 준 모델인 것이다.

그뿐 아니라 쏘나타의 심장으로 현대가 자체 개발한 V6 델타 엔진에 이어 크라이슬러와 미쓰비시에도 공급하는 쎄타 엔진이 이식되었다. 여기에 신개념 트랜스미션 하이벡 AT도 빼놓을 수 없는 장비다.

스타일링과 디자인에서도 역사만큼이나 많은 발전을 이룩해 왔다. 당시로서는 파격적이었던 1세대 모델부터 시작해 NF쏘나타에 이르기까지 항상 변화를 거듭하며 소비자들의 눈을 즐겁게 해 주었다. 물론 초기 모델은 이태리 디자인업체에 의뢰해서 한 것이었지만 이제는 자체 디자인팀에 의해 만들어 낼 정도의 기술력도 확보하고 있다.

특히 실내공간 확보에서는 세계적인 능력을 보여 주었다. 현행 EF 쏘나타의 실내장×폭×고가 1,970×1,480×1,165㎜인데 이는 쏘나타Ⅰ의 1,930×1,460×1,155㎜와 크게 차이가 없다. 하지만 다른 나라 모델들은 동급 모델로서 쏘나타보다 넓은 실내공간을 가진 차는 없다. 그래서 한국의 소비자들은 차를 살 때 가장 먼저 관심을 갖는 것이 실내공간이 되어 버렸다.

편의장비면에서도 일본차와 경쟁을 하는 수준에까지 올라왔다. 틸트 스티어링은 기본이고 전동식 사이드 미러 조절장치, 뒷좌석 암레스트, 각종 컵 홀더 등 지금은 당연한 것으로 여겨지는 것들을 앞장서 도입했다. 거기에 유아용 안전시트라든가 12V 파워 아웃렛, 항균 에어필터, 유해가스 차단장치 적외선과 자외선을 차단해 주는 솔라 컨트롤 글래스 등 신경을 쓰지 않으면 모를 수 있는 내용들까지 가득 하다.

이처럼 호화로운 편의장비를 장착하고도 쏘나타는 한국시장에서는 물론이고 세계시장에서도 가격경쟁력을 확보하고 있다.

그렇다면 현대자동차는 쏘나타를 통해 무엇을 추구해 왔을까.

현대자동차에 있어 쏘나타는 넓은 실내공간과 쾌적성, 부드러운 승차감 등을 표방하며 앞바퀴 굴림 방식의 중형 세단 패밀리카를 의미한다. 물론 처음부터 세계 시장을 염두에 두고 만들었다고는 할 수 없을 것이다. 하지만 현대자동차는 20년 동안 이 컨셉을 일관되게 유지해 왔고 그것을 바탕으로 시장에서 힘을 키워왔다. 동시에 모델이 등장할 때마다 차명이 바뀌는 아쉬운 현실 속에서 쏘나타는 그나마 한국차로서는 유일하게 20년 넘는 전통을 쌓아왔고 이제는 전 세계 대부분의 나라에서 통용되고 있다.

그런 스타일링은 스케일을 중시하는 미국시장 오너들의 취향과 맞아 떨어졌고 쏘나타는 미국시장에서도 나름대로 입지를 구축해 왔었다. 하지만 미국시장에는 부동의 베스트셀러 승용차인 혼다 어코드와 토요타 캄리가 버티고 있다. 이 두 모델은 현대에게는 언제나 선망의 대상이자 타도해야 하는 목표였다. 현대는 그동안 그랜저 XG를 XG350이라는 차명으로 미국시장에 출시해 가능성을 타진했으나 역부족이었다.

그래서 5세대 쏘나타로 바뀌면서 등급을 한 단계 올려 위의 두 모델을 공개적으로 경쟁상대로 표방하고 나선 것이다. EF쏘나타는 미국식 분류로는 컴팩트급에 속하고 캄리와 어코드는 로어 미들급에 속한다. 그런데 현대자동차는 5세대 쏘나타의 포지셔닝을 로어 미들

클래스로 올려 버린 것이다. 캄리는 전장이 4,805㎜, 어코드는 4,830㎜다. 엔진은 두 모델 다 2.4리터와 3.0리터가 있지만 중심은 3.0리터다. 현대도 그런 점을 감안해 미국시장에는 3.3리터 엔진을 기본으로 2.4리터를 추가하는 방식을 취한다고 한다.

쏘나타는 국내에서뿐만이 아니라 해외시장에서도 한국을 대표하는 자동차로 인정받고 있다. '현대'라는 회사 이름보다 SONATA라는 차 이름에 더 익숙한 미국인들, 유럽인들, 아랍인들, 호주인들이 더 많다.

하지만 그렇다고 쏘나타가 세계 시장에서 높은 경쟁력을 확고하게 구축했다고는 할 수 없다.

일본 토요타는 저가차라는 인식을 탈피하기 위해 렉서스라는 전혀 새로운 브랜드를 만들어 공략했었다. 토요타는 렉서스 마케팅의 성공으로 토요타뿐만이 아니라 일본차 전부를 품질이 좋은 차라는 이미지를 갖게 했다. 렉서스라는 파격적인 마케팅을 도입해 저가차라는 이미지를 탈피하는데 토요타는 30년이 넘는 세월이 걸렸다. 좋은 품질의 제품을 만들고도 메인스트림으로부터 인정받는데 걸리는 시간이 그렇게 길었다는 것이다.

지금 현대자동차의 쏘나타가 초기 품질에서 일본차와 비슷한 수준에 도달했다는 평가를 받고 있는 것은 사실이다. 하지만 그렇다고 해외 시장의 소비자들이 쏘나타, 아니 한국차에 대해 아직까지는 높은 신뢰성을 보여주지 않고 있다.

현대자동차측이 조사한 자료에 따르면 최근 현대자동차의 판매가 급신장을 거듭하고 있지만 미국의 자동차 구매자 중 4/5는 현대를 모르거나 혹은 좋아하지 않거나 현대라는 브랜드에 대해 신뢰를 보내지 않고 있는 것으로 나타났다.

또한 현대자동차가 지금 국내 언론에 보도되는 것처럼 세계적이라거나 토요타가 견제를 해 부품을 공급하지 않을 정도로 높은 수준에 오른 것은 아니다. 다만 저가시장에서 괜찮은 품질과 가격경쟁력으로 상대적 우위를 점하고 있을 뿐이다.

하지만 그 지위마저도 언제까지나 유지되리라고 보는 전문가는 없다. 일본 메이커들이 다시 저가 시장을 다양한 방법으로 공략하기 시작했고 중국산 모델들이 벌써부터 해외시장을 노크하고 있다. 토요타가 미국시장에서 비교 우위에 설 수 있게 됐을 때보다 시장 환경이 더욱 어려워졌다.

때문에 더욱 구체적이고 정밀한 시장 침투전략을 전개해 확고한 브랜드 이미지를 구축하지 않으면 미래를 보장할 수 없는 처지라고도 할 수 있다.

그래서 현대자동차그룹은 올 초 브랜드 경영을 선언했다. 세계 시장에서 높은 가치를 인정받기 위한 노력을 하겠다는 것이다. 그러나 무엇이 현대나 혹은 기아의 브랜드 이미지인지는 아직 떠오르지 않고 있다. 그것을 찾아내는 것이 숙제다.

한국차 브랜드의 어제와 오늘, 그리고 내일

짧은 시간에 많은 것을 이룬 만큼 우여곡절도 많았고 쓰라린 실패도 경험한 것이 한국의 자동차산업이다. 미국과 일본으로부터 자동차 만드는 법을 배울 당시 아무도 자체 모델을 개발해 낼 것이라는 상상을 하지 못했으나 한국인들은 그것을 해냈다. 그것은 물론 국가적인 지원을 등에 업고 수출 드라이브 정책을 펼칠 수 있었던 데 기인하기도 한다. 하지만 한국의 자동차산업은 초기 규모에 비해 많은 메이커가 난립해 자동차산업합리화 조치라고 하는 초유의 사태를 겪으며 진통을 거듭했다. 거화라든가 새한이라든가 하는 지금은 생소한 이름으로 사라진 브랜드들은 거론하지 않더라도 아시아자동차가 사라졌고 대우자동차도 이제는 점차 브랜드로서는 그 명맥을 유지할 수 없는 처지에 놓이게 되었다.

따라서 "한국차의 브랜드"라는 제목으로 이야기한다면 적어도 해외로 수출을 했던 것들, 또는 지금도 내수는 물론 수출을 하고 있는 브랜드들을 중심으로 이야기하는 것이 옳을 듯싶다.

새한자동차가 전신인 대우자동차는 전 세계 시장을 호령할 것 같았지만 한국식 재벌의 병폐와 맞물려 자체 브랜드로의 세 확장은 당장에는 할 수 없는 상황에 놓여 있다. 이제는 다른 방법으로 세계 시장을 공략하고 있다. GM이라는 세계 최고의 네트워크를 통해 그들이 만든 모델을 다른 브랜드로 판매하고 있는 것이다. 물론 상품성이 좋아 불과 수년 사이에 생산량이 세 배 이상 증가했고 2005년의 예상 실적으로는 지주회사인 GM그룹 전체 판매의 15%에 이를 정도로 급성장을 해 가고 있다. 하지만 자체 브랜드가 아니라는 점에 대해서는 많은 사람들이 아쉬워하고 있다.

그리고 SUV 전문 메이커를 표방해 온 쌍용자동차도 이제는 중국 상해기차의 우산 속으로 들어갔다. 다만 상해기차의 브랜드 이미지가 없어 당장에는 쌍용자동차라는 브랜드를 활용한다는 점에서는 대우자동차보다는 낫다고 할 수 있을 것이다. 하지만 규모의 경제라는 측면에서 지금의 쌍용자동차 규모로는 자생할 수 없다는 점을 감안하면 앞으로 상황의 전개에 따라 또 다른 변화를 예상하지 않으면 안 되는 처지에 있다.

그리고 역시 한국식 상황에서 90년대 말 등장했다가 르노그룹 산하로 들어간 르노삼성은 위의 두 회사와는 또 다른 길을 걷고 있다. 르노라는 역사 깊은 유럽 브랜드와 지금은 세계적인 브랜드가 된 삼성을 합성해 사용하고 있는 것을 보아도 알 수 있듯이 어떤 당장에 독자적인 행보를 할 수는 없는 것이 현실이다.

결국 이 세 메이커들은 어떤 이유에서든 자체적으로 브랜드 전략을 추구해 그것을 확장해 갈 수는 없는 입장에 있다.

그런 관점에서 실질적인 의미에서 "한국차의 브랜드"라는 타이틀로 이야기한다면 현대자동차와 기아자동차에 국한될 수밖에 없을 것 같다.

현대자동차와 기아자동차의 합병은 오늘날 규모의 경제를 추구해야 하는 자동차산업에서는 필연적인 결과라 할 수 있다. 아니 그보다는 90년대 말 IMF를 겪으면서 격동의 세월 속에서 당초 예상하지 않았던 결과로서 두 회사가 합병을 했지만 그것이 오늘날 한국에 자국자본으로 자체 기술력으로 자동차를 개발하고 생산할 수 있는 메이커의 존재를 가능케 한 결과였다고 하는 것이 옳을 것이다.

다시 말해 두 회사가 합병함으로써 연구개발시설을 통합했고 각 모델들의 플랫폼 통합을 통해 엄청난 비용 저감 효과를 이루어 냈고 그로 인해 새로운 기술과 모델 개발을 위한 투자를 할 수 있게 되어 소위 말하는 합병으로 인한 시너지 효과를 톡톡히 보고 있는 것이다. 플랫폼이란 자동차의 기본 골격을 말한다. 예를 들면 EF쏘나타의 플랫폼 하나로 기아 옵티마와 싼타페, 트라제, 그랜저XG 등을 만들어 낸다. 오늘날 양산차 메이커들 중 경우에 따라서는 하나의 플랫폼으로 16가지 모델을 만들어 내기도 한다. 이런 방식을 취하지 않으면 수익성을 낼 수 없는 것이 현실이기 때문에 현대와 기아도 합병 이후 플랫폼 통합 작업을 추진해 왔고 이제는 완성단계에 와 있다.

현대와 기아처럼 두 회사가 합병을 통해 규모를 이루는 예는 세계적으로도 많다. 1976년 합병한 프랑스의 푸조와 시트로엥을 비롯해 독일의 폭스바겐과 아우디, 1990년대 말 합병한 메르세데스 벤츠와 크라이슬러도 여기에 속한다. 합병은 아니지만 전략적인 제휴 형태로 자본을 수혈 받은 르노닛산 그룹 등 토요타와 혼다 등 두 메이커를 제외하고는 오늘날 생존경쟁을 하고 있는 10개의 대표적인 자동차 그룹 대부분이 합병을 통해 규모를 이루고 있다.

그리고 그것을 바탕으로 세계의 모든 자동차회사들은 동시에 브랜드 경영을 하고 있다. 브랜드 경영은 한마디로 하자면 제 값을 받고 팔자는 것이다. 똑 같은 원료를 사용해 제품을 만들더라도 백화점에 전시될 수 있는 브랜드와 그렇지 못하는 브랜드가 받을 수 있는 가격의 차이는 천양지차다.

자동차에서는 소위 말하는 그 시장 메인스트림들의 구매 대상 리스트에 올리는 브랜드가 되기 위한 싸움을 하고 있다. 모든 공산품이 그렇듯이 같은 기능을 하는 것이지만 그 제품이 소비자에게 어떤 가치를 제공하느냐에 따라 주머니에서 나오는 돈은 차이가 난다.

그래서 그동안 저가차 시장에서 나름대로 시장 확대에 성공한 현대자동차가 이제는 좀 더 수준 높은 제품으로 수준 높은 소비자들에게 접근해 더 높은 가격을 받고 판매하고자 하는 전략을 추구하고 있는 것이다.

물론 그것은 현대가 아닌 별도의 브랜드로 한다는 원칙은 확정이 되었고 이제는 어떤 방법으로 언제 시작하느냐 하는 것을 결정하는 일만 남았다.

그런데 과연 이런 현대자동차의 브랜드 전략이 어떤 효과를 낼지에 대해서는 아무도 예측할 수 없다.

현대자동차, 현지화 전략 더 구체적이고 적극적이어야

현대자동차가 미국 앨라배마 공장을 오픈하고 NF쏘나타를 미국시장에 본격적으로 공급하면서 미국 내 언론들로부터 주목을 끌고 있다.

현대자동차의 미국 내 판매대수는 2000년 대비 2005년 실적이 86% 나 신장했으며 시장 점유율도 2.5%에 달해 폭스바겐과 BMW, 미쓰비시 등을 능가하고 있다.

현대자동차는 1998년 9만 8,000대 수준이었던 미국시장 연간 판매대수가 불과 몇 년 사이에 50만대에 육박했으며 2010년에는 100만대 판매 목표를 설정하고 있다.

사실 1990년대에는 어떤 이유에서든지 현대자동차와 기아자동차 등은 미국시장에서 그다지 주목을 끌지 못했다. 1985년 엑셀을 수출해 1988년 폭발적인 판매 증가를 보였으나 마케팅의 부재와 품질 문제에 대한 대응 미흡 등의 이유로 판매는 폭락했으며 그로 인해 이미지는 싸구려에 조악한 모델로 인식되었다.

하지만 이제는 그 누구도 함부로 할 수 없는 입지를 구축한 것은 분명한 사실이다. 그 결과 작년만 해도 앨라배마에 11억 달러를 투자해 건설한 공장이 가동을 시작했으며 미국 자동차도시 디트로이트 수페리어 타운십에는 엔지니어링과 테크놀러지 센터를 설립해 현지화 작업에 본격적인 시동을 걸었다. 여기에 올해에는 기아자동차도 12억 달러를 투자해 조지아주에 새로운 공장을 건설하겠다고 발표했다.

미국 메사추세츠주에 본거지를 글로벌 인사이트 관계자는 현대자동차가 미국 소비자들에게 가치 측면에 초점을 맞추어 그것이 먹혀들었다고 분석했다.

대당 판매가가 1만 7,895달러부터 시작되는 쏘나타는 안전과 품질 부문에서 눈에 띄는 성과를 올리고 있다. 2006년형 쏘나타는 미국고속도로교통안전협회가 실시한 충돌 테스트에서 별 5개를 획득했다.

또한 럭셔리 브랜드가 아닌 메이커로서는 J.D.파워사의 초기 품질 조사에서 3위를 차지했다. 현대자동차가 제공하는 10년 10만 마일 품질 보증제도는 매력적인 세일즈 포인트로 작용하고 있다.

그래서 합리적인 가격에 좋은 품질의 제품을 제공하고 있다는 평가를 이끌어 내기에 이르렀다.

현대는 최근 환율 상승으로 인해 수출 가격 경쟁력에 적지 않은 장벽에 부딪히고 있다. 그래도 과거 앨라배마에 공장이 없을 때와는 상황이 다르다. 현지 공장을 건설한 것이 그야말로 적절한 타이밍이었다는 것이 이 순간에 입증되고 있는 것이다. 때문에 현대자동차는 앨라배마 공장에서 더 다양한 모델들을 생산할 계획이다.

이미 2005년 12월에 토요타 아발론 및 닛산 맥시마, 포드 파이브 헌드레드 등과 경쟁할 그랜저 TG, 현지 판매명 아제라를 미국시장에 출시했다. 올 봄에는 뉴 엑센트(베르나)와 뉴 싼타페 등을 출시할 계획이고 이어서 미니밴 앙투리지도 2006년 여름 출시됐다.

좀 더 다양한 세그먼트의 모델들을 제공한다는 것이다.

사실 그동안 현대자동차는 한정된 라인업으로 인해 현지 딜러들로부터 많은 불평의 목소리를 들어야 했다. 아직 확인되지는 않았지만 현대자동차는 픽업트럭 부문까지 진출할 것이라는 얘기도 있다.

현재로서 미국시장에 판매하고 있는 모델 중 최고가는 2만 4,335달러의 아제라. 아직 현지 매체 광고를 시작하지 않았는데 2,200대를 판매했다. 가치를 인정받을 가능성이 있다는 징조라는 평가를 하기도 한다.

어쨌든 쏘나타는 경쟁 모델인 토요타 캄리 등과 본격적이지는 않지만 조금씩 비교 가능한 모델로 받아들여지기 시작했고 이것이 어떤 형태로든 바람을 탄다면 앞으로의 전망은 더욱 밝을 것으로 보인다.

하지만 그 한편으로 너무 빠른 속도로 글로벌 전략을 추진하는 것이 아니냐 하는 우려의 목소리가 없는 것은 아니다.

그럼에도 불구하고 현대와 기아자동차는 좀 더 구체적이고 세밀한 전략을 바탕으로 한 글로벌 전략을 추진하지 않을 수 없는 그런 입장에 있는 것 또한 부인할 수 없다.

참고로 일본 토요타자동차는 일본 내 19개, 해외에는 57개의 공장을 가동하고 있다. 뿐만 아니라 2005년부터 2007년 사이 7개의 신규 공장을 건설하고 있다. 그것도 부족해 당초 계획보다 용량을 늘리고 있고 또 다른 지역의 공장 부지를 물색하고 있다.

현대기아자동차그룹 정몽구 회장의 '결단'

승승장구하던 현대기아자동차그룹이 내환에 휩싸였다. 양재동 현대기아자동차그룹 본사의 건물 신축 문제로 시작되어 비자금으로까지 확대되어 그룹 총수인 회장이 구속되는 사태까지, 그러니까 갈 데까지 간 상황이다.

이에 대해 수많은 논란이 일고 있다. 크게 요약하면 형평성을 제기하는 측의 의견이 우선은 더 많은 것 같다. 삼성그룹 문제와 비교해서 하는 말일 것이다. 아니 우리나라 대기업들에 대한 그동안의 법적 잣대의 적용에 관한 것이다. 사실 우리나라 사법부가 지금도 일관된 법 잣대를 적용하고 있다고 믿는 사람은 많지 않은 것 같다. 이쪽의 의견은 현대사태가 몰고 올 경제적인 파장을 우려하는 목소리로 이어진다.

반면 다른 의견을 가진 사람들은 회사 전체의 일과 이런 개인차원의 일을 동일시해서 유야무야 넘어간다면 그것은 결국 현대자동차는 물론이고 국가적인 차원에서도 좋지 않다는 점을 강조한다. 차제에 정리할 것은 정리하고 넘어가는 것이 옳다는 얘기이다. 이쪽의 의견은 오히려 현대자동차가 지금 시점에서 명쾌하게 털고 넘어갈 수 있는 기회를 맞았다고 주장한다.

어느 쪽 의견이 옳은지는 그들의 가치관의 차이를 보여 주는 수준에 그칠 것이지만 결국은 어떤 형태로든지 결말이 날 것이다.

다만 아직도 군사문화의 잔재가 사라지지 않고 있는데 안타까울 따름이다. 비자금을 원하는 측(정치권이 주를 이루겠지만)이 있기 때문에 그것을 조성하지 않을 수 없었을 것이라는 얘기이다. 물론 그 반대도 성립한다. 그런 문화 속에서 뒷거래를 통해 기업의 덩치를 키우고자 하는 잘못된 사고방식이 싹트지 않을 수 없다.

그것은 결국 비리로 이어지고 그 대가는 고스란히 소비자, 아니 국민이 짊어져야 한다. 그런데 우리는 어떻게 해 왔는가. 지켜보고 감시하는 입장에 있는 집단들이 그들의 이익을 쫒아 공정한 잣대를 적용하지 않아왔다. 그것이 오늘날까지 남아있고 그것은 현대자동차만의 문제가 아니다. 아직도 많은 국민들은 어디 현대자동차만 그랬겠는가 하는 시각을 갖고 있다.

따라서 현대자동차만의 문제가 아니기 때문에 덮고 넘어갈 일이 아니다. 오히려 이를 계기로 사회 전반적으로 우리가 한 단계 성숙할 수 있는 기회로 삼아야 할 것이다.

필자는 자동차 전문기자라는 타이틀로 활동하고 있다. 따라서 위에 언급한 내용에 대해 원칙론 이상의 언급을 할 수 없다. 다른 분야는 그쪽 전문가들의 몫이다.

다만 지금의 필자의 입장에서는 현대자동차는 어쩌면 지금이 최대의 기회인지도 모른다는 생각에서 몇 가지 짚고 넘어가고자 한다.

2001년 필자는 '한국차 지금이 기회다'라는 책을 집필한 적이 있다. 그때는 국제정세의 변화를 근거로 한 이야기였다. 그런데 지금의 상황으로 본다면 현대자동차는 말 그대로 글로벌 메이커로 성장하기 위한 성장통을 겪고 있다고 할 수 있을 것 같다.

다른 기업도 마찬가지이겠지만 현대기아자동차 그룹의 역사도 따지고 보면 창업부터 경영진의 '결단'의 연속이었다. 처음에 자동차회사를 설립한다고 했을 때부터 국내외 소위 전문가들은 거의 모두가 무모한 짓이라고 '적극적인' 반대 의사를 표명했었다. 하지만 정주영 회장은 '결단'했고 현대자동차는 그것을 해냈다. 어디 현대뿐인가. 현대와 통합된 기아자동차를 비롯해 지금은 GM산하로 넘어간 대우자동차와 쌍용자동차 등 사실 다른 나라에서 그 예를 볼 수 없을 정도의 도전의 역사가 한국 내에서는 이루어졌다.

현대기아차그룹만으로 좁혀서 살펴보자면 1984년 경기도 용인에 설립한 '마북리연구소'도 오늘날 현대기아차그룹에 세계 속에서 독자행보를 할 수 있는 가장 중요한 기틀을 마련한 '결단'의 결과였다. 이 역시 주변의 전문가들은 '절대 불가론'을 내 세우며 부정적인 입장을 피력했었다. 그도 그럴 것이 단지 연구소 설립만을 위해서 당시로서는 천문학적인 600억 원이라는 자금이 필요했었기 때문에 우려의 목소리가 나온 것은 당연했을지도 모른다. 당시의 많은 전문가들은 현대자동차의 규모로는 오히려 해외 업체들로부터 생산된 엔진을 구입해 차량을 조립 생산하는 것이 경제적인 측면에서 더 이득이라는 논리를 구체적으로 제시하기도 했다.

솔직히 필자는 지금도 단지 경제적인 측면에서의 진단을 하는 시각에 대해 부정적이다. 예를 들어 1980년대 말 미국의 경제학자들은 미국자동차시장의 연간 판매대수가 최대 1,400만대 이상 증가하지 않을 것이라고 전망했으나 보기 좋게 빗나갔다. 이미 1,700만대 선을 넘었고 상황이 안정되면 2,400만대까지는 성장할 것이라는 시각이 지배적이다.

어쨌든 정세영 회장은 기술 종속에서 벗어나야만 한다는 확고한 신념으로 연구소 설립을 '결단'했고 지금은 델파이코리아 사장으로 재직 중인 이대운 박사와 현재 현대자동차의 이현순 사장 등을 영입해 연구소 운영을 맡겼다. 알파엔진을 처음 만들어 발표할 당시의 분위기를 필자는 지금도 잊지 못한다. 비록 초기 엔진은 적지 않은 말썽을 일으켰지만 자체 개발 엔진이라는 점에서 당시 마북리 연구소는 물론이고 전국의 자동차 관련 종사자들을 들뜨게 했었다.

그 결과가 1990년 데뷔한 스쿠프에 탑재한 알파엔진이었고 지금은 베타, 감마에 이어 그랜저에 탑재한 3.8리터 람다 엔진까지 발전해 있다. 물론 이 엔진 기술이 완전히 현대자동차의 것이라고는 할 수 없고 아직도 선진 기술에 비해서는 해결해야 할 부분들이 있지만 짧은 역사를 고려한다면 누구도 해내지 못한 일을 이루어낸 것만은 분명하다.

그리고 국내적으로는 IMF, 국외에서는 인수합병의 물결이 거세게 일어 지각변동이 일어났던 1998년 대우자동차가 흔들렸고 그것을 시발로 현대와 기아자동차는 합병되기에 이르렀다.

사실 IMF는 대한민국이라는 전체적인 관점에서 본다면 어쨌거나 결과론적으로 잃은 것보다 얻은 것이 많은 사건이었다는데 많은 사람들이 동의하고 있다. 당시로서는 거의 공포 수준이었던 것이 지금도 생생하지만 현대와 기아자동차 등 수출을 많이 하는 기업들에게는 절호의 기회였다. 환율이 달러당 850원선에서 2000원에 육박한 것이 가격 경쟁력을 확보하는데 결정적인 역할을 해 준 것이다. 다 아는 이야기이지만 전체 생산량의 절반 이상을 수출하는 한국타이어와 금호타이어도 당시 표정 조절하느라 애먹었었다.

동시에 IMF를 전후로 현대그룹에서 분리된 상황에서 정몽구회장의 '결단'도 등장한다.

현대자동차의 세계화전략은 1990년 11월의 우루과이 라운드로 대표되는 자유무역시대에 대한 대응으로 시작되었다. 현대는 1990년 9

월 GT-10추진본부를 발족시키면서 글로벌 기업으로 변신하기 위한 시도가 시작되었다. 이는 1991년에서 1993년까지는 기반구축기, 1996년까지는 발전기, 그리고 1999년까지를 성숙도약기로 삼아 2000년대에는 세계 10대 자동차메이커로 숙원을 이룬다는 계획이었다.

그것이 지금은 그 목표가 2010년까지 연간 500만대를 생산해 글로벌 톱5를 목표로 한다는 수준으로까지 발전해 있다.

그리고 이런 발전을 가능하게 한 것은 1998년 현대자동차의 정몽구 회장이 내 건 '품질 최우선'이라는 슬로건이었다. 1980년대 말 미국시장에 진출했다가 조악한 품질문제로 낭패를 다시 반복하지 않기 위해서는 기본적인 조건은 갖추어야 한다는 생각을 하게 되었고 그 중 가장 중요한 것을 품질로 내 세우기로 '결단'한 것이다.

그리고 그런 노력은 성과를 보았다. 2004년 미국 J.D.파워사가 실시한 초기 품질조사에서 품질의 대명사인 일본의 토요타에 버금가는 수준에 이른 것이다. 이로 인해 이제는 더 이상 한국차가 싸구려 또는 낮은 품질이라고 하는 기사는 찾아보기 힘들 정도에 이르렀다. 물론 아직까지 내구품질에 대한 신뢰성 구축이라는 숙제가 남아있기는 하지만 최근의 상황으로 본다면 그 역시 이룩할 수 있는 과제로 보인다.

이런 현대자동차 경영진의 '결단' 이외에 국제정세도 현대기아자동차그룹을, 아니 한국차를 도와주고 있다. 다름 아닌 석유파동을 촉발시킨 이라크 전쟁이 그것이다. 이라크 전쟁 전 배럴당 20달러 전후에 불과했던 석유가격이 지금은 70달러를 넘어서 있다. 소비자들은 당연히 기름 덜 먹는 차를 찾게 되었고 가장 먼저 눈에 띈 것은 일본차다. 하지만 시장은 넓고 수요자도 다양해져 가격 경쟁력에서 앞선 한국차도 구매 리스트에 오르기 시작하면서 내수에서의 극심한 불황에도 불구하고 한국차의 생산 및 판매는 일취월장을 거듭하고 있다.

현대기아차그룹뿐 아니라 GM대우제 모델들도 세계 각국에서 각광을 받으며 부평은 물론이고 군산, 창원 공장이 숨 가쁘게 돌아가고 있는 것이다.

그리고 또 하나의 '결단'은 해외 현지화의 본격적인 추진이다.

시대는 변했다. 이제는 '판매되는 곳에서 생산한다.'는 토요타의 주장이 아니더라도 더 이상 한국 내에서 생산해 해외로 수출하는 방식만으로는 규모의 경제를 추구할 수 없는 시대가 되었다. 단적으로 '소품종 다량생산의 시대에서 다품종 소량생산의 시대'로 이행해 가고 있는 것이다. 미국만하더라도 1995년 모델 하나당 판매대수가 10만대를 넘었던 것이 2005년에는 4만 9,000대 수준까지 떨어졌다. 정보화와 함께 개성 있는 자동차에 대한 소비자의 욕구는 팽창해 갔고 그런 만큼 자동차회사들은 좁은 지역 소비자들의 니즈에 부응할 수 있는 모델을 개발하지 않으면 안 되게 되었다.

플랫폼과 부품의 공유화 등을 통해 비용을 저감하지 않으면 안 되는 규모의 경제논리에 지배를 받는 자동차회사들에게는 커다란 과제인 셈이다.

그것을 토요타 등 일본 메이커들은 현지화를 통해 해결해 오고 있다. 토요타 등은 이미 1980년대부터 해외 생산시설을 설립해 지금은 일본 내 19개의 공장이 있고 해외 공장은 52개에 달할 정도에 이르고 있다. 그것도 부족해 토요타는 2005년부터 2007년 사이 7개의 공장을 신설하고 있다. 그뿐인가 기존 생산시설의 용량을 늘리고 건설 중인 시설의 용량도 계획보다 확대시키고 있다.

중국시장에서는 공급과잉 논란이 증폭되어 정부차원에서 시설 확대에 메스를 덴다는 수준까지 갔지만 토요타 등 일본 메이커들은 지속적으로 투자를 확대해 가며 현지화 전략에 박차를 가하고 있다.

그런 토요타자동차의 현지화 전략의 결과는 지난 5월 10일 발표한 2006년 3월기 연결결산에 잘 나타나 있다. 이에 따르면 해외 판매가 호조세를 보인 결과 그룹의 매출액은 전기 대비 13.4% 증가한 21조 369억 엔으로 일본의 제조업체로서는 처음으로 20조 엔을 돌파, 세계 최대인 GM의 2005년 12월기 결산의 매출액 약 21조 7,600억 엔(1달러=113엔)에 육박했다. 2007년 3월기의 연결결산 매출액은 22조 3,000억 엔으로 전망하고 있어 GM을 추월할 가능성이 높다.

철저한 비용저감과 세계시장에서의 신차 판매 호조로 최종 이익은 17.2% 증가한 1조 3,721억 엔으로 4년 연속 사상 최고기록을 갱신한 것으로 나타났다. 1조엔 초과 이익은 3년 연속.

현대기아차그룹은 2005년 미국 앨라배마 공장 준공을 계기로 해외 현지화 전략이 가시화되고 있다. 중국에 현대와 기아의 제2공장이 건설 중에 있고 상용차 공장도 확대하고 있다. 터키와 인도 공장도 용량이 한계에 이르렀다. 올해 말에는 슬로바키아에 기아차 공장이 준공된다. 미국에 기아차 공장 계획도 추진되고 있고 체코에 현대자동차 공장 건설도 얼마 전 시작됐다.

사실 현대자동차의 본격적인 발전은 이제부터라고 할 수 있다. 지금은 안팎으로 내실을 다져야 할 시기이고 자체 기술 개발에도 박차를 가해야 할 때이다. 이때에 작금의 상황이 터진 것이다. 이를 지켜보는 사람들은 누구나 안타까움을 피력한다. 현대기아차그룹 직원은 물론이고 국내 경쟁업체 종사자들, 나아가 수입차 업체 종사자들에 이르기까지 애정 어린 시각으로 현대기아차 그룹을 지켜보고 있다.

그런 상황에서 지난 5월 12일 정몽구 회장은 또 다시 '결단'을 한 것으로 알려졌다. 옥중서신 형태로 밝혀진 정몽구 회장의 뜻은 '(수감돼 있는 지금 이 순간은) 멈춤과 고난의 시간이지만 세상에서 가장 낮은 곳 중의 하나인 이곳에서 지나간 일들을 깊이 성찰하고, 지금까지의 경영을 되돌아보게 된다.'고 말한 것으로 알려졌다.

이어 '이번 일을 교훈으로 삼아 여러분들과 함께 고민하고 힘을 합쳐 우리 현대차그룹이 새로운 모습으로 다시 태어날 수 있도록 노력하고자 한다'며 대대적인 변화를 암시했다고 한다.

그 내용 중 필자의 눈에 들어 온 것은 '곤경에 처할수록 근본을 유지하는 것이 중요하다'는 것과 '현대차그룹이 세계적인 회사로 성장할 수 있었던 힘은 현대차 가족 여러분들의 땀의 결과라는 생각이 가장 먼저 든다.'고 강조한 점 등이다.

이런 기업 총수의 인식 변화와 '결단'은 언제나 그 기업의 미래를 결정짓는 중요한 역할을 해 온 것이 보통이다. 그리고 그 인식과 '결단'이 올바른 방향이었을 때는 발전을 거듭하겠지만 잘못됐을 때는 엄청난 대가를 치른다는 사실은 역사를 통해 배울 수 있는 내용들이다.

하지만 그보다 더 중요한 것은 그런 인식과 '결단'을 실행에 옮기는 입장에 있는 집단들의 사고의 변화다. 시간이 지나면 다 잊혀 질 것이라는 생각이 만약에 남아있다면 아무런 의미가 없다. 그리고 그것은 언젠가는 곪아 터진다.

지금 현대기아자동차그룹은 위기라고 할 수 있는 상황은 아니다. 경영진 입장에서 볼 때는 그렇게 느껴질 수도 있겠지만 큰 변수가 없는 한 현대기아차그룹의 미래는 당분간은 성장세를 그릴 것이라는 의견이 지배적이다.

이런 상황에서도 크게 흔들리지 않을 정도로 국제정세가 현대기아차, 아니 한국차 업체들에게는 좋은 쪽으로 흘러가고 있다.

그렇다면 현대기아차 그룹 임직원들이 취해야 할 자세는 분명하다. 정몽구회장이 현대차 그룹으로 독립했을 때 내 세워 사시(社是)로까지 정해진 '투명경영'을 제도적으로 확립하는 것이다.

더불어 그런 내적인 문제로 힘을 소진하는 것보다 근본적인 경쟁력을 갖추기 위한 작업에 매진해야 한다. 현대기아자동차그룹 내부에는 분명 우수한 인재들이 많다. 그들을 자주 접하는 필자는 경우에 따라서는 경외심을 가지고 바라보기도 한다. 우수한 두뇌와 혼신의 열정으로 임하는 모습을 보면 감탄사가 절로 나오기도 한다. 그들이 책임있는 자세로 미래를 개척할 수 있는 분위기를 만들어 주어야 한다.

필자는 2005년 봄 발간한 '쏘나타, 신화를 창조하라'는 졸저에서 '인간관계가 아닌 인재 우선을 지향해야 한다'는 주장을 한 적이 있다. 어쩌면 이번 현대기아차사태의 근본적인 문제는 여기에서 출발했는지도 모른다. 누구나 아는 내용이다. 다만 그것을 실천하느냐와 그렇지 않느냐에 따라 결과가 다르게 나타날 뿐이다.

세상은 변한다. 그 변화에 능동적으로 대처하느냐 아니면 거부하느냐의 차이가 개인이고 집단이고 그 미래를 결정하는 중요한 요소라고 우리는 누차에 걸쳐 강조해 왔고 지금도 그것은 변함이 없다.

현대기아차그룹, 완전한 합병 그리고 그 다음은?

지금 상황에서 현대기아자동차그룹에게 가장 중요한 것은 무엇일까?

우선 떠오르는 것은 투명경영일 것이다. 문제의 발단이 거기에서 시작되었으므로 누구나 지적할 수 있는 내용이 아닐까 한다. 국내 대기업 대부분이 같은 상황이기 때문에 특별히 현대자동차만이 문제가 있다고 생각하는 사람은 많지 않은 것 같다. 그보다는 그때그때 걸리는 기업만 운 없는(?) 것으로 인식되고 있기 때문에 사회 전반적인 문제라고 보고 있는 것 같다.

그런데 필자의 입장에서는 그나마 그 고리를 끊을 수 있는 가능성이 가장 높은 업종을 자동차업계로 보고 싶다.

투명경영의 책임은 두 말할 것 없이 경영진에게 있다. 그 좋은 예를 우리는 GM대우에서 찾을 수 있다. GM대우의 닉 라일리 사장은 전형적인 '현장 경영'의 예를 보여주고 있다. 그는 자동차업계 노사관계의 대표적인 실패사례로 꼽히는 영국 태생이다. 그런 상황을 통한 학습의 결과인지는 알 수 없지만 그는 GM대우의 CEO 자리에 취임한지 1년 정도의 시간이 지나 '노사관계의 책임이 75%는 사측에 있다.'라고 말했다. 그가 나서서 해결하겠다는 의지를 표명한 것이다.

그가 택한 방법은 스킨십. 그는 언제나 임직원들과 함께 하는 전략을 택했다. 회사의 장기 구상을 발표할 때도 부평과 군산, 창원공장을 직접 찾아가 직원들에게 마주 앉아 설명했다. 신뢰 회복에 있어 열마디 말보다 실천이 중요하다는 것을 그는 실행에 옮긴 것이다.

그의 그런 인식과 행동을 바탕으로 GM대우는 변하기 시작했고 결과는 해고자 전원 복직과 부평공장의 조기인수로 나타났다. 뿐만 아니라 GM대우 출범 3년 만에 자동차판매가 3배로 급증했다. 순이익도 2005년의 경우 647억 원에 달했다. 판매대수도 2005년 116만대에서 2006년에는 150만대로 늘었다.

한마디로 지금 GM대우는 바쁘다. GM대우에 종사하는 사람들은 과거와 같은 의기소침이라든가 절망적인 분위기를 찾아보기 힘들다. 과거 6시 '칼 퇴근'하던 사람들이 지금은 철야를 하면서도 즐거워하는 경우가 더 많다.

물론 내수시장에서의 판매 회복에 대한 대안을 제시해야 하는 딜러와의 관계 등 아직 해결해야 할 과제도 많을 것이다. 그러나 적어도 필자가 지켜본 GM대우의 분위기는 예상보다 훨씬 좋은 상황인 것만은 부인할 수 없을 것 같다. 군산과 창원, 부평 공장 대부분이 2교대제로 돌아가고 있다. 어쩌면 머지않아 생산용량 부족을 호소할지도 모르는 상황이다. GM그룹 전체의 사업부 중 GM대우가 가장 잘 나가고 있다. 이 역시 현대기아차와 마찬가지로 석유위기 시대에 먹힐 수 있는 중저배기량차의 상품성이 주목을 끌고 있기 때문이다. 필자는 이것을 '한국차의 경쟁력'이 신장되었다는 것을 입증해 보인 것이라고 주장하고 있다.

GM대우의 이런 성과는 아주 어려운 해법을 통해 만들어낸 것이 아니다. 누구나 알고 있는 것을 실천에 옮겼을 뿐이다. 현대기아차 그룹은 지금 상황에서 실천을 통해 이 부분에 대한 신뢰를 회복하는 것이 급선무일 것 같다.

그러나 필자의 입장에서 더 중요하게 생각하는 것은 현대자동차와 기아자동차의 '완전한' 합병이다.

현대와 기아자동차는 90년대 말 전 세계적인 M&A 물결과 국내의 IMF라는 상황이 맞물린 시기에 합병했다. 이때를 전후해 합병한 것은 물론 메르세데스 벤츠와 크라이슬러가 대표적이다. 여기에 르노와 닛산이 자본 제휴를 했고 현대와 기아가 합병을 한 것이다.

합병과 제휴의 목적은 물론 규모의 경제 확보다. 90년대 중반부터 세계 자동차업계에는 연간 400만대 이상 생산하는 메이커만 살아남는다는 논리가 지배해 왔다. 규모의 경제의 요체는 물론 '코스트다운(Cost Down)'이다. 그래서 당시 세계의 자동차업계에는 격심한 M&A 물결이 일었다.

규모의 경제 논리가 단순히 연간 400만대 이상 생산이라는 논리로만 설명할 수는 없지만 어쨌거나 그 기본적인 논리를 거역할 수 없는 상황에서 각 메이커들은 이합집산을 한 것이다.

당시 이루어진 대표적인 합병 또는 제휴의 결과로는 다임러크라이슬러와 르노닛산, 현대기아차그룹을 들 수 있다. 이들 메이커들은 합병을 함으로써 100만대 단위의 연간 생산규모를 단숨에 300만대를 넘길 수 있게 되었고 각 메이커들은 상호간의 기술제휴와 부품공유 등을 통해 시너지 효과를 냈다. 그래서 사라질 뻔 했던 닛산이 부활했고 고전을 면치 못했던 크라이슬러도 지금은 미국 빅3 중 유일하게 상승세를 이어가고 있다.

현대와 기아자동차도 한치 앞을 내다 볼 수 없던 상황에서 합병을 통해 일정 수준의 규모를 이루었고 이제는 세계의 자동차시장에서 나름대로의 입지를 구축하며 확대일로에 있다. 합병을 하지 않았더라면 미래를 보장할 수 없던 메이커들이 그들의 운명을 바꾼 것이다.

당시 현대자동차는 세계시장에서 빅5 자동차 업체들만한 경쟁력을 갖추지 못하고 있었다. 특히 세계 자동차 업계 빅5에 진입하기 위하여 연간 생산량 500만대 수준의 생산라인을 갖추는 것이 시급한 상황이었다. 또한 기아자동차를 외국계 업체가 인수할 경우 현대로서는 국내 시장에서 조차 점유율을 지키기 어려운 입장이었다는 분석은 이미 여러 차례 알려진 내용이다. 여기에 국민 정서상 "국민의 기업"이란 이미지를 가지고 있던 기아자동차를 외국계 기업에 넘기는 것이 정부로서는 부담이었던 점도 작용해 두 회사는 합병의 길을 걷게 됐다.

현대기아차 그룹은 합병을 통해 우선 연구개발센터를 통합해 연구개발과정에서 많은 비용저감 효과를 보았고 플랫폼 공유화를 통해 생산과정에서 비용을 크게 저감했다. 그 힘으로 현대기아차그룹의 남양연구소는 7,500명에 달하는 연구 인력을 보유하며 완전한 기술자립에의 박차를 가하고 있다.

여기에 이라크전쟁으로 시작된 석유 위기는 연비가 좋은 저 배기량차의 수요를 촉발시켜 세계 시장에서 현대와 기아자동차가 만든 모델에 대한 수요 증가로 이어지고 있다. 90년대 말부터 표방해 온 소위 '품질 경영'도 빛을 보아 적어도 90년대의 한국 자동차업계의 상황과는 크게 다른 국면으로 접어들었다. 현재 현대기아자동차는 매출액 및 생산량에서 세계 10대 기업에 진입해 있다.

또한 이제는 톱5를 목표로 내세우고 글로벌 전략을 추진하고 있다.

현대자동차는 2005년 미국 앨라배마 공장 가동에 들어갔고 기아자동차도 올해 말 슬로바키아 공장이 가동에 들어간다. 이미 진출한 중국과 인도, 터키 등의 생산 설비도 늘리는 작업이 진행 중이다. 그야말로 엄청난 성과를 이룩한 것이다.

그런데 필자의 시각에서는 어딘지 현대자동차와 기아자동차가 따로 노는 듯한 느낌을 받는다. 물론 두 회사가 경영차원에서 통합을 했더라도 똑 같은 행보를 취할 필요는 없다. 그보다는 오히려 독자성을 갖고 상호간의 경쟁을 통해 판매를 끌어 올리는 전략을 구사하는 것이 옳다.

1976년에 합병한 프랑스의 PSA푸조시트로엥 그룹이 좋은 예다. 두 회사는 1990년대 후반 연간 판매대수 180만대 수준에 머물렀던 것이 2005년 기준으로 350만대에 달하고 있다. 수년 사이에 두 배 가까운 판매 신장을 이룩한 것이다. 두 회사는 그야말로 합병을 통한 규모의 경제와 시너지효과를 잘 이룩해 낸 대표적인 예로 평가되고 있다. 두 회사는 같은 연구개발센터를 공유하고 부품을 공유하지만 전혀 다른 성격의 모델을 만들어 내며 말 그대로 선의의 경쟁을 통해 신장세를 이어가고 있다.

그런데 현대와 기아자동차에서는 푸조와 시트로엥과 같은 뚜렷한 성격의 차이라든가 전략의 차이를 감지하기가 힘들다. 현대기아차그룹은 2005년부터 브랜드 경영을 표방하고 다각적인 전략을 추구하고 있다. 물론 2005년 7월에 현대자동차는 비즈니스 위크(BusinessWeek)와 인터브랜드(Interbrand)가 선정한 글로벌 브랜드 순위에서 9위에 랭크되며 처음으로 10위에 진입하는 성과를 거두기도 했다.

하지만 아직까지 뚜렷하게 내 세울 수 있는 이미지를 정립했다고는 볼 수 없다. 가속성능에서 타의 추종을 불허하는 이태리차, 핸들링 우선의 프랑스차, 주행성과 안정성 등 종합적인 측면에서 가장 앞선 독일차, 품질 우선의 일본차, 대당 수익성이 가장 높은 브랜드 등과 같은 뚜렷한 이미지가 없다는 것이다. 더불어 두 브랜드간의 차별화도 두드러지지 않는다.

이것이 두 회사가 합병 다음 단계에서 풀어야 할 숙제가 아닌가 한다. 그것이 완전한 합병을 위한 본격적인 행보라는 것이다. 아니 어쩌면 완전한 정서적인 합병이 선행되어야 그런 전략도 가능하다는 말을 하고 싶은 것인지도 모른다.

히딩크, 차범근, 그리고 GM대우 닉 라일리 사장

온 국민이 월드컵에 열광하고 있다. 마치 대한민국 국민들은 축구 이외에는 할 것이 없는 것처럼 기업체들과 언론들은 월드컵 마케팅에 열을 올리고 있다. 2002년 월드컵의 영광 재현이라는 그럴듯한 구호를 내 세우며 TV, 라디오, 신문, 기업체는 물론이고 자그마한 가게까지 월드컵을 이용한 마케팅에 열중하고 있다.

그런데 4년 전과는 다른 것 같다. 당시는 국민들이 자발적으로 응원을 했고 응원 구호도 간단했다. 지금은 어떤가. 가는 곳마다 다르다. 그리고 거기에는 상혼이 스며있다. 어떻게 해석해야 할지 전문가가 아니라서 잘 모르겠다. 그보다는 다른 측면에서 짚고 넘어가고자 한다.

어느 순간부터 대한민국 축구 국가대표팀 감독은 외국인만이 하는 것으로 인식되고 있는 것 같다는 생각이 든다. 그것은 거스 히딩크가 2002년 월드컵에서 '위대한 업적'을 이루었기 때문일 것이다. 그는 국가적인 영웅으로 칭송되었다. 이후 두 사람인가가 바뀌어 지금은 아드보카트라는 사람이 그 자리를 대신하고 있다.

여기서 생각할 수 있는 것이 우리에게 외국인이 더 이상 이방인이 아니고 우리나라를 대표하는 국가대표팀을 이끌어 가는 책임자의 위치에 있는 것에 대해 거부감이 없어졌다는 점이다. 이는 엄청난 의미를 지닌다고 할 수 있을 것이다. 이스라엘과 함께 배타적인 정서가 가장 강한 나라 중 하나인 대한민국이 이방인을 받아들이기 시작했다는 것은 20세기 말만해도 쉽게 상상이 가지 않은 일이었다. 물론 아직까지는 일반인 수준까지는 폭넓게 포용하는 수준에는 이르지 못했지만 어쨌거나 큰 발전인 것만은 부인할 수 없을 것 같다.

그렇다면 대한민국의 축구인은 히딩크나 아드보카트만한 인물이 과연 없어서 외국인을 감독으로 영입하는 것일까. 물론 실력에서는 축구 역사가 짧은 만큼 뒤떨어질 수도 있을 것이다. 그러나 그것만은 아닐 것이다. 그보다는 올 초 동계 올림픽 쇼트트랙에서 적나라하게 드러났지만 파벌의 피해를 최소화할 수 있다는 점에서 자유로울 수 있는 경우의 수를 찾다 보니 그렇게 됐다는 의견이 지배적인 것 같다. 차범근 감독이나 이영무 기술위원, 혹은 이용수 교수 등 우리가 알만한 유명한 축구인들이 많다.

그런데 이들 중 한 사람이 국가대표팀을 맡는 것에 대해 축구행정을 다루는 사람들 사이에서 흔쾌하게 받아들이지 못한다는 것은 어제 오늘의 일이 아니다. 또 맡게 됐다고 하더라도 주위에서 감독으로서의 권한을 행사하지 못하도록 각종 압력을 행사해 배가 산으로 가는 모양을 연출해 왔던 역사를 되풀이 하지 않고 싶은 마음의 발로일 것이다.

그나마 그런 폐해를 인지하고 외국인 감독을 영입하기로 결정한 것에 대해서는 점수를 주고 싶다.

GM대우의 초대 CEO 닉 라일리 사장이 2006년 7월 1일부로 한국을 떠난다. GM그룹 부사장 및 GM 아시아태평양 지역본부 사장으로 승진해 중국 상하이에서 GM 아태 지역본부 사장으로서의 업무를 수행하게 된다고 한다.

외국인으로서 제조 공장이 있는 한국의 자동차회사 사장으로 처음 취임한 닉 라일리 사장을 필자가 처음 대한 것은 회사 출범 공식 발표회장에서였다. 당시 필자는 닉 사장에게 회사의 이름을 대우자동차가 아닌 'GM대우'라고 한 이유에 대해서 물었었다. 그의 답은 간단했다. 경영진과 임직원들 간에 '의견 교환을 통해서' 결정되었다는 것이다. 부도가 난 대우자동차의 이미지를 그대로 이어가는 것보다는 세계적인 인지도를 가진 GM을 내 세우는 것이 좋을 것이라는 의견을 수용했다는 것이었다. 어느 쪽에서 강하게 제시한 것인지에 대해서는 모르지만 GM대우는 그때부터 달라지기 시작했다.

사실 필자의 기억 속에 대우자동차는 그다지 좋은 면이 많지 않다. 90년대 중후반 대우자동차의 직원들을 만나면 절반 이상이 '이 회사는 망해야 한다.'는 극단적인 발언을 쏟아낼 정도였다. 공장에 근무하는 근로자는 물론이고 고속도로 휴게소의 정비업소 직원들조차 그렇게 표현하는 경우가 다반사였다. 그 구체적인 내용은 언급할 수 없겠지만 어쨌든 심각한 것은 분명했다. 당연히 직원들에게서 애사심을 기대할 수 없었다.

그것은 직원들에 그치지 않았다. 당시 필자가 만난 경영진들조차 '회장님'의 지시만으로 모든 일을 한다는 것을 자랑스럽게 여겼었다. 그래서 회사를 사랑하는 사람보다는 '회장님을 사랑하는' 사람들이 더 많았다는 말이 나올 정도였다.

필자가 아는 많은 대우자동차 직원들은 말 그대로 '칼 출근, 칼 퇴근'을 하면서 옮길 자리를 찾는데 더 많은 힘을 쏟았었다.

결국 회사는 부도가 났고 우여곡절을 거쳐 GM산하로 들어갔다. 이에 대해 일부에서는 훨씬 더 높은 가격을 받을 수 있는데 거저 넘겨줬다고 비판하기도 한다. 지금 봐서는 그런 비판이 틀리지 않은 것 같다. 하지만 그것은 어디까지나 결과론이다. 당시로서는 작년에 파산한 영국 로버자동차처럼 공중 분해되지 않은 것만으로도 고마워해야 하는 상황이었던 것 또한 부인할 수 없을 것이다.

어쨌거나 그런 상황에서 GM대우라는 문제가 많은 조직을 맡은 닉 라일리는 우리에게 많은 것을 보여 주었다.

이에 대해 GM의 수장인 CEO겸 회장 릭 왜고너(Rick Wagoner)는 "라일리 사장의 탁월한 경영능력 발휘에 힘입어 GM DAEWOO는 예상보다 일찍 수익을 창출할 수 있었고, 현재 GM의 글로벌 사업 확장에 핵심 역할을 수행할 수 있게 되었다. 라일리 사장의 리더십과 노력으로 인해 현재 GM DAEWOO의 성공이 가능할 수 있었다"라고 말했다고 GM대우측은 전하고 있다.

닉 라일리 사장 자신도 단기간에 이루어낸 GM대우의 성공에 만족을 표시했다고 한다. "GM대우 전 임직원 및 GM의 지원에 힘입어 GM대우는 세계에서 가장 급성장하는 자동차 기업으로 자리매김할 수 있었다. GM그룹 내 핵심 기업으로서 GM대우 제품은 전 세계 150여 개국에 수출되고 있으며, GM대우는 대우뿐만 아니라 시보레, 뷰익, 홀덴, 스즈키, 폰티악과 같은 유수 브랜드를 위한 주요 글로벌 엔지니어링, 디자인, 생산 역량을 제공하고 있다"고 GM대우 측은 보도자료를 통해 밝혔다.

필자는 자동차회사 사장들과 자주 만나지만 흔히 말하는 데로 절친하다고는 할 수 없다. 말 그대로 일로서 만나고 자동차산업에 대한 행사나 인터뷰를 할 때 외에는 자주 만나는 편이 아니다. GM대우의 닉 라일리도 마찬가지다. 신차발표회라든가 기자회견 등을 통해 만나는 경우가 대부분이었다. 그리고 GM대우의 공장에서 직원들을 대상으로 설명회를 한다거나 또는 단합회를 하는 곳에서 먼 발치로 그를 지켜보는 정도다. 해외 출장 시 공항에서 수차례 조우해 의견을 교환하기는 했다.

그런 그에게서 필자가 느낀 것은 전형적인 '현장 경영'이다. 이미 현대자동차에 관한 글에서도 언급했지만 그는 자동차업계 노사관계의 대표적인 실패사례로 꼽히는 영국 태생이다. 그런 상황을 통한 학습의 결과인지는 알 수 없지만 그는 GM대우의 CEO 자리에 취임한 지 1년 정도의 시간이 지나 '노사관계의 책임이 75%는 사측에 있다.' 라고 말했다. 그가 나서서 해결하겠다는 의지를 표명한 것이다. 필자는 지금 한국의 자동차회사들이 가장 가슴 깊이 새겨야 할 말이라고 본다.

그리고 그는 신뢰 경영에 대한 방법으로 직원들과의 스킨십을 최대한 활용했다. 그는 본래 두주불사하는 애주가로 알려져 있다. 언젠가 연말에 한번 자리를 같이 한 적이 있는데 한국식 폭탄주도 거뜬히 소화해 냈다. 아니 이겨냈다는 표현이 옳을 것이다. 그는 끝까지 즐겁게 어울리면서도 마지막에 그 자리를 함께 해준 사람들에 대한 감사 인사를 잊지 않는 모습을 보여 주었다.

그는 언제나 임직원들과 함께 하는 전략을 택했다. 회사의 장기 구상을 발표할 때도 부평과 군산, 창원공장을 직접 찾아가 직원들에게 마주 앉아 설명했다. 신뢰 회복에 있어 열 마디 말보다 실천이 중요하다는 것을 그는 실행에 옮긴 것이다.

그의 그런 인식과 행동을 바탕으로 GM대우는 변하기 시작했고 결과는 해고자 전원 복직과 부평공장의 조기 인수로 나타났다. 뿐만 아니라 GM대우 출범 3년 만에 자동차판매가 3배로 급증했다. 순이익도 2005년의 경우 647억 원에 달했다. 판매대수도 2005년 116만대에서 올해에는 150만대로 늘려 잡았다.

한마디로 지금 GM대우의 공장은 바쁘게 돌아간다. GM 대우에 종사하는 사람들은 과거와 같은 의기소침이라든가 절망적인 분위기에서 많이 벗어나 있다. 과거 6시 '칼 퇴근' 하던 사람들이 지금은 철야를 하면서도 즐거워하는 경우가 더 많다. 일하는 재미가 있단다. 자신이 무엇을 하는지 알 수 있다는 것이다. 물론 모두가 그런 것은 아닐 것이다. 하지만 그 변화는 적지 않다.

또한 이미 언급했듯이 GM대우는 내수시장에서의 판매 회복에 대한 대안을 제시해야 하는 딜러와의 관계 등 아직 해결해야 할 과제도 많을 것이다. 또 우리가 보지 못하는 부분에 어려움도 적지 않을 것이다. 그러나 적어도 필자가 지켜본 GM대우의 분위기는 예상보다 훨씬 좋은 상황인 것만은 부인할 수 없을 것 같다. 군산과 창원, 부평공장 대부분이 2교대제로 돌아가고 있다. 어쩌면 머지않아 생산용량 부족을 호소할지도 모르는 상황이다.

전 세계의 GM그룹 전체 사업부 중 GM대우가 가장 잘 나가고 있다. 그 때문에 일부에서는 'GM이 GM대우 때문에 버틴다.'는 말을 할 정도다. 이 역시 현대기아차와 마찬가지로 석유위기 시대에 먹힐 수 있는 중저배기량 차의 상품성이 주목을 끌고 있기 때문이다. 필자는 이것을 '한국차의 경쟁력'이 신장되었다는 것을 입증해 보인 것이라고 주장하고 있다.

GM대우의 이런 성과는 아주 어려운 해법을 통해 만들어낸 것이 아니다. 누구나 알고 있는 것을 실천에 옮겼을 뿐이다.

한국을 떠나는 라일리 사장의 변은 이렇다. "새로 맡게 된 역할에 기대가 되기도 하지만 한국을 떠난다는 것에 아쉬움을 감출 수가 없다. 지난 4년간 한국, 한국 문화 및 이곳 사람들에게 정이 많이 들었다. GM대우 대내외적으로 맺은 우정을 결코 잊지 않을 것이며 한국에서의 생활을 생애 최고의 순간으로 기억할 것이다. GM 아시아 태평양 지역본부의 사장이자 GM대우 이사회 회장으로서 앞으로도 한국을 자주 찾게 될 것이며, 대내외적으로 영원한 GM대우의 든든한 후원자로 남을 것이다"라고 했다고 한다.

필자는 닉 라일리 사장의 역할은 충분히 평가될만한 가치가 있다고 주장한다. 그가 짧은 기간 내에 성과를 이루었다는 것보다는 직원들을 믿고 뛰어 들어 호흡을 함께 해 불가능할 것 같은 일을 해냈다는 점에서 그렇다. 한자로 표현하면 신뢰경영이고 현장경영이다. 물론 그 바탕에는 투명경영도 있다.

거스 히딩크가 해 냈던 것은 한국축구 대표선수들의 실력 향상이 아니었다. 하나로 뭉쳐 할 수 있다는 자신감을 이끌어 낸 것이 가장 큰 수확이었다고 필자는 생각한다.

닉 라일리는 대우자동차의 문제가 무엇인지를 간파했고 그것을 푸는 과정에서 그는 한 조직의 수장으로서의 능력을 발휘했다. 그는 한국인들의 실력을 끌어 올렸다기보다는 서로 믿고 목표를 설정해 비전을 제시함으로써 직원들의 동기 유발을 이끌어 냈다. 결과는 '망해야 된다.'고 부르짖던 직원들을 일하고 싶은 직원들로 만들어 냈다.

그것은 파벌과 정실에 치우치지 않는 경영이 얼마나 중요한지를 우리에게 가르쳐 준 거스 히딩크와 닉 라일리 효과가 아닐까 한다.

21세기 글로벌합병 바람 속에 현대기아그룹의 미래는?

지난 주말 세계 최대자동차 메이커인 GM과 르노닛산 연합간의 자본제휴에 관한 소식이 나오면서 세계 자동차업계는 또 다시 몰아칠 이합집산을 통한 세력판도의 변화에 대해 촉각을 곤두세우고 있다.

물론 아직까지 GM과 르노닛산 연합간의 제휴가 실현될지는 불확실하지만 그 성사여부와는 상관없이 또 한 차례의 폭풍이 몰아칠 것은 분명해 보인다.

외형적으로는 미국의 카지노 재벌이자 투자가인 커크 커코리언이 촉발시킨 것처럼 보이지만 사실은 이미 수년 전부터 자동차업계에는 비용저감과 수익성 확보를 위해 지금까지와는 또 다른 차원에서의 제휴 가능성이 거론되어 왔었다. 그 좋은 예로 항공회사들 간의 연합을 들 수 있다. 그러니까. '스카이팀(Skyteam)'이니 '스타 얼라이언스(Star Alliance)'니 하는 형태를 말한다. 다임러크라이슬러나 현대기아와 같은 법적인 합병과는 또 다른 형태의 제휴 및 시스템 통합이 필연적이라는 것이다.

그런 이론은 90년대 후반 등장했던 소위 '그레이트 식스(Great Six : 전 세계 자동차업계 중 6개만 살아남는다는 논리)'라는 단어로 고정되었던 것이 한 단계 더 나아가 지금은 서너 개 업체만이 살아남을 것이라는 논리로 발전해 있다.

다시 말해 1998년 독일의 다임러벤츠와 미국의 크라이슬러간에 극비리에 이루어진 '충격적인' 합병에 이어 이번에는 좀 더 폭넓은 제휴 및 세력화의 가능성이 부상하고 있다는 얘기이다.

그 배경은 오늘날 세계 자동차업계의 세력 판도에 있다.

오늘날 세계 자동차업계는 양산차 메이커인 토요타 대 그 토요타에 대항하는 다른 비(非) 토요타 양산차 메이커의 대결 구도, 그리고 독일 프리미엄 브랜드 대 비(非) 프리미엄 브랜드간의 구도로 양상이 전개되고 있다.

특히 21세기 들어 디트로이트의 거구 GM과 포드는 부진의 늪에서 벗어나지 못하고 있는데 반해 토요타는 그 끝을 모를 정도로 세력 확장을 계속하고 있다. 토요타는 일본에 19개 해외에 이미 52개의 생산시설을 갖추고 있으면서도 다시 2010년까지 10개의 신규 공장건설을 발표할 정도로 공급이 수요를 따라가지 못하고 있다. 당초 계획은 2007년까지 7개 공장을 추가로 건설한다는 것이었으나 이라크전쟁 및 허리케인 카트리나로 촉발된 석유가격 급등으로 수요가 폭발적으로 증가하면서 설비확장을 더 확대하기로 한 것이다.

그 결과 토요타는 2004년 754만 8,600대 생산에 이어 2005년에는 823만 2,100대를 생산했고 '2010년 글로벌 비전'이라는 타이틀을 내걸고 2010년까지 전 세계 생산대수를 1,040대 규모로 확대한다는 방침을 천명했다. 그를 위해 토요타는 10개의 공장을 더 건설해 해외 현지 생산을 지금보다 260만 대분을 더 늘릴 계획이다.

이렇게 되면 2010년 토요타의 생산은 일본 내에서 420만대, 해외에서 620만대 체제가 완성되게 된다.

이것은 토요타가 다른 메이커들과 달리 독자적으로 규모의 경제를 확보해 가고 있다는 것을 의미한다. 굳이 다른 메이커와 합병이나 제휴를 통해 비용저감을 추구하거나 하지 않아도 자체적으로 소화가 가능하다는 것이다. 그리고 그것은 97%에 이르는 자체 기술력이 뒷받침되어 있어 여타 메이커들의 입장에서는 쉽게 넘볼 수 없는, 양산차 메이커로서는 극히 이상적인 시스템을 구축해 가고 있다.

결국 단일 메이커로서 연간 1,000만대가 넘는 자동차를 생산하게 되면 당연히 높은 효율성을 바탕으로 비용저감 효과를 극대화 할 수 있게 된다. 그리고 그 결과는 가격 경쟁력으로 이어지게 되고 그렇게 됐을 경우 여타 양산 메이커들은 경쟁에서 밀릴 수밖에 없게 된다.

그런 사실을 알고 있는 세계 자동차업계 수뇌들은 어떤 형태로든 규모의 경제를 추구하기 위해 다양한 방법을 동원해 왔고 그 대표적인 것이 바로 90년대 말의 M&A 열풍이었다. 그리고 당시로서는 비판을 받기도 했지만 다임러 벤츠와 크라이슬러간의 합병은 현명한 선택이었다는 것이 시간이 지나면서 인정되기 시작했다.

더불어 1976년에 합병한 프랑스의 PSA푸조시트로엥 그룹도 시너지 효과를 극대화하고 있는 메이커로 꼽히고 있으며 현대와 기아의 합병도 격심한 경쟁 속에서도 자체적인 프로젝트를 세우고 글로벌 전략을 실천에 옮길 수 있는 힘이 되어 있는 것이다.

그리고 이번에 부상한 르노와 닛산의 경우는 자본제휴관계이기는 하지만 역시 글로벌 연합 효과를 톡톡히 보고 있는 대표적인 사례로 꼽히고 있다.

그러나 여기까지는 90년대 후반에 등장한 '400만대 논리'를 충족시킬 뿐이다. 즉, 앞으로는 '연간 400만대 이상 생산하는 메이커 6개만 살아남는다.'는 20세기 사고 수준의 규모의 경제를 달성했을 뿐이라는 얘기이다.

토요타가 1,000만대 체제를 선언한 상황에서 그런 논리는 과거의 이야기가 될 수밖에 없다는 것.

그래서 등장한 것이 3~4개 업체로 뭉치게 될 것이라는 21세기 수준의 규모의 경제논리다.

경쟁을 하다 불리해지면 세를 불리는 것은 당연지사. 다만 그 세력의 주체냐 객체냐의 차이가 있을 뿐이다. 이번의 경우 르노닛산 연합이 주축이 되어 GM을 끌어들이는 모습을 보이고 있다.

그렇다면 이런 그림을 가정해 볼 수 있다. 토요타는 여전히 독자적인 행보를 할 것이고 르노닛산GM 연합, 다임러크라이슬러와 혼다 연합, 폭스바겐과 포드 연합(두 메이커가 겹치는 부분이 많아 불확실하기는 하지만) 등이 성립될 가능성을 점쳐 볼 수 있을 것 같다. 물론 이것은 양산차 메이커를 중심으로 한 그림이다.

여기에서 거론되지 않은 양산차 메이커로는 현대기아 그룹과 PSA 푸조시트로엥 그룹이 있다.

90년대 후반 400만대 논리에서도 이들 두 메이커는 거론되지 않았었다.

현재 부상하고 있는 글로벌합병의 논리가 기정사실로 굳어진다면 앞으로 어떤 전략을 취해야 생존할 수 있을지 우리 모두에게 숙제가 아닐 수 없다.

현대 투스카니, 스포츠카로 육성은 불가능할까?

리틀 페라리(Little Ferrari)!

필자가 해외 출장 중 자주 읽은 유럽의 자동차 전문지에 가끔씩 등장하는 투스카니에 대한 기사의 제목이다. 물론 페라리의 축소판으로서의 소형 버전이라는 얘기는 아니다. 가공할 엔진 성능과 그것을 받쳐 주는 하체를 채용한 그런 장르의 모델과는 거리가 있다고 적고 있다. 그보다는 페라리를 염원하는 마니아들을 위해 우선 기분을 낼 수 있는 차라는 뜻으로 사용하고 있다.

다시 말해 투스카니는 현대자동차가 주장하는 데로 스포츠카의 범주에 넣을 수 있는 모델은 아니다. 우리가 흔히 말하는 정통 스포츠카로서의 자질을 갖춘 것은 아니라는 얘기이다.

그래서 우리는 스포츠 패션카라는 표현을 즐겨 사용한다. 섀시를 중심으로 한 하체의 성능이 스파르탄한 달리기 성능을 추구하는 유러피언 스포츠카들과는 거리가 있지만 스타일링과 분위기에서 일상생활에서 색다른 즐거움을 느끼기 위한 모델을 우리는 그렇게 구분한다.

한국의 스포츠 패션카의 시조는 스쿠프다.

1990년 등장한 스쿠프는 SLC, 즉 Sports Looking Car라는 단어를 동원해 당시 현대로서는 새로운 장르에의 도전이라기보다는 그들이 개발한 신기술을 시험적으로 적용해 보는 실험실 역할이 강한 모델이었다. 다시 말해 현대의 첫 번째 독자 엔진인 알파엔진이 가장 먼저 탑재된 것은 스쿠프였고 숙성 기간을 거쳐 엑셀에도 탑재되는 과정을 거친 것이다.

이어서 1996년에는 현대의 스포츠 패션카는 티뷰론이라는 차명으로 바뀌었다. 현대자동차가 미국 캘리포니아에 설립한 디자인연구소에서 개발해 각종 모터쇼를 통해 공개한 컨셉트카 HCD의 디자인 컨셉을 반영한 모델로 이 역시 실험적인 역할을 하지 않을 수 없었다. 중간에 터뷸런스 버전도 추가하는 등 나름대로 꾸준한 생명력을 유지했었다.

그리고 현행 모델인 투스카니로 발전한 것은 2001년 9월 6일. 프로젝트명은 GK. 이름만큼이나 티뷰론에서 투스카니로의 변화는 혁신적인 것이었다. 라운드화가 주를 이루었던 티뷰론이 날카로운 직선을 다용해 공격성을 강조하는 모델로 변신한 것이다. 하체에서의 한계를 제외한다면 스타일링 면에서는 Revolution이라고 할 수 있는 변화였다.

필자는 투스카니를 아주 좋아한다. 물론 필자가 직접 구입해 탄다는 의미에서라기보다는 한국의 자동차회사에서도 이런 장르의 모델을 만들어 도전을 하고 있다는 점 때문에 그렇다. 동시에 한 메이커의 브랜드 이미지를 높이는데 투스카니와 같은 장르의 모델은 그 역할이 아주 크다. 최근 아우디가 미드십 정통 스포츠카 R8을 출시한 것도 이런 사실을 잘 반영하고 있는 내용이다.

그러나 현대자동차는 투스카니를 출시한 이후 국내 시장에는 그다지 신경을 쓰지 않아 판매에서는 이렇다 할 재미를 보지 못했다. 데뷔 첫 해인 2001년 세 달 만에 3,820대를 판매하고 이듬해에는 9,178대를 판매해 한국시장의 부진에도 불구하고 그 가능성을 점치게 했었다. 하지만 이후 판매는 계속 하락한다. 2003년 4,057대, 2004년 2,053대, 2005년 1,855대, 그리고 올해에는 9월까지 1,008대를 판매하는데 그쳤다.

데뷔 이후 6년째를 맞는 노후한 모델이라는 점이 우선은 판매 부진의 이유일 것이고 제품에 대한 메이커 측의 적극성 결여도 한 몫을 했다.

하지만 앞서 언급했듯이 해외에서는 투스카니(지금도 티뷰론 또는 쿠페라는 차명으로 판매되고 있지만)에 대한 평판과 실적은 우리가 생각하는 것 이상으로 좋다.

2001년의 수출대수는 티뷰론과 섞였기 때문에 약간 차이가 있을 수 있다. 하지만 투스카니가 2001년 8,531대에서 2002년에는 무려 6만 3,499대를 판매해 투스카니의 신차 효과가 엄청났다는 것을 알 수 있다. 이후에도 2003년 3만 5,731대, 2004년 4만 1,393대, 2005년 4만 451대, 2006년 9월까지 누계 2만 1,301대로 만만치 않은 실력을 과시하고 있다.

그 이유야 여러 가지이겠지만 포르쉐나 페라리를 탈 능력은 없지만 그런 분위기를 낼 수 있는 모델 중에서 투스카니의 존재감은 분명하기 때문이다.

예를 들어 1996년 티뷰론이 미국시장에 출시됐을 때 상당히 많은 경쟁 모델들이 있었다. 포드 프로브를 비롯해 혼다 프렐류드, 이글 탈론, 혼다 델 솔, 마쓰다 MX-6, 닛산 240SX, 그리고 토요타 파세오 등등. 그러나 5년 후 현대 티뷰론을 제외하고 나머지 모델들은 모두 시장에서 사라졌다. 반대로 티뷰론은 풀 모델체인지를 하며 국내에서는 투스카니로 이름을 바꾸며 그 생명력을 이어갔다.

그렇다고 티뷰론의 오너들이 열광적인 수준이라고 하기에는 무리가 있다. 그러나 분명한 것은 발전할 가능성이 많은 장르의 모델이고 브랜드 경영을 위해 반드시 육성해야 할 모델이라는 것이 필자의 생각이다. 그런 점에서 이번 투스카니의 페이스리프트 모델이 현대가 힘을 주고 있는 베라크루즈에 가려 그다지 주목을 끌지 못하고 있는 상황이 안타깝다.

 현대 베라크루즈, 브랜드 이미지 제고할 수 있을까?

현대자동차는 베라크루즈의 브랜드 전략으로서 'Luxury SUV의 대표 브랜드'로서 브랜드 자산으로 육성할 것이라고 밝히고 있다. 다시 말해 현대자동차의 브랜드 이미지를 제고하는데 있어 SUV 부문의 상징적인 존재로 삼겠다는 얘기이다. 그만큼 자신 있다는 얘기이다.

그런 자신감의 배경을 국내 최초로 피에조 인젝터를 채용한 3.0리터 V6 디젤엔진과 6단 자동변속기 등으로 표현하고 있다.

또한 목표 수요층을 30대 중반에서 50대 초반에 이르는 전문직 종사자에 월 평균 500만 원 이상의 고소득자로 설정하고 있다. 그에 대한 구체적인 설명으로 '사회적으로 성공하여 삶의 멋과 여유를 누릴 줄 알며 가족을 소중히 여기는 매력적인 중년 남성'이라고 적고 있다.

자동차회사들이 만드는 카탈로그에 나오는 상투적인 문구이기는 하지만 현대자동차는 베라크루즈에 거는 기대가 큰 것만은 분명한 것 같다.

그것은 물론 베라크루즈를 글로벌 전략 모델로 삼겠다는 의지의 표현이다. 국내시장에서야 가격 때문에 전체적인 수요증가를 견인할 수 있는 세그먼트의 모델은 아니다. 그보다는 해외시장 특히 미국시장에서의 판매를 살리기 위한 이미지 리더로서의 역할이 기대되는 모델이다.

현대자동차는 미국시장에 SUV인 투싼과 싼타페, 그리고 미니밴 앙투라지 등 미국시장 분류 기준으로 경트럭 모델 세 가지를 판매하고 있다. 이중 소형 SUV인 투싼의 경우 2006년 10월까지 누계 판매대수가 4만 4,610대로 2005년 같은 기간의 5만 1,606대보다 13.6%가 감소해 신차효과가 떨어져 가고 있는 상황이다. 또한 싼타페의 경우는 한국산 모델에서 미국 앨라배마에서 생산하는 현지 모델로 대체가 이루이지고 있다. 그 과정에서 판매가 하락해 올해 10월까지 누계 5만 432대를 판매해 작년 같은 기간의 6만 830대보다 17.1%나 감소해 경트럭 전체 판매가 7.1%나 떨어지고 있는 상황이다.

석유가격 급등으로 미국시장의 소비자들이 중소형 배기량으로 수요가 전환되고 있는 시점에서 그 시장을 효과적으로 공략한 토요타가 15.1%, 혼다가 7.3%나 증가하고 있는 것과는 대조적인 상황이다. 그나마 기아자동차의 스포티지가 2만 9,045대로 작년 같은 기간 대비 23%나 증가하며 기아자동차 경트럭 전체의 판매를 10.3%나 끌어 올리고 있는 상황이다. 특히 기아자동차의 쏘렌토는 4만 4,092대가 판매되어 8.3%나 증가하며 오히려 현대자동차의 싼타페를 추격하고 있다.

이런 상황에서 한 등급 위의 모델인 베라크루즈를 투입해 전체적인 판매를 견인하고자 하는 것이 현대자동차가 베라크루즈를 개발하게 된 배경이라고 할 수 있다. 그렇게 해서 소형 SUV 투싼을 비롯해 중형 싼타페, 그리고 대형 베라크루즈까지 SUV의 풀 라인업을 구축하고자 하는 것이다.

최근 들어 중국시장이 급부상하고 있지만 제품의 가치를 기준으로 브랜드 이미지를 제고하는데 있어 미국시장은 여전히 가장 중요하다. 그 시장에서 풀 라인업을 갖추고 시장 공략을 해야 하는 것은 당연한 일.

그래서 현대는 베라크루즈에 적지 않은 투자를 했을 것이고 그 결과가 3.0리터 V6 디젤엔진과 6단 자동변속기를 비롯해 현 시점에서 양산차 메이커로서 갖출 것은 다 갖춘 모델로 개발하게 된 것이다.

그래서 현대자동차는 베라크루즈에 대해 "현대만의 아이덴티티를 살리면서 북미시장 럭셔리 SUV 시장의 경쟁에서 결코 뒤질 것이 없다."는 자신감을 내 세우고 있는 것이다. 그런 컨셉에 맞게 차명도 카리브해 최대의 항구이자 음악과 문화의 휴양도시의 이름을 따왔다. 미국시장용 모델이라는 것을 공개적으로 차명에 표현하고 있는 것이다.

하지만 현대자동차는 현행 NF쏘나타의 미국시장 출시 때 상품성에서는 결코 뒤질 것이 없는 조건을 갖추었다는 평가를 받으면서도 미국시장 시판가격 책정을 토요타 등 경쟁 모델들보다 한 수 아래로 할 수밖에 없었던 아픈 기억이 있다. 현대라는 브랜드 이미지가 판매가격을 인상할 수 없었기 때문이다. 과연 베라크루즈에서도 반복하게 될지가 궁금해진다.

다시 말하면 현대자동차가 브랜드 경영을 선언한지 3년이 지났는데 그 성과가 얼마나 가시화되고 있는지의 점검할 수 있는 기회이자 척도가 될 수도 있다는 것이다.

GM대우의 토스카 출시와 앞으로의 과제

GM대우의 중형 세단 토스카가 데뷔했다. 작년 소형차 젠트라에서 달라진 제품력을 보여준 GM대우는 중형 세단 토스카의 출시를 계기로 내수시장에 대한 실지 회복에 본격적으로 나선다는 전략을 밝히고 있다.

GM대우 측은 토스카는 GM대우가 출범한 이후 처음부터 제품 계획을 수립한 사실상 첫 번째 모델이라고 말하고 있다. 토스카가 내세우는 것은 2.0리터 배기량이면서 6기통 엔진이라는 점과 동급 최초로 5단 자동변속기를 장착했다는 것. 이 변속기는 일본 아이신제로 이미 전 세계 많은 모델들에 장착되어 그 성능을 입증 받은 것.

여기에서 주목할 것은 5단 자동변속기를 장착하고도 현대자동차의 쏘나타보다 낮은 가격을 설정했다는 점이다. 현대자동차는 그랜저급에는 5단 AT를 조합하고 있지만 가격 문제로 쏘나타에는 아직까지 적용하지 못하고 있다.

하지만 GM대우는 2.0리터와 2.5리터 사양에 5단 AT를 적용함으로써 후발 주자로서의 시장 진입을 위한 상품성 확보에서 일단은 한발 앞선 모습을 보여 주게 되었다. 특히 제품 개발을 담당한 홍성균 상무는 토스카의 컨셉은 Sporty, Elegance, Luxury라며 안정적인 이미지를 바탕으로 다이나믹한 성능을 추구하고 있다고 설명했다. 더불어 한국시장의 오너들이 중시하는 정숙성 등 NVH에 대한 대책에 가장 큰 비중을 두었다고 강조했다.

토스카의 스타일링은 1년 전 GM대우의 부평 디자인 센터에서 공개했던 디자인 스터디에 비해 균형이 잡힌 모습이다. 강력한 사이드 라인도 좀 더 부드럽게 다듬었고 프론트의 이미지도 비교적 억제된 터치를 보여주고 있다. 패밀리 세단으로서의 성격을 잘 반영하고 있다는 것이다.

인테리어도 작년에 선보인 젠트라와 일관성을 보이고 있지는 않지만 좀 더 정리된 분위기다. 우드와 메탈 트림을 조합해 고급스러운 분위기와 젊은 취향의 조화를 추구하고 있는 것이 눈길을 끈다. 이 대목에서는 주무대인 해외시장을 우선 고려한 흔적이 보인다.

어쨌든 GM대우의 내수시장에서의 신차 랠리도 이제 본격적으로 시동을 걸었다.

항상 하는 말이지만 자동차회사는 뉴 모델을 먹고 산다는 관점에서 본다면 새로 선 보이는 제품의 성패에 따라 미래에 대한 밑그림도 크게 달라진다.

사실 GM대우의 입장에서 본다면 내수시장을 위한 신차는 작년 젠트라부터 본격적으로 시작되었지만 해외시장에서는 사정이 달랐다. 시보레와 스즈키, 중국시장에는 뷰익 등의 브랜드로 수출하면서 그 브랜드들의 라인업에서는 모든 제품이 신차로서 참여한 것이 되기 때문에 새 차를 개발하지 않고도 신차 효과를 톡톡히 보았다. 그 결과가 2005년 판매 115만대의 신기록 달성이다.

GM대우의 이런 성장은 앞으로도 당분간은 계속될 것으로 보인다. GM대우 측은 2006년에도 전체 생산대수가 2005년 대비 30% 정도 증가할 것으로 전망하고 있다. 그도 그럴 것이 GM그룹의 여타 브랜드에 비해 높은 상품성을 바탕으로 북미를 제외한 전 세계 시장에서 GM그룹의 판매 증가에 지대한 역할을 하고 있다. 좀 과장하자면 GM그룹은 GM대우의 제품에 의존도가 가장 크다고 할 수도 있다.

요약하자면 GM대우는 앞으로 큰 문제없이 빠른 속도로 성장할 것이라는 얘기이다. 작년에 합병한 부평공장을 포함해 국내에 있는 창원과 군산 공장은 현재 부평 2공장을 제외하고는 모두 2교대로 가동하고 있다. 토스카가 본격 생산되고 봄에 SUV 캡티바까지 가세하면 올 하반기에는 생산용량이 부족하게 될지도 모른다. 말 그대로 즐거운 비명이다.

그러나 해외시장에서의 그런 활약과는 달리 내수시장에서는 이렇다 할 성과를 올리지 못하고 있다. 불과 몇 년 사이이기는 하지만 GM대우는 수출 시장에만 신경을 쓰는 회사로 인식될 정도로 내수시장에서는 실적이 좋지 못했다.

이제는 그 내수시장에서의 입지를 회복해야만 하는 시점에 와 있다. 작년 젠트라에 이어 토스카, SUV인 캡티바 등으로 인해 국내 시장에서도 신차 효과를 노릴 수 있는 상황도 갖추어져 있다.

사실 GM대우차를 한국시장에 판매하고 있는 딜러인 대우자판은 2005년에도 소리없이 구조조정을 하는 등 인원 감축을 하며 뼈를 깎는 고통을 감내하고 있다. 무엇보다 이런 대우자판의 영업 조직을 살리기 위한 근본적인 대책 마련이 필요하다.

한 가지 짚고 넘어갈 것은 대우자판은 통상적인 해외의 딜러들과는 달리 서비스 조직이 없다. GM이 대우자동차를 인수할 때 대우자판이 분리되면서 여러 가지 문제점 때문에 서비스 조직을 GM대우가 그대로 보유하기로 했었다. GM대우 입장에서는 자사의 이권을 지킬 수 있다는 점에서 득이 될 수 있겠지만 서비스망을 소유하지 못한 딜러십인 대우자판은 수익성 확보에 적지 않은 어려움을 겪을 수밖에 없다.

오늘날 자동차산업은 제조 판매로 인한 이익보다 판매 후의 수익 비중이 더 높다. 심한 경우는 그 비율이 30 대 70에 이르는 경우도 있다. 그래서 자동차산업은 제조업이 아니라 서비스업이라는 얘기를 하기도 한다. 그런데 대우자판은 단지 전시장을 오픈하고 판매만 하는 입장에 있다. 어떤 형태로든 GM대우와 대우자판은 이 문제에 대한 해결책을 찾아야 할 것으로 보인다.

또한 중고차 시장의 정상화에 GM대우와 대우자판은 공동 보조를 취해야 한다. 대우자동차 시절부터 내수는 물론이고 해외시장에서도 중고차시장 관리가 제대로 되지 않고 있다는 것은 이미 잘 알려진 사실이다. 어떤 경우든 중고차시장의 가격을 안정시키지 않고는 신차의 가치를 올린다거나 판매를 크게 끌어 올리는 것은 한계가 있다. 더불어 그것이 곧 소비자의 권익을 옹호하는 길이기도 하다.

GM대우는 노사관계 개선에 많은 노력을 기울여 이제는 상당히 안정적인 구조를 정착시켰다는 평가를 받고 있다. 또한 올 상반기 디젤엔진의 생산개시, 인천 주행시험장 건설, 공장설비 보완 등을 통해 앞으로도 신차 개발에 대대적으로 투자한다는 포부를 밝히고 있다. 더불어 내년에는 6단 자동변속기를 개발해 준중형 이상의 모델에 적용할 계획이라고 한다. 이제 GM대우는 완성차 제조업체로서 본 궤도에 올랐다는 것을 보여 주는 내용이다.

하지만 그것은 더 이상 특별한 일이 아니다. 과거에 무슨 일이 있었든지 소비자들에게는 그다지 중요한 일이 아니다. 그보다는 좋은 제품을 지속적으로 내놓고 그에 걸맞은 대 고객 전략이 더 필요할 뿐이다.

이제는 고개를 회사 밖으로 돌려야 한다. 한국 이외의 지역에서는 GM그룹이 마케팅을 담당하고 브랜드 전략을 추진하기 때문에 큰 신경을 쓸 것이 없다.

문제는 내수시장이다. 대우자판 독자적으로 추진하는 데는 한계가 있다. GM대우는 한국시장에 그다지 큰 관심을 보이지 않는다는 의구심을 불식시켜 내수시장의 고객들로부터 신뢰를 얻어야 한다.

쌍용 체어맨은 비싸서 잘 팔리는 차?

거듭 말하지만 쌍용자동차의 뉴 모델 행보는 상상하기 힘들 정도다. 판매 규모로 보아 이처럼 빠른 속도로 새로운 모델을 개발해 내놓는다는 것이 쉽지 않다는 것이다. 현대기아나 GM대우처럼 전형적인 양산차회사들보다 더 빠른 속도로 새 모델들을 추가하고 있다. '자동차회사는 뉴 모델을 먹고 산다.'는 측면에서 본다면 이런 쌍용의 행보는 당연할 수도 있을 것이다. 하지만 그것도 경영 측면에 투자와 회수를 감안해야 한다는 것을 생각하면 통상적이지 않은 것은 분명하다.

색다른 것은 그런 행보뿐만 아니다. 쌍용의 SUV라인업에서 보여준 소위 말하는 '튀는 디자인' 역시 통상적인 개념으로 해석하기 어렵다. 전형적인 니치모델이면서 브랜드 아이덴티티가 강한 포르쉐의 수석 디자이너 핑키 레이가 '트렌드를 쫓아가는 디자인은 의미가 없다'고 해서 그것이 쌍용자동차에까지 적용될 수는 없다. 확고한 브랜드 이미지를 구축한 프리미엄 세단이라든가 랜드로버나 포르쉐 등은 그런 자신들만의 행보가 '튀는 것'이 아니라 트렌드를 리드하는 입장에 있다.

그런데 쌍용자동차가 최근 만들어 내는 모델들을 보면 가능하면 '눈길을 끌고자 하는' 의도를 숨기지 않고 있다. 그것은 쌍용자동차 개발 담당자들의 의지이기 때문에 누가 뭐랄 수 있는 내용은 아니다. 다만 언제나 그렇듯이 결과로 평가를 받을 수밖에 없다.

그런 면에서 카이런 등 SUV는 아직까지 그 성패 여부를 확실히 판단할 단계는 아니다. 물론 작년 말 재고가 두 배로 늘어난 이유에 대해서는 설명이 필요할 것이다.

하지만 체어맨에 적용한 변화는 일단은 적중하고 있다. 2003년 9월 뉴 체어맨으로 변신한 이후 '한국의 럭셔리카' 시장에서 현대 에쿠스를 제치고 1위 자리에 올랐기 때문이다. 참고로 2005년 체어맨은 1만 5,283대를 판매해 동급시장 점유율 37.8%를 차지했다. 1만 3,836대를 판매해 34.3%를 기록한 현대 에쿠스를 앞지른 것이다. 1997년 10월 등장해 10년 가까운 세월이 지난 모델로서는 쉽게 상상하기 힘든 실적이다.

그것은 평론하는 사람들과 실제 유저와의 괴리라고 할 수 있다. 아니 그보다는 평론하는 사람들이 시장을 세분화하지 못하고 일관된 잣대를 적용하기 때문이라고 하는 것이 옳을 것이다.

그렇다면 이번에는 어떤 점에서 뉴 체어맨은 '튀는 행보'를 하고 있는 것일까.

기존 체어맨은 3.2리터 기준으로 5,153~5,829만원의 가격대를 형성했었다. 그런데 이번에는 3.6리터의 경우 5,167만원에서 6,707만원, 롱휠베이스의 경우 7,750만원에 이른다. 단순 비교로 이번에 혼다코리아가 출시한 레전드 3.5리터 버전의 가격이 6,780만원인 것을 감안하면 분명 쉽게 받아들일 수 있는 수준은 분명 아니다. 쌍용측에서는 레전드와 달리 체어맨은 쇼파 드리븐카로서 성격이 다르고 더 많은 편의장비를 갖추고 있다는 점을 내 세우겠지만 그렇게 간단하지가 않다.

그래서 혹자는 말한다. 쌍용 체어맨은 '비싸서 잘 팔리는' 차라고. 그렇다 모든 제품이 낮은 가격이어야만 잘 팔린다는 법은 없다. 그것도 하나의 마케팅 전략이다.

어쨌거나 이제는 수입차와 가격의 격차가 점차 줄어드는 상황에서 한국의 '쇼파 드리븐 카' 오너들이 어떤 반응을 보일지 궁금해진다.

::: Automobile Industry column

3 Brand Story

 브랜드론1-프리미엄 브랜드의 조건은?

최근 들어 엔진 기술의 발전과 차체 경량화로 자동차의 성능은 그 어느 때보다 빠른 속도로 발전하고 있다. 각 메이커들마다 새로운 모델을 내놓을 때 기존 모델에 비해 동급 배기량으로 적어도 5%에서 많게는 20%까지 출력 및 토크의 향상을 이루었다고 강조하는 것이 당연시되는 시대에 우리는 살고 있는 것이다.

그런데 우리는 그런 성능 향상에 의외로 무감각한 것 같다. 특히 S600L처럼 대 배기량 엔진을 탑재하는 모델일수록 그런 불감증은 더 심한 것 같다. 물론 필자처럼 자동차를 타 보고 평가하는 입장에 있는 사람들은 세부적인 수치까지 따져가며 경쟁 모델들과 비교하는 경우가 있기는 하다. 그래서 과거와는 다른 새로운 테크놀러지의 적용으로 출력 및 토크의 향상이 어느 정도 이루어졌다는 것을 구체적인 수치를 제시하는 것이 보통이다. 또한 눈이 휘둥그레질 정도의 첨단 장비들에 대해서도 비교적 알기 쉽게 풀어서 설명하려는 노력을 한다.

한편으로는 이런 대 배기량차를 직접 소유할 수는 없겠지만 꿈을 키우는 마니아들을 비롯해 관련 동호회원들도 성능에 대해 높은 관심을 보인다. 그들은 어지간한 평론가들보다 앞선 지식으로 구체적인 내용을 들어가며 새로 등장한 엔진과 차량들에 대해 신랄하게 비판해 자동차 메이커들을 긴장시킨다.

우리나라의 경우도 이런 분야에서는 높은 수준의 내공을 자랑하는 이들이 많다. 이들은 특히 각론에 강하다. 흔히 말하는 '총론에는 강하지만 각론에 약한' 어설픈 전문가들을 가르칠 정도의 수준에 있는 이들이 적지 않다.

그런데 정작 이 세그먼트의 차를 소유한 사람들은 접근하는 방식이 좀 다른 것 같다. 이들은 지금까지 상당한 종류의 차량을 섭렵한 유저층이다. 젊은 시절 직접 운전을 해 보았던 경험부터 시작해 나름대로 좋다는 차는 대부분 거쳐 온 사람들이다. 주변의 권유에 의해 차량을 구입했던 적도 있고 영업사원의 설득에 못 이겨 차를 바꿔본 적도 있다. 물론 여전히 차량에 대한 지식이 거의 없는 유저들도 있다.

이들이 차를 구입할 때의 기준은 그렇다면 무엇일까.

한마디로 프레스티지(Prestige)성을 살려 줄 수 있는 브랜드가 아닐까. 그러니까 굳이 이런 저런 설명을 필요로 하지 않는 단계의 구매가 있을 수 있다는 얘기이다. 브랜드명만으로 그들은 모든 것을 믿는다. 다른 이의 부연 설명이 없어도 그들이 신뢰하는 브랜드의 제품을 구입한다. 그들에게 그 차의 제원이나 성능, 구체적인 특징은 별 의미가 없을 수 있다.

물론 개중에는 그동안의 경험을 통해 모든 것을 알고 있는 부류와 잘은 모르지만 사회적으로 탄탄한 입지를 구축하고 있는 브랜드를 찾는 부류로 구분될 수 있을 것이다.

어쨌거나 이런 유저층들이 중시하는 것은 브랜드다. 특히 그들은 흔히 말하는 프리미엄 브랜드를 찾는다. 프리미엄 브랜드란 무엇인가? 간단하게 설명하면 럭셔리 브랜드를 말한다. 우리말로 하면 고급 브랜드다. 하지만 좀 더 들어가면 프리미엄 브랜드들은 타겟 마켓층이 될 수 없는 유저층을 배격하는 완고한 벽을 쌓고 있다. 아무나 접근할 수 없어야 한다는 것이다.

과거에는 이런 원칙을 지키기 위해 희소성 전략을 최우선으로 했었다. 오늘날 전 세계 자동차 브랜드 중에서 진정한 의미의 프리미엄을 규정하기는 쉽지 않지만 정통 세단형 모델을 기준으로 하면 메르세데스 벤츠와 BMW, 아우디 등 독일 빅3와 영국의 재규어 등을 꼽는다. 그 기준은 가격이다. 이들은 미국시장에서 6만 달러 이상의 가격표를 붙일 수 있는 브랜드이기 때문에 그렇게 분류한다.

가격이 비싼 만큼 판매대수는 많지 않다. 이미 다른 시승기를 통해 소개한 적이 있지만 이 시장의 전 세계적인 판매대수는 연간 23만대 전후에 불과하다. 그 중 2004년의 실적을 보면 메르세데스 S클래스가 5만 3,200대, BMW 7시리즈가 4만 7,689대, 아우디 A8이 2만 2,773대, 재규어 XJ가 1만 8,569 대, 그리고 후발주자인 폭스바겐 페이톤은 6,000대 수준이었다.

그러던 것이 2005년에는 약간 변화가 있었다. BMW 7시리즈가 5만 62대로 메르세데스 벤츠 S클래스의 4만 9,922대를 제치고 1위를 차지했다. BMW의 공격적인 전략과 S클래스의 모델체인지 시기가 맞물려 발생한 현상이었다. 그리고 아우디가 2만 1,317대, 재규어 등의 순이었다.

하지만 2005년 10월 데뷔한 현행 S클래스로 인해 다시 상황이 변화하고 있다. 전 세계적인 통계는 아니지만 국내 수입차 시장에서 메르세데스 벤츠가 491대로 오랫동안 1위 자리를 지켜온 BMW의 471대를 제치고 1위를 차지한 것이다. 한마디로 S클래스의 효과다. 또한 BMW 7시리즈가 데뷔한 지 6년 가까이 된다는 점도 동시에 작용했을 것이다. 때문에 올해 전체 판매대수는 또 다시 역전이 될 가능성이 높다.

그렇다고 세그먼트의 고객들이 다른 브랜드로 이동했기 때문은 아니라는 것이 전문가들의 분석이다. 이들은 브랜드에 대한 확고한 신뢰를 보이는 경우가 대부분이라는 것이다.

그렇다면 메이커의 입장에서는 어떻게 시장을 확대할 것인가. 다시 프리미엄 브랜드론으로 돌아간다. 타겟 마켓에 대한 배타적인 벽을 구축함과 동시에 바로 그 배타적일 수밖에 없는 유저층을 대상으로 끊임없는 마케팅을 해야 한다는 것이다. '넘을 수 없는 벽'이 아니라 '선망의 대상'으로 만들어야 한다는 얘기이다.

그러기 위해서는 여러 가지 마케팅 기법이 동원되어야 할 것이다. 그리고 그런 마케팅을 가능하게 하는 '그 무엇'이 바탕에 깔려 있어야 한다. '그 무엇'은 다름 아닌 브랜드의 헤리티지(Heritage: 유산, 전통)를 갖고 있어야 한다. 역사와 전통이 있어야 한다는 것이다. 역으로 말하면 시간을 통해 축적해 온 자신만의 가치가 없이는 쉽게 달성할 수 없다는 얘기이다.

메르세데스 벤츠는 바로 그런 의미에서 프리미엄 브랜드로서의 확고한 이미지를 구축하고 있는 메이커라고 할 수 있을 것이다.

물론 그렇다고 그런 전통만으로 브랜드 가치를 유지할 수는 없다. 끊임없는 기술 개발과 더불어 프리미엄 브랜드로서의 가치 창조와 시대에 걸맞는 이미지를 재창출하는 작업이 연속되어야 한다. 그리고 그것은 경쟁을 통해 발전을 해 간다. BMW, 아우디, 재규어, 그리고 프리미엄 지향 브랜드들 간의 치열한 경쟁이 펼쳐지고 그런 경쟁은 결국 소비자들에게는 그들이 선택한 브랜드에 대한 가치의 증대로 이어진다.

재미있는 것은 프리미엄 전쟁은 유럽 내 메이커들이 주도하고 있다는 것, 그러면서 독일과 영국 프리미엄 브랜드의 분위기가 뚜렷이 구분된다는 것, 독일 내 브랜드들도 그 표현방식이 저마다 확연히 다르다는 것이다.

브랜드론2-아우디, 이번에는 RS와 S시리즈의 공세

오늘날 프리미엄 브랜드의 조건은 스포츠성을 기본으로 하고 있다고 해도 과언이 아니다. 흔히 말하는 '달리는 즐거움'을 전면에 내 세우는 것이 당연시 되었다는 것이다. 그것은 하나의 트렌드다. 그리고 이 부분에서 트렌드의 시조는 BMW다. BMW는 2002시리즈를 시작으로 3시리즈로 발전하면서 기본적으로 다이나믹한 주행성을 무엇보다 강조하는 모델 개발을 추구해 왔고 그것이 트레이드마크가 되어 있다.

그런 BMW가 추구하는 스포츠성은 스파르탄한 컨셉을 바탕으로 한 다이나믹성이다. 오늘날에야 포르쉐마저도 '다루기 쉬운' 스포츠카를 표방하고 있기 때문에 그 성격은 많이 달라져 있지만 기본적인 자세에서는 변함이 없다.

뿐만 아니라 프레스티지를 최우선으로 내 세우고 있는 메르세데스 벤츠도 절대 수치에서의 우위를 내 세우며 스포츠성을 강조하는 시대가 되어 있다.

그리고 이 두 메이커는 M과 AMG를 전면에 내 세우며 절대적인 성능을 과시하는 형태를 취하고 있다. BMW는 하체와 파워 트레인의 매칭에서의 우위를 주장하고 있다. 전체적인 밸런스를 중시한다는 것이다. 이에 비해 메르세데스 벤츠는 절대적인 최고 수치의 배기량과 출력 및 토크를 강조하는 타입이다. 엔진의 절대 성능을 우선시한다는 것이다. 물론 두 메이커 모두 독일의 아우토반에서 숙성된 만큼 고속 주행안정성에서 다른 메이커들을 압도하고 있다.

그리고 또 하나. 영국의 스포츠 세단 재규어도 빠트릴 수 없다. 90년대 중반까지만 해도 유럽시장에서 프리미엄 브랜드라고 하면 BMW와 메르세데스 벤츠, 그리고 재규어까지 세 개 브랜드만을 일컬었었다. 그 중 영국산 모델인 재규어는 독일산 모델들과는 또 다른 성격의 주행성을 가진 스포츠 세단임을 강조하고 있다. 재규어의 하체는 타이트한 감각의 독일산 모델들과는 다른 여유가 느껴진다. 재규어는 스포츠카란 오로지 달리는 즐거움만 추구하는 것이라는 인식이 강했던 시절부터 고급 세단과 같은 정숙성을 바탕으로 매끄러운 주파성을 강조하는 타입을 추구해 왔다.

그리고 이들 세 브랜드는 모두 모터스포츠의 장에서 혁혁한 공을 세우며 그들의 성능의 우위성을 입증해 보였으며 그것은 모두 하나의 전설적인 영역으로 여겨지고 있다. 바로 그런 전설이 축적되어 헤리티지가 되었고 여기에 시대를 앞서가는 개념의 모델들을 개발해내며 그들의 역사와 전통을 살려내며 프리미엄 브랜드의 입지를 더욱 공고히 하고자 하고 있다.

그리고 아우디. 아우디는 90년대 후반과 21세기 초반 가장 빠른 속도로 성장하면서 메르세데스 벤츠, BMW, 재규어와 함께 세계 4대 프리미엄 브랜드의 자리를 구축한 브랜드다. 90년대 중반에는 차명을 80, 90, 100, 200 등으로 칭했던 것을 A3, A4, A6, A8 등으로 개명하면서 그들만의 장기를 살려 프리미엄 브랜드로서의 입지를 구축하더니 이번에는 다시 그들만의 스포츠성을 앞세우며 새로운 모델 라인업 전략을 펼치고 있다.

아우디가 추구하는 스포츠성이란 'Everyday Sport' 다. 압도적인 고성능을 갖추고 있으면서 일상생활에서의 쾌적성을 손상시키지 않는다는 것. 물론 그 바탕에는 아우디가 자랑하는 콰트로가 있다.

4WD시스템을 이야기 할 때 우리는 항상 아우디를 가장 먼저 거론한다. 아우디는 일찍부터 콰트로를 개발해 그 이름을 WRC(World Rally Championship) 등을 통해 널리 알려왔고 숙성시켜왔다. 그리고 세단형 승용차에 4WD시스템을 실용화한 선구자이기도 하다. 이후 폭스바겐도 4모션이라고 하는 이름으로 다양한 모델에 채용하고 있다. 정통 스포츠카브랜드인 포르쉐에서도 911카레라4라고 하는 4WD를 라인업하고 있으며 911 터보는 4WD가 표준으로 되어 있다. BMW는 X라고 하는 이름으로 4WD를 3세대 전인 E30형 3시리즈부터 베리에이션에 추가하고 있다. 지금은 X5와 X3가 있으며 330Xi라고 하는 세단형 4WD도 있다. 메르세데스 벤츠도 4매틱이라고 하는 이름으로 4WD 모델을 거의 전 라인업에 배치하고 있다.

아우디가 이끈 4WD 바람이 이제는 모든 메이커들의 필수조건이 되어 있는 것이다.

그런 아우디가 최근에는 그들의 스포츠 라인업 구축에 박차를 가하고 있다. BMW의 M, 메르세데스 벤츠의 AMG와 같은 별종의 디비전으로 RS와 S를 키우고 있다. RS4는 아우디의 100% 자회사인 콰트로 GmbH에서 생산된다. 국내 시장에도 이미 S시리즈의 출시가 시작되었으며 RS 시리즈도 하나씩 추가될 것으로 알려졌다.

아우디에 있어 RS와 S시리즈는 궁극적인 고성능을 발휘하는 모델을 의미하며 BMW의 M시리즈, 메르세데스 벤츠의 AMG와 같은 위치에 있다. 베이스 모델에 대해 엔진, 보디, 서스펜션, 시트, 그리고 장비에 이르기까지 새롭게 디자인된 전용 부품이 사용된다고 하는 점에서도 공통이다.

M도 그렇고 AMG도 그렇지만 RS와 S 역시 양산형 모델로서는 만족할 수 없는 유저들에 대해 높은 품질감을 가진 발군의 성능을 제공하고 있는 것이다. 엔진은 RS4에는 최고출력 420ps/7,800rpm, 최대토크 43.8kgm/5,500rpm의 4.2리터 V8 FSI가, S8과 S6에는 5.2리터 V10 FSI가 각각 탑재된다. 후자는 같은 배기량이지만 S8의 경우 최고출력 450ps/7,000rpm, 최대토크 55.1kgm/3,500rpm을 발휘하며 S6는 435ps/6,800rpm, 55.1kgm/3,000~4,000rpm을 각각 발휘한다.

양산형 모델이 그렇듯이 RS와 S는 M이나 AMG와는 다른 아우디만의 색깔을 낸다. 그것을 아우디측은 '아름다운(또는 우아한) 고성능'이라고 표현하고 있다. 그것은 신기술을 사용해 주행성과 쾌적성을 양립시킴으로써 가능하게 했다고 주장한다. 예를 들어 DRC(Dynamic Ride Control)가 대표적인 것이다. 이 기술은 2002년 데뷔한 RS6에 채용된 것이다. DRC는 앞뒤의 대각선상의 댐퍼가 작동할 때 그 작동을 멈추도록 중간에 설계된 오리피스에 의해 감쇠력이 발생한다. 즉 코너에서의 롤, 발진시의 스쿼트, 제동시의 노즈 다이브를 줄이는 것이 가능해진 것이다. 뛰어난 핸들링 성능을 확보하기 위해 차체의 자세를 흐트러트리지 않는 것이 중요하다는 것을 잘 보여 주고 있는 기술이다.

하지만 DRC의 효과는 그것만이 아니다. 쾌적한 승차감을 확보하면서 차체의 여분의 움직임을 억제할 수 있는 것이 DRC의 특징이다. 즉 쾌적성과 핸들링의 양립이 가능하다는 것이다. 이 기술은 최근 RS4에도 채용되어 비용을 고려하지 않는 신기술의 적용이 아우디답다는 평가를 그래서 듣고 있다.

그것은 물론 아우디라는 브랜드 이미지 구축을 위해 필수적인 조건이다.

브랜드론3-르노삼성의 SM7과 SM5

르노삼성은 양산차 브랜드이면서 니치 브랜드에 해당하는 메이커다. 모델의 세그먼트와 가격 설정 등의 측면에서 보면 양산 브랜드에 해당하지만 판매대수가 많지 않아 니치 모델로서 존재하고 있다는 얘기이다. 그 때문에 프리미엄 니치 브랜드라든가 판매대수가 많은 본격적인 양산 브랜드들에 비해 수익을 내기가 쉽지 않다.

다만 그런 구조가 가능한 것은 르노닛산 얼라이언스라는 국제적인 제휴관계 때문이다. 독자적으로 플랫폼을 개발하고 판매망을 구축해야 한다면 르노삼성과 같은 메이커는 버티기가 힘들다. 하지만 르노자동차의 자회사로 르노와 닛산의 플랫폼과 부품을 공유할 수 있는 점을 활용해 자신의 존재가치를 찾고 있는 것이다.

한 걸음 더 나아가 바로 그런 점에서 르노삼성은 한국시장에서만 본다면 분명한 니치 브랜드이지만 전 세계 시장으로 확대해 놓고 보면 르노그룹에 속한 양산차 브랜드이기도 하다. 그런 만큼 제품 개발 등에서는 그룹 차원의 지원을 많이 받을 수 있다는 이점이 있다. 더불어 생산 시스템에 있어서도 투자비용이 그다지 크게 들어가지 않는다. 거기에서 르노삼성이 연간 15만대 남짓한 판매대수로도 살아남을 수 있다는 근거를 찾을 수 있다.

하지만 그렇다고 자체적인 수익성을 무시할 수 있다는 것은 아니다. 독자적인 기업체로서 수익성을 확보해야 하는 것은 다른 모든 메이커들과 마찬가지이다.

자동차회사가 수익성을 확보하는 가장 확실한 방법은 물론 매력적인 제품 포트폴리오다. 소비자들을 끌어 들일 수 있는 신제품을 꾸준하게 내놓아야 한다는 것이다.

하지만 르노삼성은 그것이 여의치 않다. 일반 양산차 회사들처럼 4~6개월마다 신차를 개발해 출시할 수 있는 조건이 아니라는 것이다. 그럼에도 불구하고 판매대수를 늘려야 하는 숙제가 대두되고 바로 그런 점을 해소하기 위해 선보인 것이 오늘 시승하는 호화 장비를 패키징한 한정 판매 모델이다.

스포츠카 브랜드라면 파워 트레인의 변화로 베리에이션을 확대하겠지만 양산 브랜드로서는 그들의 타겟마켓의 수요층이 원하는 바를 파악해 거기에 걸맞은 패키징 상품을 내놓을 수 있어야 한다. 르노삼성은 그런 점에서 이번 프리미에르 버전을 출시했다고 해석할 수 있다.

다만 BMW와 같은 프리미엄 브랜드들이 750Li에 익스클루시브 라인을 내놓았을 때와 같은 효과를 낼지에 대해서는 시간을 두고 지켜봐야 할 것 같다. 르노삼성차 측은 마니아들이 적지 않다는 점에서 일정 수준 이상의 수요는 기대하고 있는 것 같다.

르노삼성의 SM7과 SM5는 오랜 역사를 가진 로렐(Laurel)과 세피로(Cefiro)의 후속 모델로 2003년 2월에 닛산의 라인업에 추가된 티아나를 베이스로 개발한 모델이다. 티아나는 르노와 닛산 연합이 공동으로 개발한 FFL 플랫폼을 베이스로 하고 있다. 닛산이 티아나를 내놓으면서 추구한 것도 기존 모델과 확실한 차별화였지만 르노삼성의 신형 SM7과 SM5도 보수적인 색채가 강했던 기존 SM5와는 달리 진보적으로 크게 변신한 모델이다.

르노삼성이 SM7을 통해 주장하고자 했던 것은 '신 개념의 고성능 대형차'이다. SM5와 같은 플랫폼을 사용하면서 범퍼의 길이 등으로 전장만 다른 차지만 르노삼성이 생각하는 대형차로서의 조건을 가미해 그레이드를 달리하고자 한 것이다.

그에 대해 당시 소비자와 비평가들은 여러 가지 의견들을 제시했었다. 하지만 지금까지는 르노삼성의 그런 전략이 나름대로 성공을 거두었다고 평가할 수 있을 것 같다. SM7이 한국식 대형차로 인식되었느냐에 대해서는 논란이 있을 수 있겠지만 적어도 르노삼성 라인업 내에서 SM7과 SM5의 차별화는 이루어냈다는 것이다. 필자는 데뷔 당시 이에 대해 이는 어디까지나 메이커의 전략이고 그것을 받아들이느냐 아니냐는 소비자들의 몫이라고 했었다.

대량생산업체와 달리 막대한 개발비를 들여 두 달 사이에 두 개의 모델을 내놓기가 쉽지 않은 메이커로서 그런 한계를 극복하면서 다양한 라인업을 구축하고자 하는 의도로 SM5와 SM7을 구분하고 있다는 것이었다. 물론 판매 간섭에 대한 우려도 했었다.

하지만 시장은 두 차를 구분해서 보아 주었다. 적어도 르노삼성의 모델을 구입하는 소비자들 사이에서는 그렇다.

다만 르노삼성 SM5의 연간 판매대수는 데뷔 첫 해인 2004년 12월 4,216대, 2005년 2만 5,982대, 그리고 2006년 상반기 9,045대로 모두 3만 9,246대를 판매했다. 최근 들어 월 판매대수가 1만 4천대 전후에 육박하고 있는 전체 판매대수에 비하면 1,500대에 미치지 못하는 SM7의 판매는 그다지 양호하다고는 할 수 없는 상황이다.

르노삼성 SM7 프리미에르는 5월 1일 출시된 모델이다. 앞부분에 언급한대로 판매 신장을 노리는 역할을 제대로 수행했다면 이후의 판매가 증가했어야 한다. 하지만 SM7 전체의 판매대수는 별로 달라지지 않았다. 하락폭을 줄인 것인지에 대한 구체적인 자료는 없지만 어쨌거나 르노삼성은 앞으로 라인업의 활성화를 위해 좀 더 적극적인 전략이 필요할 것으로 보인다.

브랜드론4-토요타, 렉서스 브랜드에 수퍼스포츠카 라인업

일본 토요타자동차가 럭셔리 브랜드 렉서스에 스포츠카를 라인업에 추가해 브랜드 이미지 강화에 나선다. 토요타자동차는 2005년 8월 일본 시장에 진출한 렉서스 브랜드의 판매 상황에 대한 상반된 평가가 나오고 있는 가운데 우선 일본시장부터 IS 시리즈의 오픈카 버전을 추가할 것으로 알려졌다. 또한 F1 수준의 고성능 엔진을 탑재하는 수퍼 스포츠카의 양산을 위한 개발에도 착수했다고 한다.

이는 토요타가 렉서스를 프리미엄 브랜드로 키우기 위한 행보를 본격화했다는 것을 의미한다.

렉서스 브랜드의 이미지는 쾌적성과 정숙성을 최우선으로 하고 있는데 이는 유럽 프리미엄 브랜드들과 확연한 차별화를 이루는 데는 성공했으나 그만큼의 가치를 높이는 데는 한계를 느꼈다는 것을 의미한다.

토요타에 있어서 렉서스의 판매대수는 연간 40만대 전후에 불과하지만 전체 순이익의 1/4을 차지할 정도로 수익성이 높은 브랜드다. 하지만 토요타는 그 정도에 머물지 않고 BMW나 메르세데스 벤츠, 아우디, 재규어 등과 어깨를 나란히 하는 프리미엄 브랜드로 키우고자 하고 있다. 그래서 그동안의 보수적인 이미지에서 벗어나 스포츠성을 강조하기 시작한 것이다.

토요타가 추구하는 것은 우선 엔트리 모델인 IS를 메르세데스 벤츠 C클래스나 BMW 3시리즈와 경쟁할 수 있는 구성을 하는 것. C클래스나 3시리즈는 다양한 엔진과 보디 베리에이션을 갖추고 있지만 IS는 세단형 한 가지에 파워 트레인도 가솔린 2종과 디젤 한 가지 정도에 불과하다.

때문에 판매 신장에 속도가 붙지 않고 있는 것이 사실. 결국 젊은 층들에게 어필할 수 있는 성격의 라인업을 다양하게 구비하겠다는 것이다.

2008년에 출시를 목표로 개발 중인 오픈카는 디자인과 장비도 젊은 층을 타겟 마켓으로 뚜렷이 내세우고 있다.

여기에 각종 모터쇼를 통해 수차례 선보인 컨셉트카 LF-A를 베이스로 한 2인승 수퍼 스포츠카의 계획도 만만치 않다. 무엇보다 눈길을 끄는 것은 엔진. 2005년까지 포뮬러 원 머신용으로 사용해 왔던 V형 10기통 3.5리터 엔진을 베이스로 배기량을 5,000cc급으로 늘려 탑재한다고 한다. 출시 목표는 2008년 가을로 예정하고 있으나 아직 확정단계는 아니라고.

일본시장은 물론이고 세계적으로 석유파동 이후 연비 성능이 좋은 실용성이 높은 차로 수요가 이동하고 있으며 대 배기량 모델들은 그만큼 판매가 감소하고 있는 추세다. 그럼에도 토요타가 스포츠카를 개발하고자 하는 것은 렉서스가 갖고 있는 보수적인 이미지를 탈피해 유럽 브랜드들과 경쟁할 수 있는 조건을 갖추기 위함이라고 볼 수 있다.

특히 렉서스 라인업 중 유일한 오픈 버전인 SC만이 판매 목표를 상회하고 있는 것도 이런 스포츠카 개발에 힘을 실어주고 있다.

그렇다고 LS와 ES의 성격도 스포츠 세단으로의 전향을 의미하는 것은 아니다. 그동안 렉서스가 꾸준히 추구해 온 안락성(토요타는 이를 안심감이라고 표현한다.)을 최우선으로 한 컨셉을 그대로 유지한다. 다만 새로 개발 중인 스포츠카는 전체적인 브랜드 이미지 제고를 위한 것이다. 다른 메이커에 결코 뒤지지 않는 기술력을 갖고 있다는 것을 과시하기 위한 수단인 것이다.

물론 렉서스의 스포츠카 개발이 브랜드의 가치를 당장에 프리미엄급으로 끌어 올려준다고는 할 수 없을 것이다. 그보다는 점차 나름대로의 확고한 아이덴티티를 구축해 가는 과정에 있는 것은 분명한 사실이다. 더불어 이런 렉서스의 행보가 다른 브랜드의 판매감소를 야기한다기보다는 오히려 시장을 더 확대시켜갈 것으로 보인다.

항상 하는 말이지만 그만큼 소비자들은 선택의 폭이 넓어지고 그만큼 더 좋은 서비스를 제공받을 기회를 갖게 된다.

 브랜드론5-BMW와 쇼파 드리븐카

"Sports Sedan, Premium Brand, Trendsetter."

BMW하면 떠오르는 단어들이다.

스포츠 세단.

세로 배치 직렬 6기통, 뒷바퀴 굴림 방식, 그리고 50대 50의 철저한 중량배분. 달리는 즐거움을 가장 이상적으로 실현하기 위한 밸런스를 갖추었다는 것을 표현하는 것이다. 바로 그 균형 잡힌 차체와 그것을 받쳐주는 파워 트레인과 섀시로 다이나믹한 주행성을 실현하고 있는 것이 BMW다.

그래서 우리는 BMW를 스포츠 세단의 대명사로 평가하고 있는 것이다. 특히 1960년대 무조건 스파르탄한 감각만이 스포츠카의 무기였던 시절에 BMW는 누구나 다룰 수 있는 스포츠카를 표방하며 그들의 세단형 라인업에 스포츠카의 성격을 부여해 새로운 트렌드를 리드해 왔다.

트렌드 세터.

BMW는 전 세계 모든 자동차 메이커들의 벤치마킹 대상이다. 단지 스포츠 세단으로서의 성격만을 강조해서는 생명력이 없다. 항상 시대를 리드해 가는 새로운 그 무엇을 제시하고 그것을 실현할 수 있는 카리스마가 있어야 한다. 디자인에서부터 엔진 및 파워 트레인의 테크놀러지, 새로운 개념의 섀시 및 안전 기술의 개발, 그리고 장르별, 세그먼트별로 소비자들을 이끌어 갈 수 있는 그 무엇을 창조할 수 있는 능력이 있어야 한다는 것이다.

BMW는 그것을 실현해 오고 있고 그래서 언제나 벤치마킹의 대상으로 존재해 오고 있다. 물론 그로 인해 만들어진 익숙하지 못한 부분에 대한 논란은 감수해야 한다. 사회적인 정서라든가 소비자들의 감각의 차이로 인해 다양한 찬반 논란을 야기하겠지만 결국은 시장은 이들 프리미엄 브랜드들이 제시하는 새로운 그 무엇을 받아들여 오고 있는 것을 우리는 경험하고 있다.

프리미엄 브랜드.

BMW는 기본적으로 스포츠 세단으로서의 성격을 바탕으로 그들의 프리미엄 브랜드로서의 이미지를 구축해 왔다. '도로 위를 달리는 머신'으로서의 성격을 최대한 부각시켜 다른 브랜드와는 다른 벽을 구축한 것이다. 다시 한 번 강조하지만 프리미엄 브랜드는 그들만의 차별화된 벽이 있어야 한다. 그리고 그 벽은 '감히 범접할 수 없는' 것이기도 하면서 동시에 '선망의 대상'이 될 수 있어야 한다. 오늘날 브랜드 이미지 구축에 성공한 경우를 살펴보면 이해가 갈 것이다.

BMW 관계자들에게 대표적인 경쟁상대를 꼽으라고 하면 메르세데스나 아우디, 재규어 등이 아닌 BMW 자신이라고 서슴없이 대답한다. 하지만 시장에서는 이들 네 개의 브랜드를 대표적인 프리미엄 브랜드로 여긴다. 물론 사브, 랜드로버, 미니 등 니치 프리미엄 브랜드들은 예외로 하고.

BMW가 최근 국내 시장에 출시한 750Li 익스클루시브 라인은 구체적인 시장에 따른 차이를 고려한 차 만들기를 보여주고 있는 모델이다. 좀 더 알기 쉽게 설명하자면 선대 7시리즈를 베이스로 아시아 시장을 위한 쇼파 드리븐카로서 개발한 L7이라는 모델을 기억할 것이다. 규모의 경제의 지배를 받는 자동차산업에서 같은 차를 많이 만들어 팔아야 이익을 낼 수 있던 시절에 BMW는 특정 시장의 취향을 고려한 소량 판매 모델을 개발해 내놓았던 것이다.

오늘날 자동차시장은 개인의 니즈가 다양해지면서 '소품종 다량 생산' 시대에서 '다품종 소량 생산'시대로 옮겨가고 있다. BMW는 그런 시장의 흐름에 대응하기 위해 인디비주얼(Indivisual) 사업부를 설립해 익스클루시브 라인과 같은 모델을 개발하고 있다.

750Li 익스클루시브 라인은 그런 시대적인 산물이다. 367마력 V8 4.8리터 엔진 자체가 벽으로 존재할 수밖에 없는, 그래서 일반 소비자들에게는 역시 '그림의 떡'일 수밖에 없는 말 그대로 럭셔리 프리미엄 모델이다.

그런데 그 럭셔리 프리미엄 모델 중에서도 다시 한 번 차별화를 시도한 것이 바로 이 모델이라는 얘기이다.

우리나라를 비롯한 아시아 시장에서 이 등급의 모델은 기본적으로 의전용차라든지 대기업 CEO들의 쇼파 드리븐카로 사용되는 것으로 여겨지고 있다.

그렇다면 주로 뒷좌석 탑승자를 위한 배려가 최우선이 되어야 한다. 하지만 지금도 몇 개의 브랜드들을 제외하고는 뒷좌석을 위한 배려라고 해봐야 푹신한 쇼파 감각의 시트와 여유 있는 공간 정도가 전부다. 각종 엔터테인먼트 시스템을 비롯한 첨단 편의장비는 모두가 운전석을 중심으로 설계되어 있다. 에어컨이나 히터도 앞좌석이 훨씬 '빵빵'하다. 정작 이 차의 주인인 뒷좌석에 앉은 탑승자는 그저 운전기사를 부러워할 수밖에 없는 처지인 것이다.

필자는 그런 점에 대해 불만스러울 것이라는 시승기를 여러 차례 썼던 기억이 있다. 아시아지역의 특성상 그렇다는 얘기다. 그런데 BMW가 L7이라는 아시아 시장의 쇼파 드리븐카 시장을 위한 모델을 개발해 내놓으면서 양상은 조금씩 달라지기 시작했다. BMW는 이 차의 홍보를 위해 아시아지역 기자들을 지중해 아래쪽 시나이 반도의 암만으로 초청해 그야말로 특별한 '이벤트'를 개최하기도 했다. 당시 이 국제시승회 이벤트 중 공항에서 내리자 L7의 스티어링 휠을 잡게 한 것이 아니라 뒷좌석에 앉게 해 호텔까지 이동했던 것이 지금까지 기억에 생생하다.

750Li 익스클루시브 라인은 그런 점에서 뒷좌석 탑승자를 최우선으로 고려한 모델이라고 할 수 있다.

브랜드론6-미국인의 신발 포드와 시보레, 그리고 4WD

"골프백 8개를 실을 수 있는 차."

포드코리아가 파이브헌드레드의 광고에서 전면에 내 세운 캐치 프레이즈다. 크다는 얘기이다. 미국식 기준으로 본다면 중형차, 즉 미들클래스 세단으로 분류할 수 있고 세그먼트나 경쟁 모델로 구분하면 크라이슬러 300C나 토요타 아발론 등과 비교된다. 전장 5,100㎜라는 거대한 차체로만 보면 쇼파 드리븐카로 사용해도 좋을 정도의 크기다.

차 한 대에 골프백 8개를 실을 필요는 없을 것이다. 아니 싣는 예가 없다. 다만 크기를 그렇게 강조한 것인데 그것은 바로 미국차의 특징을 간명하게 설명하는 것이기도 하다. 유럽차의 이미지가 성능이라고 한다면 일본차는 품질, 그리고 미국차는 크기이다. 거대한 땅 덩어리에 사는 미국의 오너들은 조그마한 차로서는 자신의 존재감을 확인할 수가 없다. 그래서 많은 경우 대형 차체에 대 배기량 엔진을 탑재하고 달린다.

지금은 석유가격 급등으로 인해 대 배기량의 수요가 주춤하는 상황이지만 조건이 바뀌면 언제라도 그들은 큰 차를 선택할 것이다.

그리고 그런 미국인들에게 포드라는 브랜드는 GM의 시보레와 함께 신발과 같은 존재다. 이는 수치로 증명된다. 포드의 경우 1986년 이래 20년 동안 미국시장 베스트셀러 브랜드로 확고부동한 입지를 구축해 왔다. 미국시장의 연간 자동차 판매대수는 약 1,700만대 규모. 그 중 포드와 시보레 브랜드는 각각 260만대가 넘는 판매대수를 보이는 대표적인 양산 브랜드다.

2005년의 경우 시보레는 265만 1,124대를, 포드는 263만 4,041대를 미국시장에 판매했다. 이 수치만으로는 20년 만에 시보레가 포드를 앞지른 것으로 나타났지만 미국시장의 특징인 플리트 판매(리스나 렌트)까지 합하면 포드가 시보레보다 5,000대 더 많다.

그런데 좀 더 구체적으로 살펴보면 승용차에 국한했을 경우 시보레는 89만 9,116대, 포드는 74만 2,423대를 판매해 15만 6,693대의 차이가 났다. 역으로 트럭에서는 포드가 189만 1,618대를, 시보레가 175만 2,009대를 각각 판매했다.

그런 양산형 브랜드의 모델에 네 바퀴 굴림 방식을 채용해 등장한 것이 파이브헌드레드 AWD버전이다.

4WD에 관해서는 이미 여러 차례 시승기와 칼럼을 통해 언급한 바

있듯이 이제는 럭셔리 프리미엄 세단들의 필수조건이 되어 있는 상황.

최근에는 앞바퀴 굴림 방식을 베이스로 한 컴팩트카에서도 4WD시스템을 채용하고 있는 추세다. 특히 눈이 많이 오는 지역에서는 4WD에 대한 수요가 더 많아지고 있다. 때문에 어떤 차종에서도 눈이 많은 나라에서 판매하려 한다면 4WD를 갖추지 않으면 안되는 상황에 이르렀다. 이 분야에서 선구자적인 위치에 있는 아우디는 극단적인 주행성을 위한 도구로서 4WD를 이용하고 있다.

때문에 오늘날 4WD는 오프로드의 것이 아니라 포장도로를 달리는 승용차에 보통으로 채용되는 구동방식으로 인식되고 있다. 아우디 콰트로를 시작으로 같은 그룹 내 폭스바겐도 4모션이라는 이름으로 4WD를 채용하고 있다. 정통 스포츠카 브랜드인 포르쉐도 911카레라4라고 하는 4WD를 라인업하고 있으며 BMW는 X-Drive라고 하는 이름으로, 메르세데스 벤츠는 4매틱이라고 하는 이름으로 4WD 모델을 거의 전 라인업에 배치하고 있다.

디트로이트 메이커들인 GM의 캐딜락과 크라이슬러 등도 이 추세를 따르고 있다.

세단형 승용차에서 네 바퀴 굴림 방식은 고속 주행에서의 안정성 향상과 핸들링 특성의 개선이 가장 주된 역할이지만 부수적으로 비나 눈으로 인한 미끄러지기 쉬운 도로에서의 주파성 향상도 무시 못한다.

다른 측면에서 이야기 하자면 세계 최대 자동차시장인 미국 북부지역의 눈이 많은 지역에서의 판매 증진을 위해 유럽 메이커들이 앞다투어 4WD시스템을 채용하기 시작한 것이 이제는 없어서는 안 될 조건이 되어 버렸다.

 브랜드론7-기업 브랜드 가치 1위 토요타, 현대 8위

브랜드에 대한 이야기를 계속해 오고 있는데 사실 지금까지의 서술방식은 상품 브랜드 차원에서 소비자들에게 쉽게 다가갈 수 있는데 포인트를 맞춘 것이었다. 그런데 상품 브랜드만으로 모든 것을 평가할 수는 없다. 기업 브랜드의 가치에 대해서도 또 다른 산출방식에 의해 점수를 매기고 있다. 이와 같은 분류는 브랜드가치 평가의 접근 방법의 차이에 따라 하게 된다.

상품 브랜드라고 하는 것은 최종 소비자의 평가와 인식에 기반을 둔 접근 방식을 말한다. 이에 반해 기업 브랜드는 재무 회계접근법이라고 불리는 방법으로 브랜드가 가지는 무형의 자산가치를 재무적, 그리고 회계적으로 파악하는 것이다. 상품 브랜드는 소비자의 입장에서 구매가치를 따지는 것이고 기업 브랜드는 시장과 비용, 수익성 등을 기준으로 그 브랜드를 금액으로 환산한 것을 말한다.

이런 기준 때문에 가끔씩 우리는 같은 브랜드인데도 분류 방법에 따라 두 가지 등급을 보게 되는 것이다. 물론 이런 분류와 평가도 그것을 주관하는 주체가 있어야 한다. 우리에게 알려진 주체로서는 인터브랜드(Interbrand)라는 세계 최대의 브랜드 컨설팅회사가 있다. 참고로 이 회사는 세계적인 권위를 인정받은 브랜드 가치평가를 비롯하여 브랜드 전략, 네이밍, 커뮤니케이션, 브랜드 디자인 등 브랜드 관련 전 분야에서 최상의 브랜드 컨설팅 서비스를 제공한다. 인터브랜드는 비즈니스 워크와 공동으로 브랜드 가치를 산출해 발표한다.

인터브랜드코리아의 자료를 보면 2006년 글로벌 100대 브랜드 중 세계 최고의 브랜드 자리는 역시 코카콜라가 차지한 것으로 나타났다. 코카콜라는 670억 달러의 브랜드 가치로 평가되며 1위를 유지하고 있고, 마이크로 소프트(569억 달러), IBM(562억 달러), GE(489억 달러), Intel(323억 달러) 등이 그 뒤를 이었다. 이들 Top 5위 브랜드는 2002년 이후 순위를 그대로 유지하고 있다.

가치 상승률이 가장 높은 브랜드는 구글로 나타났는데, 2004년 애플과 2005년 eBay에 이어 올해 구글(google)까지 인터넷 기업이 3년 연속 브랜드 가치 상승률 1위를 차지하고 있다.

상승률 측면에서는 우리나라의 현대자동차도 브랜드 가치 41억 달러로 전년도 84위(35억 달러)에서 9계단 상승한 75위를 차지했다. 현대자동차는 특히 자동차회사만으로 구분한 순위에서도 2005년 9위에서 2006년에는 8위로 한 단계 상승했다. 현대자동차가 2005년부터 본격적으로 브랜드 경영을 선언하고 나선 상황이어서 고무적인 내용이라고 할 수 있을 것 같다.

어쨌든 전 세계 자동차회사들의 브랜드 가치 순위를 살펴보면 1위가 토요타다. 이어서 2위가 메르세데스 벤츠, 3위 BMW, 4위 혼다, 5위 포드, 6위 폭스바겐, 7위 아우디, 8위 현대, 9위 포르쉐, 10위 닛산, 11위 렉서스 등의 순이다.

순위에서 그동안의 통상적인 평가와는 차이가 있음을 알 수 있을 것이다. 이것이 바로 기업 브랜드로서의 가치를 평가한 것이기 때문에 그렇다.

참고로 좀 더 구체적인 기업 가치를 나타내 주는 순이익을 보면 또 다른 시각을 갖게 될 수도 있을 것이다.

2005년 세계 자동차 메이커의 순이익 순위에서는 역시 토요타가 1조 3,000억 엔으로 1위를 차지했다. 2위는 혼다로 5,970억 엔, 3위 닛산 5,180억 엔, 4위 르노 4,848억 엔, 5위 다임러크라이슬러 4,098억 엔, 6위 BMW 3,224억 엔, 7위 현대 2,777억 엔, 8위 포드 2,338억 엔, 9위 폭스바겐 1,613억 엔, 10위 PSA푸조시트로엥 1,482억 엔 등의 순이었다.

이 자료는 세계 자동차회사들 중 일본 메이커의 위치를 확인하기 위해 일본에서 엔화로 환산한 집계다.

순이익만으로 브랜드가치를 평가할 수 없기는 하지만 가장 중요한 지표로 사용되는 자료이기 때문에 이해하는데 도움이 될 것이다.

브랜드론8-프리미엄 브랜드, 니치 브랜드, 양산 브랜드

지난번에는 기업 브랜드의 가치에 대해 정리했는데 이번에는 우리가 흔히 말하는 프리미엄 브랜드, 니치 브랜드, 양산 브랜드에 대해 이야기 해보고자 한다.

BMW하면 '다이나믹'이라는 단어가 먼저 떠오르는데 반해 메르세데스 벤츠의 브랜드 이미지는 기품과 프레스티지성이다. BMW에 대한 이미지는 우선 주행성을 위주로 한 카리스마가 떠오르는 반면 메르세데스는 권위와 신분의 상징으로 대변되는 프레스티지성이 먼저 떠오른다는 얘기이다.

둘 다 대표적인 프리미엄 브랜드이면서 전혀 다른 성격의 차 만들기를 추구하고 있는 점에서 지켜보는 입장은 재미있다. 물론 가능한 많은 사람들에게 받아들여질 수 있는 차를 만드는 양산 브랜드가 아니기 때문에 강한 캐릭터로 인해 선호하는 유저층에 한계가 있을 수 밖에 없는 브랜드이기도 하다. 일반인들의 입장에서야 그냥 비싼 차 정도로 받아들여질 수도 있겠지만 시장을 분석하는 사람들의 시각에서는 그렇게 보인다는 것이다.

그런 한계는 판매대수로 나타난다. 양산차의 대표적인 브랜드인 GM과 토요타 등은 800만대가 넘는 판매대수를 보이고 있지만 이들 독일 프리미엄 브랜드들은 메르세데스와 BMW가 120만대 전후, 아우디가 80만대를 넘긴 정도다. 프리미엄이면서 니치 브랜드에 속하는 재규어는 연간 12만대 전후의 판매에 그치고 있다.

여기에서 판매대수가 많다고 그 차가 반드시 좋은 차가 아니라는 논리가 등장한다. 그것을 두고 혹자는 '잘 팔리는 차와 좋은 차'는 다르다고 표현하기도 한다.

그런 '잘 팔리는 차와 좋은 차'의 기준은 사람에 따라 천차만별이겠지만 그것을 중간자적인 입장에서 평가하는 사람들은 그렇게 구분할 수 있는 그 어떤 기준을 찾게 된다. 그것도 누구나 수긍할 수밖에 없는 기준을 제시하고자 하는 것이다. 그것이 그렇다고 모든 유저에게 정답이라고는 할 수 없다. 다만 편의상 그렇게 구분할 뿐이다.

여기에서는 판매대수를 기준으로 삼지 않는다. 그보다는 가격을 구분의 근거로 제시한다. 또 그런 기준을 찾는 곳은 세계 최대시장이자 가장 많은 브랜드들이 경쟁하고 있는 미국시장이다. 미국시장에서 얼마나 높은 가격을 받느냐는 이런 기준에 중요한 준거가 되곤 한다. 글로벌오토뉴스를 통해 이미 여러 차례 소개했지만 미국시장에서 판매되는 이그조틱카와 수퍼 스포츠카를 제외한 승용차들 중 6만 달러를 넘는 가격표가 붙어있는 것은 메르세데스 S클래스와 BMW 7시리즈, 아우디 A8, 재규어 XJ 등에 불과하다. 그래서 우리는 이들 네 개 브랜드를 프리미엄(Premium) 브랜드라고 분류한다. 이중 재규어는 규모의 경제를 독자적으로 해결할 수 없다는 것 때문에 니치 프리미엄으로 분류하기도 한다.

그리고 이들 네 개 브랜드와 달리 적은 판매대수이지만 강한 브랜드 이미지로 틈새시장을 공략하는 모델을 우리는 니치(Niche) 브랜드라고 한다. 포르쉐를 비롯해, 사브, 랜드로버, 미니, 사이언, 스마트 등이 이에 속한다. 물론 마이바흐와 롤스로이스, 아스톤 마틴, 벤틀리 등도 굳이 분류하자면 니치 브랜드라고 할 수 있다. 우리나라의 쌍용자동차도 니치 브랜드로 분류할 수 있다.

그리고 비용 저감이 최대의 덕목인 양산(Volume)브랜드가 있다. 대표적인 것이 GM과 포드, 크라이슬러의 각 브랜드와 토요타, 혼다, 닛산, 마쓰다, 미쓰비시 등 일본 브랜드, 그리고 폭스바겐과 오펠, PSA 푸조시트로엥, 르노, 복스홀, 이탈리아의 피아트, 그리고 우리나라의 현대기아차와 GM대우 등이다.

이들 양산 브랜드는 프리미엄 브랜드와 달리 강력한 브랜드 이미지로 소비자들을 한정시키기 보다는 가능한 많은 사람들에게 부담 없이 받아들여지는 모델을 개발하는 것이 숙명이다. 때문에 이들 양산 브랜드들이 생산하고 있는 모델들은 프리미엄 브랜드들과는 달리 디자인 등에서 강력한 아이덴티티를 나타내기 보다는 누구에게나 쉽게 접근할 수 있는 공통분모를 찾는데 주력하고 있다. 물론 유럽과 미국, 일본, 한국 등 지역에 따라 나타나는 양상은 약간씩 다르겠지만 기본적으로 규모의 경제에 가장 크게 영향을 받는 것이 바로 양산 브랜드다.

1990년대 후반 자동차업계에 등장한 '연간 400만대 이상을 생산해야 살아남을 수 있다.'는 이 규모의 경제 논리로 인해 98년 다임러 벤츠와 크라이슬러가 극적으로 통합을 했고 이후로 많은 업체들이 이합집산을 하게 된 것이다.

이합집산의 속내는 물론 연구 개발비의 저감을 시작으로, 플랫폼 공유화를 통한 생산 비용의 저감, 판매 네트워크 통합으로 인한 유통 비용 저감 등에 있다. 판매시장에서 가격 경쟁이 심화되는 상황에서 생산과정의 비용을 저감하지 않을 수 없는 상황이 만들어 낸 결과라는 것이다.

여기에서 우리에게는 익숙하지만 어느 쪽으로도 분류하기 애매한 브랜드들이 있다. 볼보와 르노삼성 등이 대표적이다. 볼보는 포드의 PAG그룹 소속이고 르노삼성은 르노그룹의 자회사이기 때문에 기본적으로는 양산 브랜드로서의 속성을 갖고 있다. 하지만 오늘날에는 기업 단위의 생존이 강조되는 상황이기 때문에 이들 브랜드는 모회사의 조건과는 상관없이 독자 생존할 수 있는 길을 모색하지 않으면 안 된다. 그런 차원에서 본다면 니치 브랜드로 분류할 수도 있다.

또 한 부류는 렉서스와 인피니티, 아큐라 등이다. 일본 빅3가 그들이 생산하는 차의 가치 상승을 위해 1980년대 말에 미국시장에만 출시한 럭셔리 브랜드들이다. 렉서스는 90년대 말부터 글로벌 전략을 펼치기 시작했고 인피니티와 아큐라는 이제 비로소 세계 시장으로의 진출을 추진하고 있다. 이들은 양산 메이커가 만드는, 프리미엄을 목표로 하고 있는 브랜드이지만 여기에서 말하는 기준에서의 프리미엄 브랜드가 되기에는 아직은 시간이 필요하다. 렉서스는 최근 하이브리드 이미지를 강화해 렉서스를 지금까지와는 다른 프리미엄 브랜드로 육성한다는 전략을 추구하고 있다.

브랜드론9-메르세데스 벤츠와 SLR맥라렌의 관계는?

메르세데스 벤츠와 BMW는 1990년대 중반까지만 해도 고성능, 고부가가치의 자동차를 소량 생산해 높은 이익을 올린다고 하는 소위 말하는 '희소성을 강조하는' 프리미엄 브랜드 전략을 추구해 왔다. 물론 동시에 그만큼 많은 자금력을 필요로 하고 추종을 불허하는 품질력도 전면에 내 세웠다. 그 당시만 해도 두 브랜드의 연간 생산대수는 60만대 전후에 불과했다. 1960년대부터 추구해온 그런 그들의 전략은 먹혀들었고 두 브랜드는 세계 어느 시장에서도 당연히 '비싼 차'로 받아들여지게 되었다.

그러던 것이 1990년대 중반 이후에는 GM이나 토요타 정도의 규모는 아니더라도 '규모의 경제'에 대한 필요성을 강조하기 시작했다. 더불어 그들만의 고집이 아닌 소비자들의 니즈를 전적으로 반영한 모델을 만든다는 당시로서는 획기적인 발상의 전환이 이루어졌다. 특히 메르세데스 벤츠를 생산하던 다임러벤츠의 경우는 미국의 크라이슬러와 극적인 합병을 이루면서 그때까지와는 전혀 다른 양상으로 프리미엄 브랜드들의 전략에 수정이 가해졌다.

그로부터 약 10년이 흐른 지금 두 브랜드의 연간 생산대수는 두 배에 가까운 120만대 정도로 늘었다. 다른 말로 하면 적어도 당시보다는 더 많은 BMW와 메르세데스를 도로 위에서 볼 수 있게 되었고 타는 사람의 입장에서는 적어도 '선택 받은 오너'라는 개념이 약간은 희석된 것은 부인할 수 없는 사실이다.

그럼에도 불구하고 그들이 생산하는 모델의 가격은 여전히 최고수준을 유지하고 있다. 그뿐인가. 같은 시대의 프리미엄 브랜드 재규어를 비롯해 20세기 말에 폭발적인 신장세를 보이기 시작한 아우디까지 포함해 이 시장은 경쟁 속에서 규모가 더욱 커지는 양상을 보이고 있다. 뿐만 아니라 일본의 렉서스와 인피니티, 아큐라를 비롯해 사브, 볼보, 랜드로버 등 니치 브랜드들도 그들 나름의 '프리미엄'을 주장하며 여러 가지 악재 속에서 판매 신장을 이루어가고 있다.

그렇다면 이들 프리미엄 메이커들이 고성능 수퍼카를 개발 생산하는 이유는 무엇일까.

보는 시각에 따라 해석은 다양하겠지만 그 중 한 가지는 그들의 극단적인 기술력을 종합한 이미지 리더의 존재를 들 수 있을 것이다. 메르세데스의 경우 SLR 맥라렌이라는 모델이 바로 그런 역할을 수행하고 있다. 거꾸로 표현하면 SLR 맥라렌이라는 모델은 기술력과 가치, 성능 등 메르세데스라는 브랜드력을 궁극적으로 표현하고 있다는 것이다.

사실 메르세데스 라인업을 살펴보면 SLR 맥라렌 말고도 600마력에 달하는 V형 12기통 엔진을 탑재한 모델들이 더 있다. 그 모델들의 가격은 SLR 맥라렌의 절반 수준밖에 되지 않는다. 정통 세단 카테고리에 속하는 S클래스를 비롯해 SL, CL 등 모두 쟁쟁한 역사와 전통을 가진 모델들이다.

때문에 뿌리는 역사 깊은 300SL이지만 후발 주자에 속하는 SLR의 판매대수는 그다지 많지 않다. 원래 계획은 5년 동안 3,500대를 생산한다는 것이었는데 2004년 출시이래 900대 정도밖에 판매가 되지 않았다.

그런데도 메르세데스 벤츠는 그런 실적과는 상관없이 SLR의 존재가치에 대해 많은 점수를 부여하며 엄청난 비용을 쏟아 붓는다.

그 이유는 규모를 갖춘 프리미엄 브랜드로서 다른 어느 메이커에게도 뒤질 수 없다는 자존심 때문이다. 물론 표현을 그렇게 하지 않을 것이다. 다만 수퍼카의 대명사 페라리보다 SLR 맥라렌이 성능은 물론이고 품질에서도 앞선 모델이라는 것을 전면에 내 세울 뿐이다. 페라리의 플라스티키한 면에 대해 장인정신으로 만들어진 메르세데스제 모델이라는 것만을 강조해도 그 가치는 상승된다.

그래서 열강 메이커들은 이 세그먼트 모델의 개발을 영원한 꿈으로 키워오고 있다. 그래서 토요타도 렉서스 브랜드에 수퍼 스포츠카를 라인업하기 위해 5리터급 모델을 개발하고 있는 것이다.

우리에게 익숙한 이 카테고리의 모델들로는 페라리 1990년대 초에 등장한 F50부터 시작해 SLR 맥라렌을 비롯해 재규어 XJ220, 그리고 가장 최근 16기통 엔진을 탑재하고 등장한 폭스바겐 그룹의 부가티 베이론 16.4 등이 있다.

면면들을 살펴보면 알 수 있겠지만 판매대수보다는 절대 성능을 중요시하는 것들이다. 이런 장르의 차들을 흔히 '이그조틱(Exotic)카'라고 한다. 타는 사람의 니즈보다는 만드는 사람의 의지가 더 많이 반영된 모델이라는 것이다. 유저가 어떻게 생각하든 상관하지 않고 개발 생산자가 생각하는 궁극의 드라이빙 머신의 표현이다.

그 드라이빙 머신을 만들어 낼 수 있는 기술력과 자금력을 모든 메이커들이 갖고 있지 않은 것이 오늘날의 현실이고 그것이 바로 벽인 것이다.

브랜드론10-메르세데스 벤츠 vs BMW

BMW하면 '다이나믹'이라는 단어가 먼저 떠오르는데 반해 메르세데스 벤츠의 브랜드 이미지는 기품과 프레스티지성이다. BMW에 대한 이미지는 우선 주행성을 위주로한 카리스마가 떠오르는 반면 메르세데스는 권위와 신분의 상징으로 대변되는 프레스티지성이 먼저 떠오른다는 얘기이다.

둘 다 대표적인 프리미엄 브랜드이면서 전혀 다른 성격의 차 만들기를 추구하고 있는 점에서 지켜보는 입장은 재미있다. 물론 가능한 많은 사람들에게 받아들여질 수 있는 차를 만드는 양산 브랜드가 아니기 때문에 강한 캐릭터로 인해 선호하는 유저층에 한계가 있을 수밖에 없는 브랜드이기도 하다. 일반인들의 입장에서야 그냥 비싼 차 정도로 받아들여질 수도 있겠지만 시장을 분석하는 사람들의 시각에서는 그렇게 보인다는 것이다.

그런 한계는 판매대수로 나타난다. 양산차의 대표적인 브랜드인 GM과 토요타 등은 800만대가 넘는 판매대수를 보이고 있지만 이들 독일 프리미엄 브랜드들은 메르세데스와 BMW가 120만대 전후, 아우디가 80만대를 넘긴 정도다.

여기에서 판매대수가 많다고 그 차가 반드시 좋은 차가 아니라는 논리가 등장한다. 그것을 두고 혹자는 '잘 팔리는 차와 좋은 차'는 다르다고 표현하기도 한다.

그런 '잘 팔리는 차와 좋은 차'의 기준은 사람에 따라 천차만별이겠지만 그것을 중간자적인 입장에서 평가하는 사람들은 그렇게 구분할 수 있는 그 어떤 기준을 찾게 된다. 그것도 누구나 수긍할 수밖에 없는 기준을 제시하고자 하는 것이다. 그것이 그렇다고 모든 유저에게 정답이라고는 할 수 없다. 다만 편의상 그렇게 구분할 뿐이다.

여기에서는 판매대수를 기준으로 삼지 않는다. 그보다는 가격을 구분의 근거로 제시한다. 또 그런 기준을 찾는 곳은 세계 최대시장이자 가장 많은 브랜드들이 경쟁하고 있는 미국시장이다. 미국시장에서 얼마나 높은 가격을 받느냐는 이런 기준에 중요한 준거가 되곤 한다.

글로벌오토뉴스를 통해 이미 여러 차례 소개했지만 미국시장에서 판매되는 이그조틱카와 수퍼 스포츠카를 제외한 승용차들 중 6만 달러를 넘는 가격표가 붙어있는 것은 메르세데스 S클래스와 BMW 7시리즈, 아우디 A8, 재규어 XJ 등에 불과하다. 그래서 우리는 이들 네 개 브랜드를 프리미엄 브랜드라고 분류한다. 재규어의 경우는 프리미엄 니치 브랜드라고 하는 것이 더 정확한 표현이 될 수 있겠지만.

오늘 시승하는 메르세데스 벤츠의 E클래스는 그런 프리미엄 브랜드의 중핵을 이루는 모델이다. 중핵이라고 표현하는 것은 판매대수를 기준으로 하는 말이다. 예를 들어 한국시장에서만 해도 2004년 S클래스가 972대, C클래스가 377대 판매된데 반해 E클래스는 50%에 해당하는 1,362대나 판매되었고 2005년에는 S 925대, C 383대, 그리고 E는 60%인 1,940대나 판매되었다.

이에 비해 BMW의 글로벌 판매실적을 보면 올 들어 6월말까지 59만 7,120대가 판매되었는데 그중 3시리즈가 25만 3,338대가 판매되어 BMW 브랜드 판매의 43%를 점하고 있다.

다른 차원에서 이야기한다면 메르세데스는 E클래스의 비중이 높은데 비해 BMW는 컴팩트 모델인 3시리즈가 중핵의 역할을 담당하고 있다는 것이다.

또 한 가지 이 두 브랜드는 프리미엄 브랜드라는 이미지를 이용해 최근 들어 다양한 세그먼트와 장르의 모델들을 다양하게 라인업하며 공격적인 전략을 펼치고 있다는 점에서 공통분모를 갖고 있다.

흔히 독일차에 대한 정보가 많지 않을 경우 메르세데스나 BMW, 그리고 아우디 등의 라인업을 단순하게 여기는 경우가 많다. 메르세데스만 해도 플래그십 모델인 S클래스와 E클래스, 그리고 컴팩트 세단 C클래스 등의 모델만 보일 수도 있다. 하지만 좀 더 들여다보면 GT 스포츠카 SL시리즈를 비롯해 4도어 쿠페라고 칭하는 CLS클래스, 경량 2인승 로드스터 SLK, 그리고 국내에는 수입되지 않지만 R클래스와 B클래스도 있다. 1997년에 출시한 A클래스도 유럽시장에서는 입지가 탄탄하다. 그뿐인가. 이그조틱 스포츠카 장르로 분류되는 SLR 맥라렌도 있고 미니카인 스마트도 만만치 않는 브랜드 이미지를 구축하고 있다.

브랜드론II-렉서스, 인피니티, 아큐라

다른 프리미엄 브랜드들이 그렇듯이 실제 판매에서는 중형 또는 컴팩트 모델이 리드하고 있다. 렉서스도 예외가 아니다. 렉서스 브랜드의 플래그십은 LS시리즈이지만 판매대수를 키우는 것은 ES시리즈다. ES시리즈는 1989년 출시되어 2003년 말까지 62만 4,941대로 가장 많았으며 두 번째는 1998년 출시한 RX시리즈의 44만 8,308대.

그러니까 전체 수치로는 ES가 앞서 있지만 렉서스 브랜드의 본격적인 중흥을 리드한 것은 RX시리즈인 것이다. 참고로 LS시리즈의 같은 기간 판매대수는 36만 9,918대, 1993년 데뷔한 GS는 19만 4,912대.

올해 역시 8월까지 미국시장에서의 렉서스 판매대수는 20만 8,774대로 2005년 같은 기간의 19만 6,693대보다 6.1% 증가했다.

그 중 가장 많은 판매대수를 보이고 있는 것은 여전히 도심형 SUV를 표방하고 있는 RX시리즈로 7만 1,579대. 2005년 7만 2,717대와 비슷한 수준을 보이며 기세가 꺾일 줄 모르고 있다. 두 번째로 많이 판매되는 ES의 4만 8,365대와 적지 않은 차이를 보이고 있다.

렉서스 GS의 경우는 1만 8,539대로 비슷한 시기에 데뷔한 IS의 3만 7,347대의 절반 수준이다. 이는 차의 등급이 다른 것도 이유가 있겠지만 렉서스 브랜드 중에서 GS의 포지셔닝이 애매한 때문이라는 분석도 있다. 토요타는 렉서스 브랜드의 중흥을 위해 새로운 디자인 사상 엘 피네스(L-Finesse)를 전면에 내 세웠다. L-Finesse란 첨단 리딩 에지(Leading-edge)와 정교한 Finesse를 양립시킨다고 하는 의미. 그 첨병 역할을 GS에게 맡겼는데 실제 시장에서는 그런 철학보다는 렉서스 브랜드 내의 역학관계에 따른 선택을 하고 있는 것으로 나타났다는 것이다

물론 그렇게 간단하게 설명할 수 있는 것은 아니다. 독일 빅3의 경우 더 복잡하고 다양한 세그먼트의 모델들을 라인업 시키고 있기 때문에 포지셔닝론으로만 예단할 수는 없다. 그보다는 세그먼트의 세분화라는 오늘날 자동차산업의 새로운 패러다임에 적응해 가는 과정에서 나타나는 현상이라고 할 수 있다.

렉서스 브랜드는 아직은 라인업이 많지 않고 각 세그먼트의 베리에이션도 독일 프리미엄 브랜드들에 비해 아주 단순하다. 렉서스의 라인업은 세단형에 LS를 시작으로 GS, ES, IS등이 있고 컨버터블 SC, SUV에 RX와 LX, GX 등이 있다. 제법 다양하지만 엔진의 종류가 많지 않다는 점에서 독일 프리미엄 브랜드들과 차이는 보이고 있다.

전체적인 볼륨을 끌어올리기 위해서는 아직도 많은 과정을 겪어야 한다. 그것은 세그먼트의 세분화 및 다양화를 통한 타겟 마켓의 확대다. 하지만 그 전에 우선 중요한 것은 렉서스라는 브랜드 이미지를

확고히 하는 것이 순서이고 토요타는 그런 절차를 건너뛰지 않고 하나하나 순차적으로 시행하고 있다. 그리고 그런 노력의 결과가 하나씩 가시화되고 있다.

독일의 대표적인 프리미엄 브랜드인 메르세데스와 BMW, 아우디가 모두 아우토반에서 숙성된 역사와 전통을 바탕으로 한 성능 절대 우위의 모델이라는 이미지를 갖고 있다. 세 브랜드는 표현하는 방식이나 주행 특성 등에서 그 성격들은 판이하게 다르다.

지금 시점에서 일본 빅3의 럭셔리 브랜드인 렉서스와 인피니티, 아큐라도 이제는 나름대로의 색깔을 내 세우고 있다. 품질을 장기로 하는 일본차라는 숙명은 같지만 각 브랜드가 내뿜는 정기는 다르다는 것이다.

렉서스는 굳이 비교하자면 메르세데스 벤츠 쪽에 가장 가까운 아이덴티티를 표방하고 있다. 다만 유럽차들이 그렇듯이 차와 몸이 일체가 되는 역동적인 맛을 중시하는 메르세데스 등 소위 말하는 유러피언 스포츠세단들과 달리 렉서스는 안락성, 정숙성을 중심으로 한 쾌적성 쪽으로 극단적인 지향점을 두고 있다. 2기 렉서스로 들어서면서 그런 그들만의 아이덴티티는 오히려 강화하고 있다.

다른 표현으로 하면 스포츠 세단이라고 하더라도 가속감을 체감하는 것이 중요한 유러피언 스타일과는 다르다는 것이다. 하체를 단단하게 노면과 밀착시키는 것은 마찬가지일지라도 운전자가 느끼는 것은 안락성이 우선이라는 얘기다.

그러면서도 닛산의 인피니티나 혼다의 아큐라와는 또 다른 맛을 낸다. 그런 점에서 일본 빅3의 럭셔리 브랜드가 이제는 새로운 라운드를 치를 준비가 되어 있다고 평가되고 있는 것이다.

그 행보가 하나씩 드러나고 있다. 닛산의 인피니티도 한국에 이어 러시아 시장 진출을 선언했고 혼다는 아큐라 브랜드를 중국시장을 통해 글로벌 전략 전개를 선언했다.

그보다 앞선 렉서스는 라인업 확대의 길로 들어섰다. 2010년까지 SUV 등 새로운 세그먼트의 모델 네 가지를 개발해 현행의 두 배인 8개 차종으로 늘릴 계획인 것이다. 그중에는 고성능 수퍼 스포츠카도 있고 LS600h 하이브리드도 있다.

브랜드론12 - 기아차 피터 슈라이어가 제시하는 한국차의 디자인 방향

21세기는 디자인의 시대다. 그것을 자동차산업에 접목하면 자동차는 필수품으로 여겨지는 시장에서 기호품으로 발전했다고 할 수 있다. 따라서 비용저감이 최대의 과제인 양산차 메이커인 현대기아자동차는 이제는 일본차의 아류에서 벗어나 한국적인 디자인을 접목해 새로운 개념의 아이덴티티를 창조해야 할 때다.

지금까지의 현대기아차의 디자인은 다양한 시도를 해왔다. 하지만 뚜렷한 성격을 보여주지는 못했고 그저 Cheap & Good의 범주에서 아직 벗어나지 못하고 있다.

그것을 극복하는 가장 적극적인 방법이 CI(Company Identity)를 바탕으로 한 브랜드 가치이며 그것을 외적으로 표현해 주는 것이 VI(Visual Identity)라고 할 수 있다.

기아자동차는 그런 시대적인 흐름에 대응하고자 세계적인 디자이너를 영입해 새로운 도약의 길을 모색하고 있다. 2006년 9월 독일 아우디사 피터 슈라이어(Peter Schreyer) 기아자동차의 디자인 총괄 책임자로 임명한 것이다.

그는 뉴 비틀로 폭스바겐의 이미지를 글로벌 수준으로 끌어 올렸고 TT로 아우디를 진정한 프리미엄 브랜드로 자리하게 한 장본인이다. 기아자동차만의 아이덴티티를 창조해 글로벌 브랜드로서의 입지를 구축하는데 그의 역할은 지대하다고 할 수 있다.

그는 한국산업디자인협회가 주최한 한국자동차디자인의 글로벌 전략과 방향이라는 세미나를통해 그가 생각하는 디자인의 세계와 기아차의 디자인 방향성에 대해 밝혔다. 한국 자동차산업사에서 새로운 획을 그을만한 사건이라는 점에서 그의 강연 내용을 전재한다.

1. 환영과 소개

저는 기아자동차의 최고 디자인 책임자(Chief Design Officer)로서 기아가족이 된지 비록 5개월여에 지나지 않았지만 기아차 디자인 팀의 세계적인 디자인 활동을 총괄하고 지원하며, 기아차의 이미지와 미래상을 다듬어나가고 있는 전 부문과 함께 일하고 있습니다. 캘리포니아의 기아차 디자인 팀이 만들어내고 지난 1월 디트로이트 모터쇼에서 공개된 '큐(Kue)'를 시작으로 한 컨셉트 카 3부작을 보시면서 이미 기아차의 새로운 마음가짐과 디자인 변화를 살펴볼 수 있었을 것입니다. '큐'는 제가 기아차에서 보여드린 첫 작품이기도 합니다! 또한 몇 주 전에 제네바 모터쇼를 통해 공개한 '익씨드(ex_ceed)'는 유럽 디자인 센터에서 완성한 우리의 두 번째 행보입니다. 그리고 3부작의 마지막 작품으로 한국의 디자인 센터에서 만든 컨셉트카 'KND-4'를 올 4월에 열리는 서울 모터쇼에서 공개해 보일 예정입니다.

이번 기아차 컨셉트카 3부작을 통해 기아차가 아주 짧은 기간동안 드마틱한 발전을 이뤘다는 것을 기아가족뿐만 아니라 외부에서도 확실하게 전달할 수 있을 것으로 기대하고 있습니다. 그리고 이것은 단지 시작일 뿐이라고 말씀 드리고 싶습니다.

오늘 강연을 통해 제 개인적인 성장배경을 포함해 디자인과 자동차를 향한 저의 열정과 아우디와 폭스바겐에서의 활약을 소개하면서 이 모든 것들이 하나의 목표를 향한 걸음이었다는 점을 말씀 드리고

자 합니다.

2. 개인적 배경

저는 독일의 바이에른 주 남쪽의 산악지역인 베르히테스가텐에서 태어나 이 곳 부모님의 농장에서 자랐습니다. 상상하시듯이, 이 모든 풍경과 집들을 배경으로 저는 모험을 즐기고 발견할 만한 것들이 넘치는 즐거운 어린 시절을 보냈습니다.

이 들 중에 최고는 역시 저희 아버지의 4x4 트럭이었습니다. 제가 처음으로 기계적인 이동수단의 세계에 눈뜨게 된 계기가 되었고 운전할 수 있는 모든 것, 날 수 있는 모든 것, 그리고 디자인할 수 있는 모든 것에 대한 저의 꿈을 만드는 첫 걸음이었습니다. 이 시기에 저는 동네 비행장에서 많은 시간을 보냈습니다. 글라이더들은 제 마음과 상상력, 그리고 지난 수 십 년간 제 작품에 굉장한 영향력을 미치고 있는 강한 열정을 키울 수 있도록 호기심을 자극했습니다.

이 당시에 레이싱이라는 종목은 발전이 되지 않아 스폰서와 연계되어 마케팅의 수단으로 쓰이거나 텔레비전에 나오지도 않았지만 지금보다 순수했고 자동차에 대해 열정을 가졌던 어린 소년에게는 더없이 모험적이고 스릴이 넘쳤습니다. 바이에른 주에서조차 동네 언덕을 올라 경주하는 시합이 있었고 너무나 쉽고 가깝게 굉장한 에너지를 얻는 기회가 가질 수 있었습니다.

레이싱에 대한 환상과 자동차에 대한 저의 열정이 창조적인 동력과 결합되어 제 첫 번째 자동차 모델을 만들어낼 수 있었습니다. 저의 첫 작품을 보여드릴 수 있는 것을 자랑스럽게 생각합니다. 이 모델에는 어릴 적 가졌던 저의 순수한 열정과 낙천주의가 여실히 녹아있습니다.

3. 프로 디자이너로서의 피터 슈라이어

3.1 여가 시간마다 비행장에 앉아 스케치에 열중하거나 자동차와 레이싱, 자동차 디자인에 관련된 것들을 따라다니는데 여념이 없던 학창시절이 지나고 자동차 디자이너라는 직업이 존재하는지 조차 모르던 그 시절, 꿈 많은 소년이 뮌헨의 응용과학대학에 입학하게 됐습니다. 그리고 이후 지금에 이르기까지 디자인을 할 수 있는 길이 열리게 된 것입니다.

영국 왕실예술 대학(RCA)을 졸업하고 독일 잉골슈타트의 아우디 AG에서 자동차 산업의 첫 직장을 얻었습니다. 5 Quattro와 레이싱을 통해 아우디를 '브랜드'로 키우는 과정에서 Avus와 Quattro Spyder라는 훌륭한 컨셉트 카를 만들어냈습니다.

이후 폴크스바겐 디자이너 바르쿠스(Warkuss)의 부름을 받고 지금의 폴크스바겐을 있게 해준 Passat와 Golf, 그리고 아이콘적인 상품들을 만들기 위해 자리를 옮겼습니다. 그 뒤, 아우디의 브랜드 이미지를 끌어올리고 아우디를 가장 매력적인 양산 브랜드로 만든다는 야심찬 목표를 부여 받고 아우디 AG로 옮겨 아우디 디자인 팀을 이끄는 수장이 되었습니다. 그 첫걸음이 바로 Audi TT! 이 차는 자동차 디자인 그 자체로도 잊혀지지 않는 강한 인상을 남겼을 뿐만 아니라 아우디를 브랜드로서 재정립하게 하는 새로운 장을 마련했습니다.

독일식 표현으로 Huttrger-Marke는 자동차 산업에서 디자인과 상품 트렌드를 이끄는 기술주의적이며 지적이고 쿨한 '라이프스타일 브랜드'를 말합니다. 여러분은 이 시기에 저와 제 팀에 어떤 점을 가장 강조했는지 상상하실 수 있을 것입니다. 하지만 이 시기에 '초심'을 잃지 않고 열정을 유지하고 집중할 수 있도록 균형을 맞추는 외부 활동을 꾸준히 했습니다. 바로 글라이더 비행입니다.

그리고 차례차례 아우디의 전체 상품 포트폴리오가 다시 확립되고

A2 컨셉트 카와 같은 새로운 상품들이 추가되었습니다. 그리고 아우디를 완전히 새로운 시장에 들여놓았습니다.

이 시기에 Audi Design Frder Preis 라는 이름의 세계적인 디자인 어워드가 만들어졌습니다. 비전 있는 학생들의 생각을 실제로 만들기 위해 그들에게 재정적인 도움을 주고 지원하게 되었을 뿐만 아니라 아우디 브랜드의 성공을 이어가기 위해 전 세계의 재능 있는 젊은 디자이너들을 아우디로 끌어오는 역할을 하게 되었습니다. 아우디는 이 당시 이미 능력 있는 젊은이들에게 자신의 커리어를 시작하고 키워나갈 만한 가장 매력적인 브랜드였고 저는 이 점을 가장 자랑스럽게 생각합니다. 제가 20년 전에 젊은 디자이너로서 Quattro 혁명이 시작되던 바로 그 때 아우디 브랜드에 이끌렸던 것과 같습니다.

자동차 산업에서 'High tech cool'은 Audi에 의해 다시 정의되었고 지금에도 벤치마크되고 있습니다. 그러나 한 가지는 분명합니다. 일상적인 목표와 열정을 가진 진정한 팀워크만이 성공 스토리를 만들어 낸다는 것입니다.

외부에서도 알고 칭찬하는 것이 바로 아우디가 '올 해의 디자인 팀'을 선정한다는 것입니다. 이것은 바로 모든 종류의 예술에 대한 저의 신념을 강화시켜주는 것이기도 합니다. 클래식 음악을 연주하는 솔로 아티스트가 열정과 기술을 겸비한 오케스트라 안에서 같은 열정과 비전을 공유한 지휘자가 함께 할 때 훌륭하고 성공적인 프로젝트를 완성할 수 있는 것입니다. 그런 이유로 저는 재즈를 매우 좋아합니다. 재즈 음악가 Miles Davis는 새로운 음악에 대해 비전을 가지고 그 당시 최고의 재능을 발휘해 현재까지도 영향력을 미치는 새로운 음악을 창조해냈습니다.

아우디 브랜드 그룹 내에서 팀 철학을 공유하는 패기 넘치는 팀은 그 긍정적인 에너지를 이식해 나갔습니다. 예를 들어 이미 이름을 떨치고 있는 람보르기니 브랜드를 가지고 '무르시엘라고'라는 새로운 브랜들르 창조해냈습니다. 이 차는 람보르기니를 재정의하고 이후에 나온 형제차종인 가야르도(Gallardo)를 만드는 기초를 만들어냈습니다.

그 후, 폴크스바겐 브랜드의 모(母)브랜드를 재 포지셔닝을 하는데 영향력을 행사하는 부분을 담당하게 되었습니다. 그 이후 2년 동안 폴크스바겐 디자인은 디자인 총 책임자인 저의 관할 하에 있었고 이 작업의 결과물은 폴크스바겐의 새로운 얼굴로 현재 생산 중에 있습니다. 이것을 바탕으로 진보된 디자인을 위해 디자인 총 책임자로서 폴크스바겐 그룹의 창조적인 씽크탱크를 만들고자 했습니다. 매일매일 기초를 다지는 것뿐 아니라 새로운 시각이 담긴 상품 컨셉트의 뿌리를 만들어 브랜드의 미래 발전에 큰 힘이 될 수 있기 때문입니다.

이 당시에는 바깥 활동을 하는 시간이 워낙 부족했지만 몇 년 동안 여가활동을 꾸준히 하려 노력했고, 그림을 그리면서 창조적인 균형을 찾을 수 있었다. 공식적인 언론공개용 사진에서 보여지듯이 폴크스바겐은 디자이너이자 화가인 피터 슈라이어와 회사가 굉장히 연결되어 있다는 점을 이용해 홍보에 사용하기도 했습니다. 여러분들은 나와 나의 경력에 필수적이었던 열정과 창조성의 뿌리를 보실 수 있을 겁니다. 그리고 저는 이것들이 동시에 존재하고 영향력을 가져야만 진정한 아이콘이 될만한 상품을 만들 수 있다고 생각합니다. 그리고 그 최근작이 바로 '소울'입니다!

운전자와 카 오너가 직접적으로 경험할 수 있고 감성적으로 연결되어 있는 모든 디테일에 열정을 담았습니다. 이렇게 손끝에 닿는 감성적인 면에 열정을 담는다면 이것이 브랜드 전체로 이어져 상품에 다시금 투영되는 나선형 구조의 마술 같은 브랜드 성공이 시작될 수 있습니다.

당시 제가 이끌던 팀은 우리의 기반을 이뤘던 폴크스바겐 브랜드

정신까지 만들어냈습니다. "폴크스바겐- aus Liebe zum Automobil(자동차를 향한 사랑)" 고객들이 딜러샵에서 선택해 그들의 삶에 들여놓는 상품이 자동차의 컨셉트 단계에서부터 심어놓은 열정을 고객들이 받아들일 수 있도록 만들어 고객들도 폴크스바겐의 정신을 되새길 수 있도록 했습니다.

저는 이 무렵 예술과 디자인 분야에서 독일 최고의 상인 the Bundespreis Produktdesign 2005를 수상했습니다.

지난 2006년 폴크스바겐이 새로운 경영진에게 맡겨지면서 제 삶은 놀라울 만큼 상상하던 것 이상 다른 방향으로 흘러가 저는 새로운 모험을 하고자 찾아 나섰습니다.

그리고 '기아'라는 새로운 도전의 기회를 찾았습니다!

4. 기아자동차의 미래에 대한 비전

이 강연을 시작하면서 저는 기아에서 펼치는 제 활약의 시작으로 컨셉트 카 3부작 '큐', '익씨드', 'KND-4'를 보여드렸습니다.

이 세 가지 컨셉트 카를 통해 기아의 미래를 비추어볼 수 있습니다. 모터쇼에 오신 언론 관계자 분들과 관객 분들도 과감히 '최고'라는 평을 해주셨습니다. 이 분들도 역시 기아차가 새롭게 내놓은 브랜드의 잠재가능성을 발견하고 동참해주신 것이라고 생각합니다.

그러나 보기 좋은 차를 생산하고 질 좋은 자동차로 고객을 안심시키는 것만으로는 만족스럽지 않습니다. 단 한가지 차만이 고객의 인정을 받았을 뿐 브랜드 전체가 고객의 신뢰를 얻은 것은 아니기 때문입니다. 만약 고객의 관심이나 가족구성원 혹은 재정적인 상황이 변화하고 다른 차가 필요하게 될 때에는 고객은 다른 어떤 브랜드로든 옮겨갈 수 있습니다.

우리는 기아자동차라는 브랜드를 만들어가는 도전과 기회 앞에 있습니다. 그리고 이를 위해 처음 스케치를 하는 디자이너에서부터 차를 완성시키는 마지막 부분인 생산라인에서 일하는 노동자들까지 같은 방향을 바라보고 우리의 에너지와 열정을 집중시켜야 합니다. 기아차의 디자인과 브랜드 미래에 대한 비전의 공유가 필수적인 때입니다.

저는 기아차 디자인과 생산의 철학을 "직선의 단순화(The simplicity of the straight line)"라고 표현하겠습니다.

자동차 산업에서 성공한 상품과 브랜드가 보여주듯이, 이처럼 단순하고 유쾌하며 근본적인 아이디어를 통해 인간에게 영감을 주고 그들의 삶에 상품을 들여놓을 수 있습니다.

비록 다른 분야의 사례지만 애플컴퓨터는 상자모양을 벗어난 새로운 발상의 전환을 보여주었습니다. 애플사는 초기에 강력하고 심플한 디자인 철학을 세웠습니다. 평범하고 영혼이 없는 회색 컴퓨터를 벗어나 절제된 건축적 철학 안에서 재질, 완벽한 비율과 디테일을 선택함으로써 모든 제품 디자인에 영향을 주는 힘을 보여주었습니다.

아이팟이 출시되면서 애플은 완전히 새로운 상품 분야와 시장을 만들어냈을 뿐만 아니라 고객들의 머릿속에 '애플'이라는 브랜드가 재정립되는 계기를 만들어냈습니다. 디자인과 상품, 브랜드 그리고 고객이 마법처럼 강력하게 묶일 수 있다는 것도 보여주었습니다.

"직선의 단순화"라는 디자인 목표에 기아차의 디자인 미래가 담겨있습니다. 하나의 직선과 주변 환경의 비율이 만들어내는 조화가 완벽한 선을 만들어내기 때문입니다.

제대로 된 목표를 설정하고 이 직선이 제대로 작동한다면 심플하고 아름다운 라인을 만들어낼 수 있습니다. 아이콘적인 로고에서 자동차와 기차에 이르기까지 어떤 것이든 창조해냈던 산업디자인의 거장 Raymond Loewy는 이렇게 말했습니다. "아름다움을 팝니다!"

완벽한 디자인 해법이나 이렇다 할 만한 결론을 말씀해 드리지 못해 실망하는 분들이 계실 수 있을 것입니다. 그러나 저는 첫 걸음으로써 이러한 철학적인 뼈대를 소개해드리고 여러분들 안 어딘가에 열정이 자리 잡고 있는지 스스로에게 묻길 바라며 이 자리에 왔습니다. 그리고 여러분은 우리 브랜드 전체에서 이 정신이 가진 잠재력을 어디에서 발견하고 계신지 묻고 싶습니다. 개인과 팀으로서 우리 모두가 우리의 열정, 재능, 기술, 지식을 담아 우리 자신에게 이 질문을 던지고 해답을 찾으려 노력한다면 우리는 모든 퍼즐 조각이 들어맞는 완벽한 큰 크림을 그릴 수 있게 될 것입니다.

이러한 물음에 여러분들은 회의적인 반응을 보일런지도 모르겠습니다, 그러나 심플하고 아름다운 조각인 이 의자를 보신다면 궁금증이 생기게 되실 겁니다. 이 의자는 Charles Eames에 의해 1956년 디자인되고 재질의 변화 없이 독일의 VITRA사에서 현재까지 생산되고 있습니다. 흔하디흔한 의자로 생각되지만 이 의자야말로 디자인의 진정한 아이콘 중의 하나이며 3차원을 입증해 줍니다. 여러분이 올바른 철학적 기초가 있다면 너무나 당연하게 여기는 관습적인 신념을 접하게 될 것이고 그렇다면 그 신념에 일단 질문을 던져보십시오.

그리고 완벽하게 새롭고 영감을 주면서 시간을 초월하며 진정으로 의미 있는 무언가를 만들어낼 수 있도록 심플하고 지적인 방법으로 이러한 관습을 깰 수 있게 될 것입니다

5. 마무리

여러분이 살면서 얼마나 많은 의자에 앉아봤는지 생각해보십시오. 지금 여러분이 앉아있는 그 의자도 포함해서 말입니다. 그리고 여러분이 '의자란 어떤 것이어야 한다'는 그 생각이 어떻게 만들어졌고 이 작품에 담긴 최초의 영감을 즐겨보십시오.

이런 방식으로 최초의 영감을 떠올리며 제 자신을 고무시키는 것은 저에게 개인적으로 큰 기쁨입니다. 그리고 이것은 우리 모두가 할 수 있는 것이라고 생각합니다. 이런 방식을 통해 우리는 팀을 최고로 만들 수 있고, 우리와 우리 고객들이 직접적으로 마음과 영혼으로 느낄 수 있는 변화를 창조해낼 수 있을 것입니다.

이렇게 직접 감성으로 와 닿는 것이야말로 제가 보는 기아자동차의 미래입니다. 우리가 지금 경험하는 이 느낌을 바탕으로 우리 모두가 공유하는 비전이 바로 기아차의 미래를 만들어 갈 것입니다.

::: Automobile Industry column

4 Autoshow Tour

 05 프랑크푸르트쇼-쿠페 컨버터블 바람과 현대 투스카니

프랑크푸르트쇼 첫 날의 하이라이트는 물론 독일 주류 업체들의 뉴 모델 발표였다. 폭스바겐의 새로운 세그먼트 이오스를 비롯해 역시 아우디가 새로 진출하는 SUV시장의 Q7. 그리고 메르세데스 벤츠의 기함 뉴 S클래스 등 이미 글로벌오토뉴스를 통해 사진과 내용이 소개된 것들이기는 하지만 현장의 열기는 뜨겁기만 했다.

그런데 이튿날 첫 번째로 프레스컨퍼런스를 진행한 GM의 독일 자회사 오펠도 티그라에 이어 아스트라의 쿠페 카브리올레 버전을 '트윈 톱'이라는 이름으로 발표했고 이어서 볼보가 기존 소프트 톱 C70을 역시 쿠페 컨버터블 버전으로 바꾸어 선보였다.

이렇게 시작한 하루 때문인지 필자는 어떤 부스에 이런 장르의 모델이 없는가를 찾는 꼴이 되어 버렸다. BMW도 첫 날 소프트 톱인 Z4의 쿠페 버전을 선보였는데 이 역시 리트랙터블이 아닌가 하고 생각할 정도가 되었다.

프랑크푸르트쇼에 등장한 쿠페 컨버터블을 정리해 보면 폭스바겐 이오스를 시작으로 메르세데스 벤츠 SLK 클래스, SL시리즈, 볼보 C70, 렉서스 SC430, 오펠 트윈톱, 닛산 마이크라 C+C, 푸조 206CC와 307CC, 르노 메간 CC 등이다.

사실 이 장르의 개척자는 메르세데스 벤츠라고 해도 무방하다. 지금은 2세대로 진화한 2인승 경량 로드스터 SLK는 1996년 첫 선을 보이면서 리트랙터블 하드탑을 "바리오 루프(Vario Roof)"라는 이름으로 선보여 많은 인기를 구가했었다. 렉서스의 SC시리즈도 초기모델은 쿠페형 밖에 없었으나 SC430으로 진화하면서 메르세데스 SLK와 같은 리트랙터블 탑을 채용했다. 이후 프랑스의 푸조가 206을 베이스로 한 모델을 CC, 즉 쿠페 컨버터블이라는 이름으로 내놓으면서 자동차회사들은 이 장르의 모델에 관심을 보이기 시작했다. 이들 3사의 탑은 모두 독일 CTS사 제품.

물론 메르세데스 벤츠 SLK는 독일 프리미엄 브랜드답게 주행성에 비중을 둔 스포츠카 개념의 이미지를 추구하는 방향인데 반해 푸조 206CC 등은 그보다는 쿠페의 스타일리쉬한 디자인과 컨버터블의 오픈 에어링을 동시에 즐길 수 있다는데 초점을 맞추었다는 점에서 약간의 차이가 있다. 그것은 리트랙터블 하드탑이 가질 수밖에 없는 태생적인 한계 때문이다. 탑을 내렸을 때와 씌웠을 때의 앞뒤 중량 배분의 차이가 주행성을 강조할 수는 없게 한다는 것이다.

그럼에도 불구하고 올해의 프랑크푸르트쇼에는 동시에 여러대의 쿠페 컨버터블이 등장해 전체적인 분위기를 리드하고 있다. 그런 분위기에 편승해 이런 형태의 루프를 제작하는 카만이라든가 CTS(CAR TOP SYSTEMS) 등의 주가가 한층 높아졌다.

여기서 잠깐 오픈 탑의 전반적인 상황을 정리하고 넘어가자.

우선 우리에게 가장 많이 알려진 독일의 카만(Karmann)은 메르세데스 벤츠의 구형 SLK 하드탑 모듈을 납품했으며, 출시된 지 얼마 안된 폰티악 G6 의 루프도 Karmann U.S 에서 납품하고 있다. 그런데, 생산과 강성 등의 문제로 납품이 1년 지연되는 우여곡절을 겪었었다. 폰티악 G6 컨버터블의 문제는 카만이 처음 시도하는 4인승 컨버터블의 하드탑 제작이라는 데에 이유가 있었다고 한다..

다음으로 CTS 즉, Car Top Systems라는 회사가 메르세데스 벤츠의 신형 SL과 SLK, 그리고 푸조 307CC, 캐딜락 XLR의 루프를 제작하고 있다. 오펠 티그라와 볼보 C70 등은 에드차(Edscha)에서 공급 받는다.

4인승 컨버터블의 하드탑은 2000년 파리 모터쇼에서 에드차가 BMW 3시리즈의 컨셉트카를 통해 처음 선 보였던 시스템이다. BMW는 중량의 변화 등으로 인해 그들이 추구하는 주행성을 만족시키지 못한다는 이유로 당장에 제품화하지 않는다는 방침을 세웠었다.

참고로 오픈 탑 시스템은 탑을 닫았을 때와 내렸을 때의 중량 배분의 변화가 크다. 2인승에서는 큰 문제가 없지만, 4인승으로 제작시에 차량 전체의 강성에 큰 문제를 일으킨다. 이 때문에 아무 메이커나 오픈 탑 모델을 만들지 못하고 있는 것이다.

소프트탑 컨버터블과 비교하여 하드탑 컨버터블은 흔히 조용하고, 4계절용으로 사용 가능하다는 점에 초점을 맞추고 있다. 그러나 미국 시장에서는 4계절용으로 사용 가능한 컨버터블이라는 이점은 거의 먹혀들지 않고, 오히려 주요 인사들의 만약(?)을 대비한 부분에서 이점을 가지고 있다는 정도로 인식되고 있다. 또한 컨버터블의 보험료가 비쌀 뿐 아니라, 미국 시장에서 컨버터블을 구입하는 사람들은 막 대학에 들어간 20대 초반의 사람들이 부모의 경제력을 뒷받침 받아 이용하거나, 아니면 나름대로 성공한 사람들이 세컨드카 개념으로 이용하는 부분이 많아 4계절을 사용할 수 있다는 부분에서의 이점은 확연히 줄어든다.

여기 설명하는 카만과 CTS가 ASC (American Sunroof Company)와 함께 소프트 탑 컨버터블 루프를 제작할 수 있는 기술을 가진 몇 안 되는 회사다. 모든 회사들이 시스템 통합업체로서 OEM과 일을 같이 하고 있는 것이 특징이다.

각 회사별로 루프의 메커니즘이 다르게 적용되는데 카만의 제품은 루프의 구동을 전기 모터를 이용하고 있으나 CTS(Car top systems)의 루프는 전기 모터와 유압 엑츄에이터 방식이 동시에 적용되어 있다.

이들 제작회사에 따라 탑의 개폐시간이 15초에서 21초 정도로 차이가 나고 루프가 3등분 또는 5등분되는 구조로 되어 있다. 이번에 가장 주목을 끌었던 폭스바겐 이오스는 5등분 형태이고 볼보 C70는 3등분 구조다.

문제는 제작도 쉽지 않고 전체 판매대수가 그다지 많지 않을 수밖에 없는 이런 장르의 모델들을 메이커들이 앞 다투어 내놓는 이유다. 프리미엄 브랜드들은 그들의 힘을 이용해 수익성을 높이는 도구로서 사용하는데 있다면 최근 등장하는 모델들은 양산차 메이커들이 새로운 세그먼트로의 진출을 노린다는데 있다.

오픈 탑 모델의 루프 시스템은 외주로 제작할 수 있는데 차체 강성을 확보하는 것이 쉽지 않아 역사가 짧은 메이커들은 쉽게 접근하지 못한다는 문제가 있어왔다. 하지만 최근에는 기술의 발달로 적어도 제작상의 문제는 없는 것으로 알려지고 있다. 그보다는 개발하여 시장에 내놓을 수 있을 만큼의 여력이 있느냐이다. 쉽게 말하면 개발비를 감당할 수 있느냐 하는 것이다. 물론 모든 메이커들이 개발 능력을 보유하고 있는 것은 아니다.

판매가 적은 니치모델일 수밖에 없다는 것은 시장의 얘기이고 제작자의 입장에서 본다면 그렇지 않아도 전체적인 측면에서 코스트다운 압박을 받는 상황에서 수익성이 높지 않은 이런 모델을 만들 수 있느냐 하는 질문이 대두된다는 것이다.

그럼에도 불구하고 현대자동차의 티뷰론, 즉 투스카니는 아쉬운 대목이 많은 모델이다.

투스카니는 1990년 스쿠프라는 이름으로 스포츠 패션카라는 캐치프레이즈로 등장한 이래 국내에서는 티뷰론을 발전해 온 국내 유일의 쿠페형 모델. 미국시장에 수많은 비슷한 장르의 모델들이 명멸을 거듭하고 있는 가운데 티뷰론은 나름대로의 입지를 구축해 오고 있고 특히 유럽시장에서는 페라리나 포르쉐 등 수퍼 스포츠카를 구입하지 못하는 젊은 층 오너들에게 "리틀 페라리"라고 불리우며 의외의 인기를 구가하고 있다. 그래서 많은 사람들이 이제는 오픈 모델을 내놓을 때가 되지 않았느냐 하는 생각을 하고 있는 것이 사실이다. 하지만 아직까지 현대 측으로부터 구체적인 계획은 나오지 않고 있다. 쉽지 않은 일일 것이다.

그에 대해서는 앞서 설명한데로 기술적인 문제와 시장 규모 등 고려조건이 많다는 분명한 이유가 있을 것이다. 무엇보다 미국시장에 높은 비중을 두고 있는 현대자동차가 쉽게 결단을 내리지 못한다고 볼 수도 있을 것 같다.

어쨌든 필자는 현대자동차가 브랜드 이미지를 강화하기 위해서는 독자적인 세그먼트를 개척해야 한다고 주장해 왔었다. 기아자동차가 1990년대 초 스포티지라는 승용형 SUV를 선보이며 독자적 세그먼트 구축의 길을 열었으나 정작 시장을 주도하고 있는 것은 토요타와 혼다 등 일본 메이커다.

그래서 이번 프랑크푸르트쇼에 그에 대한 나름대로의 해답을 기대했었다. 하지만 현대자동차는 2006 독일 월드컵에 초점을 맞추는 이벤트를, 기아자동차는 프랑크푸르트에 유럽 헤드쿼터를 구축한다는 것을 강조하는 프레스컨퍼런스를 진행했다. 행사 자체는 그 어느 때보다 컸고 관심도도 높았다. 특히 기아자동차는 최근 유럽시장 판매가 급성장하면서 언론의 주목도도 그만큼 높아졌다.

필자도 현지의 언론 및 자동차회사 경영자들로부터 현대자동차 그룹의 전략 등에 대한 몇 건의 인터뷰를 하기도 해 신장세를 실감하기도 했다.

하지만 여러 가지 외적인 여건으로 인한 판매의 성장세와는 달리 아직 현대자동차 그룹은 그들이 내 세워야 할 "그 무엇"을 제시하지 못하고 있었다.

그것이 모델이든, 일본차와 같은 품질이라는 이미지든, 어떤 형태로든 이제는 현대자동차와 기아자동차만의 이미지 혹은 세그먼트가 필요한 때다.

 05 IAA 2신-세그먼트는 파괴하고 아이덴티티는 강화한다.

싸움이 단순화되면 공격할 목표가 분명하기 때문에 전세 판단이 비교적 용이하고 그에 따른 전략을 수립하기도 어렵지 않다. 하지만 그 반대의 경우 상대방의 수를 읽는 것이 어려워 자칫 판단을 잘못하면 판세를 완전히 그르칠 수도 있다.

지금 양산차 메이커들이 처한 입장을 그렇게 요약할 수 있을 것 같다. 1990년대만 해도 독일의 프리미엄 브랜드들은 중대형 고급차만을 주로 만드는 메이커로 인식되어 왔다. 그런데 21세기 들어 BMW와 아우디가 공격적으로 세그먼트 확장과 새로운 장르를 개척하며 정신없이 많은 모델들을 쏟아 내면서 그나마 중저가 시장에서 탄탄한 입지를 구축했거나 하고자 하는 메이커들을 어렵게 만들고 있다.

BMW의 경우 2000년 들어 X5를 필두로 X3, 6시리즈 등 비교적 중고가 모델들은 물론이고 소형차인 1시리즈까지 개발해 내놓으면서 저가시장 모델들의 신분상승을 가로막고 있다. 아우디도 A2는 접었지만 A3까지 보폭을 넓히며 세그먼트 확장을 시도하더니 급기야는 중형 SUV Q7을 내놓기에 이르렀고 머지않아 소형 SUV를 비롯해 또 다른 장르의 모델을 개발하고 있다는 소문이 무성하다.

방향은 좀 다르지만 다임러크라이슬러 그룹은 울트라 럭셔리카인 마이바흐와 정 반대 방향인 미니멈카 스마트 등으로 모든 측면에서의 시장 장악을 노리고 있다.

프리미엄 브랜드들과 어깨를 나란히 하기 위한 노력을 해 오고 있는 양산차 메이커들에게 이런 프리미엄 메이커들의 전략은 결코 곱게 보일 것 같지가 않다.

물론 토요타의 럭셔리 브랜드는 그나마 나름대로 탄탄한 입지를 구축하며 차세대 LS의 경우 메르세데스 S클래스와 BMW 7시리즈, 아우디 A8, 재규어 XJ 등과 같은 가격의 모델을 개발하고 있는 것으로 알려져 역 세그먼트 파괴도 진행되고 있다.

하지만 그것이 그렇게 간단하지만은 않다. 폭스바겐은 페이톤으로 프리미엄 럭셔리 시장에 도전하고 있지만 그 성패를 낙관하기에는 아직 이르다. 결코 뒤질 것 없는 제품력과 성능을 갖추고 있으면서도 브랜드 이미지로 인한 장벽을 실감하고 있는 것이다. 물론 이 시장의 규모가 지금은 연간 25만대 정도에 불과하지만 미국과 중국 등 아시아 지역의 판세가 커지고 있어 머지않아 그 성과가 나타날 것이라는 시각도 없지는 않다.

뿐만 아니라 장르별 세그먼트의 파괴도 이제는 이상할 것이 없는 상황이다. 폭스바겐이 선보인 이오스는 하드탑 컨버터블로 최근 급증하고 있는 장르의 모델이다. 메르세데스 벤츠 SLK나 BMW Z4 등과 같은 본격적인 스포츠카 지향은 아니지만 컴팩트 스포츠카라는 타이틀을 공공연히 내 세우면서 영역 침탈을 노리고 있다. 폭스바겐 이오스는 2+2인승 개념의 모델이지만 리어 시트는 그렇게 넉넉하지는 않다. 그러니까 사브 9-3 나 BMW 3시리즈, 크라이슬러 세브링 컨버터블과는 확실히 다르지만 그렇다고 앞뒤 프로포션을 극단적인 스포츠카 형상으로는 하지 않는 누구나 접근이 쉬운 성격을 갖추고 있다는 얘기다. 푸조의 307CC를 비롯해 볼보도 C70 차세대 모델을 쿠페 컨버터블로 개발하고 있고 닛산 마이크라 C+C 등 장르와 크기에 구분없이 지금 세계는 하드탑 컨버터블 바람이 일고 있다. 물론 양산 모델이 아님에도 이처럼 뛰어드는 것은 브랜드 이미지 강화가 가장 큰 목적이다.

어쨌거나 이처럼 상대의 구역을 침범해 시장 규모를 키우기 위해 지금 세계 대부분의 메이커들은 브랜드 전쟁을 하고 있다. 이미 구축된 브랜드 이미지로 시장 확대를 꾀하고 있는 유럽 프리미엄 브랜드는 물론이고 그동안 강한 브랜드 이미지가 오히려 손해일 수 있다는 생각을 가졌던 일본, 미국, 한국 메이커들도 이제는 패밀리 룩에 대한 가치를 정립해 가고 있으며 그런 메이커들의 전략이 이번 프랑크푸르트쇼를 통해 강하게 드러나고 있다. 물론 독일 이외의 메이커들까지 모두 뚜껑을 열어봐야겠지만 사전 정보를 종합하고 아침 일찍 대부분의 부스를 돌아보면서 느낄 수 있는 현상이었다.

05 프랑크푸르트쇼-메르세데스 벤츠의 생리학적 안전성

61회 프랑크푸르트쇼의 하이라이트 중 하나인 메르세데스 벤츠는 새로운 엔진의 탑재와 다양한 신기술의 채용으로 역사와 전통을 가진 메이커다운 모습을 과시했다.

좀 더 구체적인 내용은 이번 주말 밀라노와 스위스 일대에서 치러지는 시승 행사에 참가한 후의 시승기에서 다루기로 하고 여기에서는 메르세데스 벤츠가 뉴 S클래스를 통해 소개한 생리학적인 안전성에 대해 잠깐 살펴보자.

자동차의 안전성이라고 하면 사고를 방지하기 위한 적극적 안전성(Active Safety)과 사고가 발생했을 경우 충격과 손상을 최소화하는 수동적 안전성(Passive Safety)으로 크게 구분한다. 그래서 ABS라든가 ESP, TCS 등 갈수록 세밀해져 가는 안전 기술로 운전자들은 그 어느 때보다 안전하게 자동차를 운행할 수 있는 조건에 놓이게 되었다. 물론 사고가 났을 경우에도 어떻게 하면 그 충격을 줄일 수 있을까 하는 측면에서도 시트 벨트의 기술 발전을 비롯해 다양한 형태의 에어백 등 끝없이 많은 기술들이 적용되어 오고 있다. 무엇보다 이런 기술들이 불과 얼마 전까지만 해도 고급차 정도에나 채용되는 것으로 인식하고 있었으나 이제는 1.5리터급 소형차에도 에어백이 여러 개

장착되는 수준에 이르렀으니 우리는 분명 이런 자동차업계의 노력에 대해 감사해야 할 것이다.

안전기술하면 우리나라에서는 흔히 볼보를 먼저 떠 올리고 다음으로 독일 메이커들을 거론하는 것이 보통이다. 그것은 볼보의 안전 컨셉의 강조와 신기술 개발의 노력 등이 반영된 것일 것이다.

그런데 적극적인 안전성 측면에서는 독일 메이커들이 한 발 앞서 있다.

예를 들면 차체 자세안정 시스템인 ESP(Electronic Stability Progam)를 비롯해 CBC(Cornering Brake Controle), BAS(Brake Assist System) 등 운전자의 능력 범위 밖에 놓일 수 있는 상황에서 차체의 자세를 복원시키거나 제어할 수 있게 해주는 기술들은 독일 메이커들이 주도한 기술들이다. 그 결과 이제는 중저가 양산차 메이커들도 이런 기술을 소형차에까지 적용해 안전성 향상에 비약적인 발전을 이루고 있다.

메르세데스 벤츠는 그런 안전기술의 리더답게 이번에는 또 다른 개념의 안전성을 소개했다. 생리학적 안전성(Physiological Safety)이 그것이다.

메르세데스 벤츠는 패신저 프로텍션 등의 패시브 세이프티, 또는 안전한 조종성 등의 액티브 세이프티와 나란히 사고에 대비한 대책으로 PRE-Safe라고 하는 시스템까지 개발해 이미 실용화되어 있다.

여기에 그들은 이미 15여년 전부터 생리학을 응용한 안전성, 즉 운전자의 컨디션을 생리학적으로 양호하게 유지하는 것에 의해 사고를 미연에 방지하기 위한 연구개발을 해 이번 그 성과가 뉴 S클래스에 구체적인 형태로 구현된 것이다.

우선 차체의 크기를 인체공학적으로 한다는 것부터 시작한다. 33㎜ 길어진 전장, 70㎜ 연장된 휠베이스, 16㎜ 넓어진 전폭, 그리고 29㎜높아진 전고로 특히 앞좌석의 숄더룸(+39㎜)과 헤드룸(+5㎜)에 여유를 주어 인간공학으로 최적한 공간을 만들어냈다.

또 인간공학적인 인테리어에서는 대형 커맨드 스크린과 센터 컨트롤 다이얼에 의한 집중적인 조작을 가능하게 하고 있다. 나아가 운전자의 중요도에 대한 각 조작계에의 엑세스와 시인성 확보를 위한 인간공학적 배려 인텔리전트 오토메이션도 이번에 메르세데스가 강조한 기술이다.

그 가장 좋은 예가 지금까지 전통적으로 채용해 온 실제 시트 모양과 같은 시트 조절 스위치다.

그리고 비행기의 퍼스트 클래스 시트와 같은 안락한 감각을 통해 피로의 저감과 운전자를 지지하기 위한 형상은 물론 히팅, 벤틸레이션 기능, 그리고 진보적인 마사지 기구가 설계되어 있다.

이 외에도 밀리파 레이더를 이용한 크루즈 컨트롤 시스템. 추돌에 대비한 브레이크 어시스트 플러스, 나이트 뷰 어시스트, 메르세데스만의 파크 어시스트와 자동 에어컨 시스템, 액티브 라이트 시스템, 코너링 라이트 등 다양한 시스템의 적용에 의해 운전자는 정신적 물리적으로 양호한 컨디션을 유지할 수 있다는 컨셉이다. 운전자의 스트레스를 줄여 운전자가 간과할 가능성을 줄인다는 것이다. 그렇게 해서 운전자는 아주 편안하면서 스트레스없이 운전할 수 있게 된다.

그리고 이 생리학적인 안전성을 입증하는 방법으로 메르세데스 벤츠는 실제 비교 실험을 통한 데이터를 제시하고 있다. 우선 20명의 드라이버가 다양한 조건에 따라 500km의 행정을 달리는 심장의 박동으로 측정한다. 이 방법에서의 메르세데스 벤츠의 조사와 실험분석에서는 뉴 S클래스의 드라이버의 맥박수는 아우토반에서의 고속주행에서 79.6회, 컨스턴트 주행에서 78.4회, 그리고 일반도로와 시가지 주행에서는 각각 78.3회와 78.5회였다.

이것을 경쟁 모델로 했을 경우 각각 84.6회, 82.9회, 그리고 81회,

83.1회로 평균치로 하면 1분간 5회 정도 맥박이 더 뛴 것으로 나타났다고 한다.

흥미로운 것은 메르세데스는 15년 전부터 이 조사를 해 왔고 1979년의 S클래스(W126)와 뉴 S클래스를 같은 상황에서 비교하면 평균 6.8회 맥박수가 줄었다고 보고되어 있다.

모든 현장사고에서 안전에 관한 정보를 수집해 자동차의 개발에 반영한다고 하는 메르세데스의 정신이 그대로 드러나는 대목이라고 할 수 있을 것이다.

05 동경모터쇼-지역화가 더 강화되는 자동차 시장

제39회 동경모터쇼가 일본 동경 시바시 마쿠하리 메세에서 19일 프레스데이를 시작으로 막을 올렸다. 올해의 쇼는 10월 21일부터 일반에게 공개되어 11월 6일까지 열린다. 세계 5대 모터쇼 중 가장 긴 전시기간을 가진 동경모터쇼는 한 달 전 프랑크푸르트쇼에서 유럽의 주요 메이커들이 신제품들을 대부분 발표했기 때문에 일본 메이커들을 중심으로 이루어졌다.

동경모터쇼는 다른 지역의 쇼와는 달리 아직도 기상천외한 아이디어의 컨셉트카와 쇼카 등이 많이 등장하는 것으로 유명하다. 그만큼 쇼장을 찾는 관람객들에게 많은 볼거리를 제공한다는 점에서 주목을 끌고 있다.

또한 하이브리드카 시장을 주도하고 있는 토요타와 혼다를 중심으로 한 대부분의 메이커들이 관련 제품을 선보인다는 점에서 9월의 프랑크푸르트 쇼에 이어 이 분야에서의 기술발전을 한눈에 확인할 수 있는 쇼이기도 하다. 특히 지금까지는 가솔린엔진과 전기모터를 사용하는 하이브리드카가 주를 이루고 있으나 디젤엔진과의 결합, 나아가서는 연료전지 시스템을 사용한 시스템도 등장해 차세대 파워 트레인을 향한 각 메이커들의 각축전이 더욱 거세질 것으로 전망된다.

실용화를 위해 다각적인 노력을 기울이고 있는 연료전지차에서는 동력 장치에 대한 연구 이외에도 현행 차에는 없는 새로운 측면에서의 접근이 이루어지고 있는 것으로 알려져 관심이 집중되고 있다. 예를 들면 스즈키에서 출품하는 컨셉트카 이오니스에는 스티어링 휠과 브레이크를 좌우로 움직일 수 있도록 해 원하는 위치에서 운전을 가능하게 하고 있다. 또 토요타자동차에서 선보이는 컨셉트카 파인-X는 타이어를 거의 90도 각도까지 회전시킬 수 있어 좁은 도로에서의 운전을 쉽게 하도록 하고 있다.

이런 기능들이 가능한 것은 가솔린차에서와 같이 기계적으로 축을 사용하지 않기 때문이다. 다시 말해 연료전지차는 조작 내용을 전기적 신호로 전달하기 때문에 이런 배치가 가능한 것이다. 다시 말해 X-by Wire의 본격적인 실용화가 진행되고 있다는 얘기이다.

혼다의 FCX 컨셉트는 수소 탱크와 전지, 모터 등을 플로어 아래에 배치하고 있다. 이로 인해 기존 가솔린차를 베이스로 개발된 종래형의 연료전지차보다 실내공간을 더 넓게 활용할 수 있다. 특히 혼다가 발표한 수소 충전 시스템을 소개한 혼다는 장차 자동차 뿐 아니라 우리 생활 전반에 걸쳐 수소의 일상화가 이루어질 것을 예고하는 것이었다.

시판차로서는 토요타의 럭셔리 브랜드 렉서스의 최상급 모델인 LS의 차세대 모델의 프로토 타입 모델이 등장할 것으로 알려졌다. 무엇보다 지금까지는 미국시장 가격 기준으로 6만 달러 이상의 모델이 없었던 렉서스가 차세대 플래그십이 어떤 포지셔닝을 할 지 벌써부터 많은 이목을 집중시키고 있다.

한편 올해의 쇼는 예년보다 스포츠카에 대한 비중이 더 높아졌다.

닛산이 차세대 GT-R의 베이스가 될 것으로 보이는 컨셉트카 GT-R은 1969년 등장한 이래 일본 카마니아들 사이에서는 "스카G"라는 애칭으로 불릴 정도로 높은 인기를 구가하고 있는 모델이다. 2002년 8월 단종된 이래 부활을 바라는 목소리가 높았는데 2007년 발매를 예정으로 개발 중에 있고 그 디자인 스터디 모델이 이번에 출품되는 것이다. 전시 차량의 스타일링은 실제 시판차와 거의 비슷한 것으로 알려졌다. 또 미쓰비시 자동차는 2007년 출시 예정인 차세대 란서 에볼루션을 이미지한 컨셉트-X를 출품했다.

물론 역으로 일본시장을 위해 수퍼세단, S8과 컨셉트카 슈팅 브레이크, 그리고 폴로 GTI 등을 세계 최초로 공개한 독일 메이커들의 공세도 주목을 끌었다.

한편 세계 최대 메이커로의 부상을 앞두고 있는 토요타자동차는 럭셔리 브랜드 렉서스 LS에 하이브리드 시스템과 4WD를 채용한 LF-Sh를 공개했다. V8엔진을 탑재하고 달리는 즐거움을 살리면서 동시에 환경에 대응하겠다는 의지를 표명하고 있다. 대 배기량 하이브리드에 대한 논란이 계속되고 있는 가운데 등장한 모델이어서 앞으로 이 부문에 대한 새로운 접근이 필요할 것으로 보인다.

또한 디트로이트쇼 등을 통해 공개된 컨셉트카 LF-A는 F1 레이스의 기술을 응용한 엔진과 공기저항을 저감하는 설계를 채용하고 있다. 엔진은 5.0리터 미만, 최고출력은 500마력 이상, 최고속도는 320㎞/h로 전통적인 유럽 스포츠카인 포르쉐와 페라리에 대항할 수 있는 파워를 갖추고 있다. 출시에 대해서 검토 중에 있으며 토요타는 모터쇼의 반응에 따라 판단할 것이라고 설명하고 있다.

이외에도 세계 명품 소비 40%를 점하고 있는 일본 시장을 겨냥한 럭셔리카 메이커들의 예고 없는 컨셉트카의 등장을 지켜보는 것도 동경모터쇼만의 특징이기도 하다.

전체적인 분위기는 예년에 비해 차분해졌다. 이는 일본시장의 규모가 그만큼 작아졌다는 것을 의미한다. 쇼를 진행하는 방식도 예전에 비해 차분하게 바뀌었다.

2005년 쇼의 특징을 요약하자면 다음과 같다.

1. 하이브리드카, 니치마켓용인가 메인 스트림인가?

: 토요타는 하이브리드카의 세계화를 강력히 주장하고 있지만 혼다와 닛산을 비롯한 다른 나라 메이커들은 한계가 있다고 강조한다.

2. X-by-Wire의 본격적인 실용화 진전

: 전기적 명령에 의한 스티어링과 브레이크, 액셀러레이터 페달의 조작이 가능해져 운전석 위치의 자유자재 변경 등 설계의 융통성이 높아졌다.

3. 탑승자를 위한 시트 구성과 배열 다양화

: 복지차, 즉 장애인을 위한 차량을 다양하게 개발하고 있는 일본 메이커들답게 일반 자동차에서도 조수석과 뒷좌석 탑승자들이 사용하기 편하고 안락하게 느낄 수 있는 시트 디자인을 개발하고 있다.

4. 일본산 스포츠카의 세계화

: 일본 내수용 스포츠카였던 닛산 스카이라인 GT-R이 글로벌 플레이어를 선언했다. 혼다도 F1의 독자 참여 등을 계기로 달리는 즐거움을 강조하는 차만들기를 하겠다고 강조해 NSX의 부활을 예고했다.

5. 일본에서 디자인된, 일본인을 위한 차

: 크라이슬러가 선보인 컨셉트카 아키노(Akino)는 일본인 여성 디자이너의 이름을 딴 컨셉트카다. 뒷좌석을 집안의 쇼파처럼 아늑하게 하고자 했다고 설명한 그녀는 캘리포니아의 분위기를 느끼기

위해 많은 노력을 기울였다고 말했다. 실제로는 일본인 감각으로 미국인을 위한 차를 개발한 셈이다. 현대자동차가 선보인 NEOS-3도 현대자동차의 일본 디자인 스튜디오에서 개발한 것으로 현장에서 좋은 반응을 얻었다. 크로스오버로 3~4년 뒤 양산을 기대하고 있단다.

6. 여전히 다양한 아이디어의 쇼카

: 단지 눈요깃거리의 쇼카가 적어진 오늘날 다른 지역의 모터쇼와는 달리 동경모터쇼는 여전히 눈을 즐겁게 하는 모델들이 많다. 특히 도어 앞문은 앞으로, 뒷문은 뒤로 열도록 해 승강성과 개방감을 동시에 높인 형태의 설계가 이들 쇼카의 주류를 이루고 있었다.

7. 지역화가 더 강화되는 자동차시장

: 이제는 각 지역에서 개최되는 모터쇼는 그 지역 시장에 대한 비중을 더 중점적으로 강조하는 추세로 바뀌었다. 첨단 기술과 미래의 탈 것과는 별도로 당장에 소비자들의 호주머니를 열 수 있는 모델은 세계화가 아니라 지역화가 진행되고 있다. 때문에 양산차 메이커들은 그런 시장 특성에 맞추기 위해 더 많은 라인업을 구축해야만 하는 시대에 와 있다.

05 동경모터쇼-강화되는 지역화와 일본차의 힘

올해로 39회째를 맞는 2005년 동경모터쇼는 1989년부터 취재해 온 필자의 입장에서 가장 조용하고 차분한 모습을 보여 주었다. 좋게 표현하면 그렇다는 얘기이고 예년에 비해 힘이 없어 보였다는 표현이 옳을 것이다.

왜인가? 답은 간단하다. 시장이다. 일본 시장의 판매가 아직도 본격적으로 살아나지 않고 있다는 것을 의미한다. 일본의 전반적인 경기는 소위 말하는 "잃어버린 10년"을 벗어나 꿈틀거리고 있다는 소식인데 자동차시장은 아직 잠에서 깨어날 기미를 보이지 않는다.

일본의 자동차시장은 전성기였던 90년대 초반 1992년의 경우 연간 판매대수가 780만대에 달했다. 버블에 대한 이야기가 정점을 이룰 때였다. 그 즈음 동경모터쇼는 화려함의 극에 달했었다. 쇼의 진행 내용도 그렇고 쇼카의 숫자도 지금과는 비교가 되지 않을 정도였다. 수입브랜드들도 그에 걸맞은 내용으로 쇼를 진행했었다. 때문에 당시만 해도 동경모터쇼만 취재해도 전 세계의 흐름을 어느 정도는 파악할 수 있다는 말이 나올 정도였다.

그러나 올해는 달랐다. 극적으로 표현하자면 일본시장만을 위한 모델들을 중심으로 쇼가 진행되고 있다고 해도 과언이 아닐 것 같다. 참가 브랜드 수도 일본 자체의 13개를 비롯해 우리가 알고 있는 정도 외에는 없다.

무엇보다 지난 2003년 쇼부터 한자를 사용한 컨셉트카가 등장하고 있다는 점도 이런 생각을 뒷받침한다. 당시는 화(和)라는 컨셉트카가 있었으나 이번에는 마쓰다에서 선구(先驅)라는 일본명을 선보였다.

물론 이것은 비롯 동경모터쇼에 국한되는 내용은 아니다. 연간 1700만대가 판매되는 단일 시장으로 세계 최대인 미국에서 열리는 모터쇼의 경우 모두가 미국의 소비자들을 겨냥한 모델들이 출품된다. 프랑크푸르트와 제네바, 파리살롱은 연간 1800만대에 육박하는 유럽지역을 대상으로 하는 쇼인만큼 그 지역의 소비자들의 취향을 반영하는 것은 당연한 것이다.

2004년 한 해 동안 전 세계에서 판매된 자동차 대수는 6,595만대로 사상 최대였다. 그 중 EU지역과 미국시장에서 각각 1700만대 전후가 소화되었고 다음으로 일본시장에서 580만대가 팔렸다. 중국이 아주 빠른 속도로 성장하면서 일본은 미국 다음으로 두 번째로 큰 단일시장이라는 이름마저 중국에게 내 줄 날이 머지않았다.(2006년에 중국은 732만대로 586만대의 일본을 제치고 2위 시장으로 부상했다.:필자 주)

문제는 이처럼 자국시장의 규모가 작아져 결과적으로 메이커들도 힘을 잃을 것이라는 생각과는 달리 일본 메이커들은 여전히 세계 시장을 주름잡고 있다.

2004년 일본메이커들의 자동차 생산대수는 일본 내 1,029만대, 해외 979만대로 전 세계 생산대수의 1/3에 가까운 2,000만대에 달한다.

이는 일본 메이커들이 1970년대 두 차례 석유파동을 겪으면서 현지화를 추진해 생산시설을 해외 각 지역으로 분산한 결과다. 토요타만 해도 일본 내에 19개, 해외에 54개의 현지 공장을 갖고 있다.

이런 일본 메이커들의 현지화는 최근 세계 자동차업계의 흐름과 절묘하게 맞아 떨어진다. 소비자들의 니즈가 다양해지면서 소품종 다량 생산 체제에서 다품종 소량 생산 형태로 바뀌면서 그에 가장 빨리 대응할 수 있는 시스템을 구축하고 있는 것이다. 일본의 소비자 취향과 미국 및 유럽의 그것과는 그야말로 크게 차이가 난다. 그런 소비자의 취향에 따른 차를 개발할 수 있는 가장 좋은 조건은 현지에서 개발하고 현지에서 생산하는 것이다.

뿐만 아니라 어떤 경우에도 무역마찰로 인해 순간적인 판매 하락을 경험하지 않아도 된다. 또한 환율 변동에 따라 수익성이 오락가락하지 않아도 된다.

90년대 중반 이후 독일 메이커들이 “Made in Germany”를 탈피하고 “Made by Germany” 전략을 택한 것도 이런 흐름과 무관하지 않다.

지금 일본 시장이 580만대 수준에 머물러 있지만 그런 내수시장의 위축에도 불구하고 일본 메이커들은 글로벌 전략을 차질없이 추구하고 있으며 여전히 기술적인 면에서나 소비자들을 리드하는 면에서나 세계를 리드하고 있는 것이다. 또한 일본의 빅3는 모두가 다른 색깔로 다른 방법으로 글로벌 전략을 추구하고 있다는 점에서 갈수록 아이덴티티를 중시하는 시장의 특성과도 잘 어울린다는 평가를 받고 있다.

현지화를 가장 먼저 실천해 결과적으로 규모의 경제라는 측면에서도 가장 효율적인 구조를 갖춘 일본 빅3는 그래서 그 가치가 더욱 빛나는 것이다.

05 동경모터쇼-토요타가 제시하는 미래사회의 탈 것 Fine-X

토요타는 일본을 대표하는 자동차회사라고 할 수 있다. 그런 만큼 이번 모터쇼에도 다양한 뉴 모델과 컨셉트카들을 출품해 관람객들의 발길을 붙잡았다.

특히 프레스컨퍼런스에 토요타가 개발 발전시켜 오고 있는 1인승 컨셉트카 아이 스윙(I Swing)을 타고 등장한 가츠아키 사장의 모습이 인상적이었다.

2005 동경모터쇼에 참가하는 토요타의 테마는 Eco×Emotion. 프레스컨퍼런스에서 가츠아키 사장은 “환경 안전이라고 하는 사회적 과제와 사람의 마음을 움직이는 매력적인 자동차 만들기의 양립”을 주장하면서 아이 스윙과 함께 연료전지 하이브리드카 Fine-X를 소개했다.

Fine-X는 Fine-N, Fine-S 등 토요타가 지속적으로 발전시켜 오고 있는 일련의 컨셉트카 시리즈 중 하나다. 물론 매번 등장할 때마다 다른 스타일링과 다른 컨셉을 삽입하고 있지만 미래의 탈것을 위한 토요타의 다양한 노력을 보여주고 있다는 점에서는 상통한다.

올해 선보인 Fine-X는 연료전지 하이브리드 외에 by-wire개념이 한층 발전했음을 보여주고 있다. 바이 와이어 시스템은 토요타 이외에도 많은 메이커들이 다양한 형태로 실차에 적용하고 있는 모습을 시연해 어쩌면 머지않아 기계적 연결에 의한 자동차는 우리 눈앞에서 사라질지도 모른다는 생각을 하게 하기에 충분했다.

바이 와이어(X-by-wire) 개념은 이미 90년대 중반부터 등장한 것으로 케이블 등 기계적인 연결을 통해 동력을 전달하지 않고 전기적으로 한다는 것이다. 예를 들면 스티어링 바이 와이어, 브레이크 바이 와이어, 스로틀 바이 와이어, 서스펜션 바이 와이어 등 지금까지 물리적인 연결을 통해 제어했던 것을 전기적 명령으로 한다는 것이다. 이미 비행기에서는 실용화되어 사용되고 있는 것을 자동차에 적용하고 있는 단계이다.

이 시스템의 적용으로 인한 가장 큰 특징은 운전대의 위치를 자유자재로 옮길 수 있다는 것을 들 수 있다. 그렇게 되면 영화에서처럼 차 안에서 모니터를 보면서 운전을 하는 것도 가능하게 된다. 스티어링과 브레이크 등에서는 이미 실차에 많이 적용되어 있으며 지금은 다른 부분에까지 그 폭을 넓혀가고 있는 단계다. 물론 이번에 토요타가 선보인 Fine-X처럼 타이어를 90도까지 좌우로 꺾을 수 있는 것도 바로 바이 와이어로 인한 것이다. 타이어의 회전각을 극대화하게 되면 좁은 골목길 등에서 차를 돌리는 것도 가능하게 되고 특히 이동이 불편한 장애인들에게는 더 없이 유용하게 사용될 수 있을 것이다.

필자가 다녀 본 나라들 중 거리에서 장애인들이 가장 많이 가장 자유롭게 이동하는 곳은 일본이다. 그만큼 이동할 수 있는 인프라가 잘 구축되어 있다는 것을 의미한다. 물론 우리처럼 장애인을 차별적인 시각으로 보는 사회적인 분위기도 일본에서는 찾아보기 힘들다.

자동차에도 그런 분위기가 잘 반영되어 있다. 세계의 대형 모터쇼 중 동경모터쇼만큼 장애인용 차량이 많이 전시되는 곳도 없는 것 같다. 매번 일본 메이커들은 신체적인 장애가 있는 사람들이 자동차를 좀 더 자유롭고 편하게 이용할 수 있도록 다양한 아이디어를 선보인다.

토요타의 컨셉트카 Fine-X도 도어를 걸 윙 타입으로 위쪽으로 열고 조수석 시트를 돌려 좀 더 편하게 타고 내릴 수 있는 구조를 택하고 있다. 물론 이런 시스템은 다른 메이커들의 복지차(일본에서는 장애인차량을 이렇게 부른다)에서도 볼 수 있다. 경우에 따라서는 시트의 바닥이 땅에 닿는 것도 있다.

컨셉트카가 단순히 기상천외한 아이디어만을 갖고 있는 것이 아니라 인간을 먼저 생각한다는 것을 잘 보여 주고 있는 것이 토요타의 Fine-X가 아닌가 한다.

06 디트로이트쇼-일본 빅3, 미국차와 한국차 전방위 공격

2006 디트로이트 오토쇼를 통해 나타난 양상 중 미국 메이커들과 일본 메이커들의 신차 출시계획의 차이도 빠트릴 수 없는 내용인 것 같다. 다시 말해 여전히 자신들의 수익원인 픽업트럭과 SUV 등에(소형인 CUV일지라도) 힘을 쏟는 GM 및 포드와 그와는 약간 다른 방향성을 보이고 있는 일본 메이커들의 전략이 다르다는 것이다.

때문에 현장을 지켜본 사람들은 앞으로도 디트로이트 빅2의 점유율 하락과 일본 빅3의 판매 증가 양상은 당분간 계속될 것이라는 분석을 내놓고 있다.

GM과 포드를 합한 2005년 미국 시장에서의 점유율은 2004년 대비 2.2% 하락한 43.4%에 그쳤다. 하지만 다임러크라이슬러의 크라이슬러 그룹은 소폭이지만 증가했다.

이에 반해 일본 빅3는 30만대 이상에 달하는 2%의 증가율을 보였다.

또 하나 재미있는 분석은 2005년부터 2007년 사이 디트로이트 빅2와 일본 빅3의 뉴 모델 프로그램에 관한 것이다. GM과 포드는 이 3년 동안 63~66%에 해당하는 모델을 새롭게 단장한다는 계획이다. 그러니까 디트로이트 빅2는 수입차들로부터 시장을 방어하기 위해서는 2004년 크라이슬러가 했던 것과 같은 신차 공세가 필요하다는 것이다.

크라이슬러는 2005년에는 약간 주춤했지만 2006년에는 또 다시 10개의 뉴 모델을 출시할 계획이다.

포드의 CEO겸 회장 빌 포드는 2006년에는 더 이상 점유율을 빼앗기지 않을 것이라고 강조했다. 하지만 현지 전문가들은 포드는 미국시장에서 경쟁하고 있는 메이커들 중 라인업이 가장 노후되어 있어 만만치 않을 것이라는 분석을 내놓고 있다.

포드는 2007년에는 많은 신차 출시 계획이 있지만 2006년에는 그다지 눈에 띄는 신차 출시계획이 없다.

또한 전체적인 라인업 중 포드는 데뷔한지 평균 5년이 지난 모델들로 구성되어 있는데 반해 GM과 닛산은 3.1년, 혼다는 2.5년, 토요타는 2.1년 등으로 크게 차이가 난다.

토요타는 미국시장 전체 판매의 1/5을 감당하고 있는, 이번 쇼에서 선보인 베스트셀러 모델 캄리의 풀 모델체인지를 시작으로 소형 SUV RAV4, 그리고 서브 컴팩트카의 후속 모델 야리스, 그리고 렉서스 LS460 등 굵직굵직한 모델들을 쏟아낸다. 2007년 초에는 디트로이트 메이커들의 수익원인 픽업트럭 부문에서 활약하고 있는 툰드라도 모델체인지가 예정되어 있다. 토요타 툰드라의 시장 점유율은 4~5% 정도이며 토요타 전체의 시장 점유율은 13%. 토요타는 앞으로도 판매 증대를 위해 다양한 뉴 모델을 출시할 계획인데 2008년까지 시장 점유율을 다시 3% 끌어 올려 16%를 목표로 하고 있다.

또한 혼다도 3년 이내에 시장 점유율을 10%까지 늘일 수 있을 것으로 내다보고 있다.

혼다는 작년 신형 시빅을 출시한데 이어 이번 디트로이트쇼를 통해서는 서브 컴팩트카인 피트를 선보였다.

닛산도 서브 컴팩트카인 버사(Versa)를 출시했으며 동 세그먼트에서 연간 10만대의 판매를 목표로 하고 있다. 여기에 센트라와 인피니티 디비전의 G35세단 출시도 예정되어 있다.

일본 빅3의 입장에서 보면 미국 디트로이트 메이커들의 시장 잠식이라는 측면이 강하지만 한국 메이커들의 입장에서는 이 시장을 잠식당할 가능성도 있다고 볼 수 있을 것 같다. 과연 일본 빅3의 소형차 공략이 앞으로 미국시장에서 어떤 양상으로 전개될지 2006년의 가장 큰 관전 포인트가 될 것 같다.

06 제네바쇼-현대 기아, 이제는 마케팅을 하라

오늘날 자동차회사들 중 인원감축과 공장폐쇄 등 소위 말하는 구조조정을 하지 않은 곳이 몇 군데나 될까. 미국의 GM과 포드 등에만 시선이 쏠려 유럽 메이커들에 대한 정보는 그다지 주목을 끌지 못하고 있지만 사실 유럽 메이커들 중에서도 프리미엄 브랜드거나 양산 브랜드거나를 가리지 않고 어려운 환경극복을 위한 비용저감 플랜을 실천하고 있는 예가 적지 않다.

단순한 개념으로 보면 여전히 공장을 증설하고 있고 공급이 부족한 메이커와 그 정도는 아니더라도 판매가 꾸준히 증가하며 메이저로 발돋움하는 경우, 구조조정을 하고 있지만 제품 전략을 통해 회생 가능성이 있는 경우, 그리고 계속해서 구조조정이 연속인 메이커들로 구분할 수 있다.

먼저 공급이 부족한 메이커는 당연히 토요타를 비롯한 닛산, 혼다 등 일본 빅3. 그리고 공급 부족까지는 아니더라고 세력을 늘려가고 있는 메이커로는 현대와 기아자동차 등 한국 양산차 메이커를 비롯해 독일의 프리미엄 브랜드 BMW와 아우디를 꼽을 수 있다. 여기에 프랑스의 양산차 메이커인 PSA푸조시트로엥과 르노 등도 미국시장에서는 판매가 되지는 않지만 지속적인 성장세를 보이고 있다. 미국 메이커 중 유일하게 크라이슬러가 몇 년째 신장을 계속하고 있는 것도 눈길을 끈다.

그리고 구조조정 중이지만 제품전략을 통해 머지않아 제자리를 찾을 것으로 보이는 메이커로는 메르세데스 벤츠와 폭스바겐 등을 들 수 있다.

여기에 90년대부터 지금까지 구조조정을 계속하고 있지만 제품 포트폴리오에서 매력적이지 못하다는 평가를 받고 있는 GM과 포드는 여전히 고전을 계속하고 있다. 물론 이미 공중 분해된 영국의 로버와 지금도 갈 길을 찾지 못하고 있는 이태리의 피아트 등도 미래에 대한 전망이 보이지 않고 있다. 일본의 미쓰비시도 최근 판매가 살아나고 있지만 근본적인 문제가 해결되지 않아 전망은 불투명하다.

시장의 상황도 이들에게는 그다지 도움을 주지 못하고 있다. 2005년 유럽시장의 자동차 판매는 1% 정도 성장한 보합세로 몇 년째 답보 상태를 보이고 있는 것이다. 유럽 현지 전문가들은 2006년도 1% 이상의 성장을 기대하기는 어려울 것이라고 보고 있다.

그에 반해 일본 빅3와 한국의 현대와 기아차의 유럽시장 점유율은 2001년 12%에서 2005년에는 17%로 증가세가 뚜렷하다. 미국시장에서의 질주에 이어 유럽시장에서도 공세가 강화되고 있는 것이다.

특히 현대자동차의 경우 2005년 판매대수가 30만대를 돌파했고 기아자동차도 25만대를 판매했다. 다른 말로 설명하면 시장의 부진이 단지 경기침체로 인한 것이 아니라는 얘기이다. 시대에 따라 소비자들이 원하는 제품을 내놓지 못하는 메이커와 그에 대해 적절히 대응하는 메이커로 구분될 뿐이다.

현대와 기아의 목표도 유럽 메이커들이 볼 때는 위협적이다. 현대는 2010년까지 80만대로, 기아자동차는 2008년까지 50만대로 늘린다는 계획을 세우고 있다.

특히 현대자동차와 기아자동차는 유럽 현지 메이커들에 비해 상대적으로 다양한 장비를 채용하고도 더 낮은 가격에 제품을 공급하고 있어 유럽 메이커들을 곤란하게 하고 있다.

무엇보다 그동안 일본차의 아류 정도로 여겼던 현대와 기아가 내놓은 모델들에 대한 유럽 소비자들의 시각이 달라지는 것도 심상치 않다고 현지 전문가들은 분석하고 있다.

한마디로 말하면 한국차와 일본차 등 아시아 메이커들의 판매는 증가하는데 반해 유럽 양산차 메이커들은 자신들의 몫을 찾지 못하고 있다는 것이다. 수익성 측면에서도 상황이 더 나빠지고 있다. 특히 양산차 메이커들의 경우는 유럽의 제조업 현황이 결코 개선될 가능성이 높지 않아 앞으로 상황 호전을 기대할 수도 없다고 보고 있다.

그래서일까. 올해의 제네바쇼에는 주력 모델이라고 할 수 있는 세단 세그먼트에서 눈에 띄는 뉴 모델은 볼보 뉴 S80 정도가 고작이다. 크라이슬러가 선보인 닷지 디비전의 칼리버가 오히려 더 커 보이는 것도 유럽 메이커들의 고민을 읽게 해 주는 대목이다.

물론 유럽시장의 주력이라고 할 수 있는 세그먼트에 푸조가 207을, 르노가 클리오를 내 놓고 판매를 견인하려는 움직임이 있기는 하다.

결국 그렇게 본다면 현대자동차의 뉴 엑센트와 싼타페의 출시와 기아자동차의 카니발과 쏘렌토 페이스 리프트 버전도 그냥 지나칠 수 없는 존재라고 할 수 있다.

어떻게 보면 전통과 헤리티지를 중시하는 유럽시장에서 역사가 짧은 현대와 기아자동차가 메인스트림으로 부상할 수 있는 절호의 기회를 잡았다고 할 수 있는 상황이라는 얘기이다.

특히 이라크 전쟁 발발 이후 유가 문제가 첨예한 이슈로 부상하면서 저배기량에 연비 성능이 좋은 모델들에 대한 수요가 늘면서 한국차에 대한 유럽 소비자들의 시각이 달라지고 있다는 것이 분명해지고 있다. 뿐만 아니라 현대와 기아는 유럽시장의 50%를 넘는 디젤차도 속속 출시하고 있어 앞으로의 상황은 긍정적인 측면이 더 많다고 할 수 있을 것 같다.

하지만 아쉬운 대목이 없는 것은 아니다. 현대와 기아는 월드컵과 테니스 등 스포츠 마케팅을 통해 브랜드 이미지를 알리는데 노력하고 있는데 그것으로는 부족하다. 좀 더 직접적으로 소비자들과 접촉할 수 있는 이벤트를 개발해야 한다. BMW는 미니의 판매를 위해 모델 출시 이전부터 게릴라 마케팅을 통해 대기 수요를 만들어 냈고 토요타는 젊은 층 공략을 위해 개발한 사이언 브랜드를 위해 다양한 이벤트를 개최해 그들이 원하는 층의 소비자들에게 볼거리와 즐길 거리를 제공하는 등의 노력을 하고 있다.

토요타와 혼다는 F1팀을 직접 운영하며 그들의 기술력을 과시하고 있다. 랜드로버와 지프는 그들의 모델에 걸맞은 다양한 이벤트를 개발해 소비자와 함께 하는 자리를 끊임없이 만들고 있다. 독일 메이커들은 다른 업종과 연계해 소비자들과 한걸음이라도 더 가까이 가기 위한 노력을 하고 있다. 젊은이들이 자주 찾은 카페 바로 옆에 편하게 와서 접할 수 있는 쇼룸을 만드는 것 등이 그 좋은 예다.

하지만 현대와 기아자동차는 이런 마케팅이 없다.

이제는 현대와 기아도 그런 형태의 마케팅을 할 수 있는 조건을 갖추었다. 시대적 상황이 그런 것을 가능하게 하고 있다.

지금까지의 품질과 가격 경쟁력만으로는 점유율과 수익성을 동시에 높이기에는 한계가 있다. 특히 네트워크 구축에 엄청난 비용을 쏟아 부을 수밖에 없는 상황에서 언제까지나 지금과 같은 저비용 생산 환경이 계속되리라는 보장이 없다.

그것을 극복하는 것은 브랜드 이미지 제고다. 브랜드 이미지가 제고되면 1만 8천 달러에 묶여 있는 쏘나타의 미국시장 판매가격을 2만 달러로 높일 수 있다. 그랜저도 3만 달러 선의 모델로 자리매김해 본격적으로 일본차와 경쟁할 수 있게 된다.

일본차보다 판매가 적더라도 경쟁을 할 수 있다는 자체가 힘이 된다.

현대와 기아자동차는 이제는 마케팅을 해야 한다. 월드컵과 테니스 등도 훌륭한 마케팅이지만 이제는 브랜드 아이덴티티를 찾기 위한 좀 더 직접적인 마케팅을 해야 한다는 얘기이다. 만들어 놓고 전시장에 찾아와주기를 기다리는 것으로는 브랜드 이미지를 구축할 수 없다.

06 파리살롱-양산 메이커들의 한계 가시화

파리살롱은 세계 5대 모터쇼에 속한다. 그만큼 규모가 크고 내용도 있다는 얘기이다. 하지만 최근에는 과거만큼의 빛을 발하지 못하고 있는 것이 현실이다. 대부분의 모터쇼가 그렇듯이 자국 자동차산업의 위상과 시장의 상황에 따라 주목도가 달라지기 때문이다.

다시 말하면 잘 나가던 프랑스 메이커들이 주춤거리며 수익성과 판매면에서 좋지 않은 실적을 내고 있다는 얘기이다.

폭스바겐에 이어 유럽에서 두 번째로 큰 메이커인 PSA푸조시트로엥 그룹은 3년 연속 수익성이 저하되면서 고용 동결과 더불어 1만 명의 인원감축 계획을 발표하기에 이르렀다. 글로벌오토뉴스를 통해 이미 알려졌듯이 퇴임이 결정된 CEO 장 마틴 폴츠는 올해의 연간 설비투자예산을 당초 예정 약 30억 유로에서 25억 유로로 축소함과 동시에 연구개발비에 관해서도 총액은 연간 약 22억 유로로 변함이 없지만 신차 한 대당 코스트를 15% 낮춘다는 방침을 밝혔다.

또한 유럽시장에서의 중핵 모델의 모델체인지 기간을 2008년까지 현재의 4.5년에서 3.3년으로 단축할 계획이라고 한다. PSA푸조시트로엥은 신규고용의 동결과 인건비 억제조처 등을 통해 2006년 하반기에 1억 2,500만 유로의 비용저감을 목표로 하고 있다.

1976년 푸조와 시트로엥이 합병해 가장 성공적으로 시너지효과를 내 모범적인 사례로 꼽혔던 PSA푸조시트로엥 그룹의 최근 부진은 우리에게 시사하는 바가 크다.

무엇보다 중요한 것은 최근 제품의 라이프 사이클이 원활하게 돌아가지 않는다는 점을 들 수 있다. 더불어 PSA푸조시트로엥이 생산하는 모델들이 대부분 유럽시장 등에서만 통용될 수 있는 소형 위주로 되어 있다는 점도 걸림돌이 되고 있다. 푸조와 르노 등은 오래전부터 모터쇼 등을 통해 V형 10기통 엔진을 탑재한 컨셉트카를 출품해 양산 가능성을 점치게 했으나 그것이 실행에 옮겨진 것이 없다. 연구실에서의 아이디어와 마케팅 부서에서의 현실감각이 동떨어져 있다는 얘기일 것이다.

여기에 일본 메이커와 한국 메이커들의 공격적인 시장 침투도 적지 않게 영향을 미치고 있다.

하지만 이 모든 것을 한마디로 요약하면 최근 GM과 르노닛산 얼라이언스의 제휴협의에서 나타났듯이 양산 메이커들에게 근본적인 해결책이 필요한 시점이라는 것을 말한다.

양산 메이커들의 최대의 덕목은 '코스트다운'. 그를 위해 인수합병을 했고 그 효과는 충분히 보았는데 시간이 지나면서 그마저 사라져

버리자 다시 원래 상태로 돌아가 버린 것이다.

그래서 90년대 말 '400만대 논리'가 지금은 GM과 르노닛산의 제휴 논의로 인해 또 다른 차원으로 옮겨가는 것은 아닌가 하는 우려를 낳게 하고 있다.(GM의 릭 왜고너와 르노의 카를로스 곤은 제휴협의에 대한 질문에 대해 통상적이고 의례적인 답변에 그치며 말을 아꼈다.)

이는 PSA푸조시트로엥 그룹만의 문제가 아니다. 우리나라 현대기아자동차도 합병으로 인한 비용저감 효과가 끝나면 어떤 길을 모색할지에 대해 돌아보게 하는 일이라고 할 수 있다.

어쨌거나 PSA푸조시트로엥은 시트로엥 그룹을 통해 C4 피카소라는 크로스오버 컨셉트카를 선보이며 새로운 세그먼트로의 진출을 선언했지만 SUV의 판매가 가장 많은 미국시장에는 아예 전시장도 없는 상황이어서 규모를 늘리는데 얼마나 효과를 낼지는 두고 봐야 할 것 같다.

푸조는 유럽시장에는 2006년~2009년 사이에 왜건과 SUV 등 6개 차종을 출시할 계획이다. 이외에도 중국시장에 11개 차종을, 남미에는 6개 차종을 투입할 것이라고 한다. 매력적인 모델을 만들어 시장을 다시 살리겠다는 것이다.

06 파리살롱-수소시대 도래 아닌 내연엔진 발전 시대

2006 파리살롱은 적어도 파워트레인에서의 미래를 예견할 수 있는 요소는 많지 않았다. BMW가 수소엔진차를 2007년 공식 출시한다는 최근의 발표가 있는 정도에 불과하다. 하지만 그것도 어디까지나 당장에는 실험적인 차원에서의 일일 뿐이다. 본격적인 실용화를 위해서는 넘어야 할 산이 아주 많다. 각 메이커의 부스에는 하이브리드카와 연료전지차 컨셉트카가 전시되어 있었지만 그다지 주목을 끌지 못했다.

그보다는 시작 전부터 머슬카의 득세를 예상케 했다. 모터쇼 기간에 맞춰 랜드로버가 플래그십 모델 레인지로버에 2.7리터 배기량을 3.6리터로 확대한 TD V8을 탑재한 모델을 스페인으로 가져와 전 세계 기자들을 초청해 시승회를 개최하며 그 위력을 과시했다.

2007년형 레인지로버에 탑재된 3,630cc V8 디젤엔진은 최고출력 272 ps/4,000rpm, 최대토크 64.9kgm/1,750～2,500rpm을 발휘한다. 이 엔진에 대한 랜드로버 측의 설명은 기존 2.7리터 사양과 대등한 연비이면서 출력은 54%, 토크는 64%가 증강되었다고 한다. 배기량이 크게 늘었으면서도 연비는 그대로이고 성능만 향상되었다는 것이다. 그로 인해 0-100km/h 가속성능이 9.2초로 32%나 빨라졌고 80～110km/h 영역에서의 중간가속도도 42%나 향상되었다고 한다. 특히 소음 측면에서는 운전석에 앉아서 가솔린엔진인지 디젤엔진인지 구별하기 쉽지 않았던 2.7리터였는데 그보다 또 75%나 개선되었다고 하니 놀랄만하다.

같은 기간 재규어도 지난 7월 런던모터쇼를 통해 공개한 GT스포츠카 XK의 수퍼처저 버전 XKR의 국제 시승회를 개최했다. 물론 이들은 같은 PAG 멤버이기 때문에 파워 트레인 공유는 당연한 것이고 앞으로 이들이 내놓을 추가적인 모델들의 양상을 짐작케 하고 있다.

그리고 모터쇼 프레스데이 전날 밤에는 아우디가 처음으로 미드십 스포츠카 R8을 전격 공개하며 포르쉐와의 전면전을 선언하면서 2006 파리살롱의 분위기는 실용 모델 위주의 시장이 형성되어 있는 프랑스에서 개최되는 모터쇼라고는 보기 어려운 양상으로 전개되어 갔다.

아우디의 리얼 스포츠카 R8에 탑재되는 엔진은 당장에는 4.2리터 FSI가솔린 한 가지. 최고출력 420ps/7,800rpm, 최대토크 43.5kgm/4,500～6,000rpm을 발휘한다. 아우디 측은 특히 최대토크의 90%가 3,500～7,600rpm 영역에서 플랫하게 발휘된다는 점을 강조하고 있다. 0-100km/h 가속성능은 4.6초, 최고속도는 301km/h.

이런 분위기는 프레스데이 첫날 첫 번째 프레스컨퍼런스를 개최한 GM부스에서도 그대로 이어졌다. GM대우산 윈스톰의 오펠 버전인 안타라의 발표와 함께 유러피언 머슬카임을 주장한 라세티를 베이스로 한 레이싱 컨셉트카 WTCC를 선보이며 앞으로의 방향성을 제시했다. GM측은 시보레 브랜드로 발표한 WTCC를 단순한 컨셉트카 수준이 아닌 양산화 계획도 갖고 있는 것으로 알려졌다. 실제로 GM은 머지않아 포르투갈에서 이 모델에 대한 국제시승회를 개최할 것이라고 한다. 이태리 피아트 오토 산하의 알파로메오도 4.7리터 V8 450ps, 47.9kgm 엔진을 탑재한 앞바퀴 굴림 방식의 스포츠 쿠페 알파 8C 컴피티치오네를 발표했다.

이어서 메르세데스 벤츠는 지난 3월 제네바쇼에서는 AMG 디비전에 대한 대대적인 홍보를 한데 이어 이번에는 이그조틱카에 속하는 SLR의 722 에디션을 무대 중앙에 배치하며 파워를 과시했다.

SLR 맥라렌에는 트윈 수퍼차저를 장착한 AMG제 5.5리터 V형 8기통 엔진이 탑재되며 최고출력 626ps, 최대토크 79.6,kgm라는 가공할 성능을 발휘한다. 최근 들어 출력싸움은 점입가경 양상으로 500ps를 넘는 모델들이 경쟁적으로 등장하고 있다. 아우디 산하의 람보르기니 가야르도가 500ps, 메르세데스 벤츠 CL65 AMG가 612ps, 포르쉐 카레라 GT도 612ps를 발휘한다.

본거지 프랑스 메이커들이 내놓은 컨셉트카들도 대배기량 엔진을 탑재한 것들이 주류를 이루고 있다.

이런 절대 출력 경쟁과는 별도로 같은 배기량으로 성능을 높이는 경쟁이 사실은 실제 유저들에게는 더 와 닿는다. 앞서 언급한 레인지로버의 TD V8을 위시한 유럽산 디젤엔진들의 성능은 절정에 달해 있는 느낌이다. 어느 메이커에서 내놓든지 출력과 토크는 물론 소음과 배출가스 측면에서도 이제 더 이상 가솔린과의 비교를 거부한다고 할 정도의 수준에 이르고 있다.

그리고 또 하나의 축은 가솔린엔진의 기술 발전이다.

BMW는 지난 봄 전 세계 자동차 전문기자들을 뮌헨으로 초청해 발표한 신형 트윈 터보 가솔린엔진을 장착한 3시리즈 쿠페를 발표했다. 끊임없는 제품 포트폴리오의 전개도 놀랍지만 그때마다 새로운 테크놀러지를 개발해 트렌드세터의 입장을 견지하고 있는 것 또한 프리미엄 브랜드다운 자세다.

사실 많은 사람들은 가솔린엔진의 발전에는 한계가 있다고 생각했었다. 이산화탄소 배출량에서 디젤엔진에 뒤질 뿐 아니라 실용영역에서의 토크감이 디젤에 비해 상대적으로 부족해 적어도 유럽시장에서는 디젤이 가솔린을 압도하고 있다.

그런데 그런 생각과 달리 4밸브 테크놀러지로부터 가변 VANOS 밸브관리, 그리고 더블 VANOS에서 밸브트로닉에 이르기까지의 과정에서 발군의 기술혁신을 이루어 온 '엔진의 BMW'가 소형 터보차저 두 개를 동시에 채용해 2세대 연료직접분사시스템 HPFI, 즉 High Precision Fuel Injection과 어울려 최고출력을 306마력, 최대토크를 400Nm까지 끌어 올리는데 성공했다. 배기량을 늘리지 않으면서 파워를 획기적으로 증강시킨 것이다.

트윈 터보차저 테크놀러지의 직접분사방식을 채용한 직렬 6기통의 개발은 그 의미가 적지 않다. 우선은 파워의 획기적인 증대다. BMW의 현행 모델에 직렬 6기통 3.0리터 최고출력 265hp를 발휘해 이미 자연흡기로서는 높은 성능을 자랑하고 있다. 그런데 여기에 터보차저를 채용해 3.0리터 자연흡기엔진보다 출력은 15%가 증대된 306hp, 토크는 약 30%가 증대된 400Nm에 달한다. 뿐만 아니라 연비 개선에도 중요한 기여를 했다. 높은 내열성의 특수철강으로 된 터빈은 1,050℃까지 온도를 조절할 수 있어 연료공급시의 냉각효과가 필요없다. 그 결과 낮은 부하로 큰 폭의 연료소모 저감을 이룩하고 있는 것이다. 연료소모가 적다는 것은 그만큼 유해배기가스의 배출도 적다는 것을 의미한다.

토요타가 최근 선보인 D-4시스템을 채용한 엔진도 주목을 끌고 있다. 예를 들어 렉서스GS350에 탑재된 3,456cc V6 DOHC Dual VVT-I 엔진은 최고출력 307ps/6,400rpm, 최대 토크 37.9kgm/4,800rpm을 발휘한다. 이는 자연흡기가 아닌 새로 개발한 가솔린 직접분사시스템인 D-4S를 채용해 같은 토요타의 4.3리터 V8보다 출력이 더 높다. D-4란 직접분사 4스트로크 가솔린 엔진(Direct injection 4stroke gasoline engine)을 의미한다.

우리는 모터쇼를 통해 자동차의 미래를 점칠 수 있기를 기대한다. 하지만 최근 개최되는 세계 각국의 모터쇼들은 그런 우리의 기대와는 약간은 동 떨어진 양상을 보여 주고 있다. '수소 시대의 도래'라는 말이 나온 지 많은 시간이 지난 것 같은데 기술 발전은 제자리걸음을 하고 있다. 하이브리드에 대한 이야기도 떠들썩한 것만큼 그렇게 빠른 속도로 자리를 잡아가고 있다고는 할 수 없을 것 같다.

2006년 파리살롱에서 보여 주었듯이 그보다는 당장에 브랜드의 이미지를 제고할 수 있는 강력한 성능을 가진 파워 트레인을 가진 '달리는 즐거움'에 포인트를 맞춘 모델들이 더 주목을 끌고 있다. 즐거운 일이다. 하지만 즐거운 만큼 미래가 걱정되는 것 또한 사실이다.

소비자들의 원성이 들리는 것 같다.

"우리에게 미래를 보여 달라!"

::: Automobile Industry column

5 Japan Automobile Industry

 일본자동차산업의 구조조정과 부활

한국자동차산업학회(회장 이찬우)는 4월 29일 국민대 세미나실에서 일본 법정대학 시모가와 교오이치(下川 浩一) 교수를 초청해 세미나를 개최했다. 이날 주제는 일본자동차산업의 구조조정과 부활에 관한 내용 및 서플라이어들과의 관계.

이날 초청 강사로 나선 시모가와 교수는 1982년부터 우리나라를 방문해 재무부의 요청에 의해 한국의 자동차산업이 나아갈 길에 대해 자문을 하기도 했던 사람이다. 그는 당시의 상황에서 한국의 자동차 산업의 전망에 대해 부정적인 시각을 가졌었다며 우선은 내수시장에서 기반을 구축한 후에 수출을 하는 단계를 거치는 것이 좋을 것이라는 생각을 했었다고 한다. 하지만 그런 그의 생각과는 달리 한국의 자동차산업은 최근 급성장을 하고 있다며 자신의 전망이 옳지 않았음을 실토했다.

본론으로 들어간 시모가와 교수는 1993년 당시 일본의 자동차산업은 대부분이 적자를 기록하고 있었으며 그 상황에서 거품 경제가 무너지고 엔고 현상으로 인해 대대적인 구조조정을 하지 않을 수 없는 상황에 처했다고 술회했다.

이후 미국의 빅3와 일본 메이커들은 대대적인 구조조정을 했으나 그 전략적인 차이로 오늘날 일본 메이커들은 끝없는 성장을 거듭하고 있으며 미국 메이커들은 어려움이 계속되고 있다고 주장했다.

토요타의 경우는 2004년 순이익이 1조 4천억 엔에 달하는 등 닛산과 혼다 등 모두 4-6년 연속 흑자를 기록하고 있을 정도로 높은 수익성을 확보하고 있다며 이는 극복 과정의 차이에 의한 것이라고 설명했다.

무엇보다 중요한 것은 일본 메이커들은 린 생산방식으로 다시 복귀의 원칙에 충실한 경영을 했다는 점을 지적했다. 여기에 플랫폼 수를 축소하고 부품을 공유하는 방안을 강구했으며 R&D의 리드 타임을 줄여 비용을 저감했다. 그로 인해 제품을 다양하고 신속하게 시장에 선보일 수 있는 기틀을 마련할 수 있었던 것이 경쟁력으로 되살아날 수 있었다고 말했다. 특히 세계적인 상황에서 소형차의 수요 증가를 예상하고 그에 따른 전략을 추구한 것이 무엇보다 중요한 전략적 배경이었다고 덧붙였다.

그에 반해 미국 메이커들은 자신들의 장기인 SUV를 비롯해 미니밴, 픽업트럭 등 대형 모델들 중심으로 설비 전환을 추진했고 그것이 단기적으로는 성과를 올렸고 수익성도 좋은 것으로 나타났다. 하지만 최근 상황은 바뀌어 석유가 급등 등으로 인해 운행비에 부담을 느낀 소비자들은 경제형차를 찾게 되고 미국차들은 점유율을 잃을 수밖에 없었다는 것이다.

또한 일본 메이커들은 이때부터 글로벌 플랫폼(Global Platform)과 글로벌 소싱(Global Sourcing)전략을 추구해 부품업체들이 완성차회사의 R&D에 적극적으로 참여하고 디자인 개발과정에도 깊이 관여해 그들의 역할을 증대시켜 주었다. 그 결과는 설계 개발기간의 단축으로 나타났다. 좋은 제품이 생명이라는 사실을 인식한 대응이었고 그것은 시장에서 판매대수의 증가로 입증되었다.

이와 함께 토요타는 1993년부터 TQM(Top Quality Management)을 도입해 품질관리에 대한 새로운 형태의 패러다임을 완성했다.

특히 그는 부품업체들과의 관계를 긴밀히 함으로써 구조조정을 성공할 수 있었다고 주장했다. 다시 말해 토요타는 부품업체가 신차 개발 과정에 완전히 동참을 해 부품 공유에 이르기까지의 과정에서 역할을 분담하도록 하고 비용 저감을 위해 디자인 과정에도 직접 참여하도록 했다는 것이다.

그리고 1999년부터는 글로벌 플랫폼 전략과 글로벌 소싱 전략을 전 세계 생산시설에 확대 적용하기 시작했고 그것이 곧 글로벌 경쟁력으로 나타났으며 글로벌 비즈니스의 근간이 되었다고 설명했다.

그는 린 생산방식을 더 강화해 제품 생산의 유연성을 확대하고 비용을 저감할 수 있는 방안을 서플라이어들과 협력해 찾아내는 것이 버블경제 붕괴로 흔들리던 일본 자동차산업을 살려낸 원천이라고 강조했다. 다시 말해 시대적인 변화에 적응을 어떻게 했느냐에 따라 다른 결과가 나왔다는 것이다.

오늘날 IT산업의 발달로 마치 IT 만능 시대가 도래한 것처럼 여기는 사람들이 많지만 자동차산업은 리얼 비즈니스로 설계 개발 과정에서부터 서플라이어들과의 협력이 무엇보다 중요하고 그를 통해 개발 능력과 생산기술을 충실히 해 나가야 한다고 했다.

그는 현대자동차가 미국 J.D.파워의 품질조사에서 톱에 랭크된 것은 우연히 이루어진 것이 아니라며 그만큼 많은 비용 저감과 품질 개선의 노력이 있었기 때문이라고 덧붙였다.

그는 지구촌 자동차산업에 있어 공급과잉 논란이 일고 있는 점에 대한 견해를 묻는 질문에 대해 팔리지 않는 제품을 만들어 아무리 많은 인센티브를 제공해도 결국은 그 부담은 회사로 돌아올 수밖에 없다며 그런 업체들에게는 지금 분명 공급과잉이라고 답했다. 그런 식으로 할 경우는 결과적으로 유통비용만 늘리게 되어 제조업체의 입장에서는 그 어떤 것도 얻을 수 없다는 것이다. 미국시장의 전체적인 규모는 약간씩 증가하고 있지만 디트로이트 빅3는 점유율을 잃어가는 반면 일본 메이커와 한국 메이커가 그 이상으로 판매를 늘리고 있는 것이 좋은 예라고 말했다. 다시 말해 시장 상황의 변화에 대응하고 소비자들의 니즈를 정확히 파악해 그에 맞는 제품을 내놓는다면 시장은 결코 과잉 상태가 아니라고 강조했다.

 일본차가 경쟁력이 강한 이유는 일본시장에 있다.

일본차가 오늘날 세계적으로 수익성을 높여가면서 판매대수도 지속적으로 성장하는 이유, 즉 경쟁력이 높아지는 이유는 무엇일까? 이런 질문에 대한 통상적인 대답은 린 생산방식 등 저비용 생산구조와 세부적인 것에까지 신경을 쓰는 차 만들기 그리고 소비자 우선주의, 그리고 서플라이어들과의 긴밀한 협력관계 등이 종합적으로 토요타와 혼다의 오늘이 있게 했다고들 답한다.

그런데 한편에서는 일본의 자동차시장이 그런 환경을 만들었다는 지적도 있다. 즉, 일본의 소비자들은 높은 품질을 원하고 다양한 편의 장비를 선호하며 끊임없는 변화와 혁신을 바란다.

더불어 최근 들어 경기 부진으로 일본의 시장이 더 이상 성장을 하지 않는 것도 판매하는 입장에서 보면 그만큼 높은 경쟁력을 요구하는 것이 된다.

일본은 여전히 미국에 이어 세계에서 두 번째로 큰 단일 시장으로 연간 585만대가 판매되는 나라다. 하지만 15년 전에는 연간 780만대 규모의 시장이었다. 하지만 1998년 이래 600만대의 벽을 넘지 못하고 있다.

일본에서는 한 메이커의 점유율이 증가하면 그만큼 다른 메이커의 점유율은 하락한다. 뿐만 아니라 잘 나가는 메이커일지라도 시장이 세분화되어 있고 다양한 소비자의 욕구를 충족시키느라 수익성이 높지 않다.

예를 들면 토요타는 일본에서 60개의 모델을 판매하고 있는데 이는 훨씬 규모가 큰 미국시장 라인업의 두 배에 달한다.

올해의 동경모터쇼에도 어김없이 이런 일본 시장의 특징을 반영한 모델들이 전시장을 장식할 것으로 보인다.

혼다는 스포츠카와 연료전지차, 하이브리드카, 애완견을 위한 컨셉트카 등 다른 나라에서와는 다른 아이디어를 삽입한 모델들이 등장한다.

지금 일본 메이커들 중에서는 토요타와 혼다만이 변함없이 강한 독자성을 유지하며 성장을 거듭해 오고 있다. 1990년대 대부분의 메이커들이 해외 메이커들에게 흡수되거나 제휴관계를 맺는 상황이 벌어졌다. 닛산의 경우도 르노에 의해 운영되는 상황에 처해 있다.

하지만 토요타와 혼다는 해외 현지전략의 성공적인 수행으로 일본시장에 대한 의존도를 낮추어 살아남았다.

닛산과 르노의 CEO를 겸임하고 있는 카를로스 곤은 일본 빅3의 수익 중 60%는 일본에서 올리고 있다고 평가하고 있다. 반대로 일본 내에서의 판매는 전체 수익에 20% 정도 밖에 기여하지 못하고 있다고 한다.

하지만 그 대신 격심한 일본시장의 경쟁 환경에서 더 많은 것을 배우고 있다. 그래서 라이벌들보다 더 빨리 새로운 모델을 개발하고 비용 저감을 위해 하나의 플랫폼으로 더 많은 베리에이션의 모델들을 만들어 내고 있다.

해외 메이커들은 일본시장 침투의 어려움에 대해서 호소한다. 하지만 그렇다고 그들이 일본시장에 투자를 할 것 같지는 않다. 지난 주 GM은 후지중공업(스바루)의 주식 20%를 매각하고 대신 그들의 에너지를 중국시장에 집중하는 쪽으로 방향을 튼 것이다.

일본 메이커들, 미국시장에서 BRICs로 무게 중심 이동

일본 자동차 메이커들이 성장시장인 소위 BRICs(브라질, 러시아, 인도, 중국)에 초점을 맞추고 전략을 수립하고 있다. 지금까지 판매의 중심이었던 미국 시장에서는 더 이상 큰 폭의 신장은 기대할 수 없다는 것 때문이다. 새로운 수익원으로 부상된 이들 브릭스 국가에 대한 투자와 시장개척에 대대적인 노력을 기울이고 있다.

우선 주목을 끄는 것은 최신 차종으로 승부한다는 것이다.

2004년은 15% 성장을 달성한 중국의 자동차 시장에서는 지금까지 독일 폭스바겐의 점유율이 가장 높았지만 차례로 해외 메이커들이 진출하면서 그 양상은 많이 달라져 있다.

새로운 것을 좋아하는 중국인들의 소비성향에 맞춰 일본 각 메이커들은 최신 차종을 투입하고 있다. 혼다는 1999년부터 주력 세단 어코드의 현지 생산을 개시했다. 최신 북미사양과 같이해 모델체인지의 시기도 동시에 맞추고 있다. 그 결과 어코드의 1월부터 10월까지의 판매대수는 전년 동기 대비 16% 증가한 약 9만 7,000대로 인기가 계속 상승하고 있다.

닛산자동차도 올 4월 합작회사인 동풍기차유한공사에서 소형차 '티다'를 발매하고 있다. '티다'의 현지생산은 처음인데 중국에서 인기가 높은 베이지 컬러의 천연가죽시트를 채용하는 등 고급감을 강조한 결과 9월까지의 판매실적은 약 3만 2,000대로 지금까지 주력이었던 서니 등을 상회하고 있다.

신흥시장에서는 선행한 기업이 우위를 차지하는 경우가 많다. 이 때문에 조기 참여로 시장을 선점해 경쟁업체들을 앞서고자 하는 움직임이 활발하다. 인도에서는 스즈키가 1983년부터 합작으로 현지생산을 개시했다. 주력 배기량 800cc의 마루치 800은 약 45만 엔이라고 하는 저가 모델로 인도 승용차 시장에서 약 절반의 점유율을 차지하고 있다.

러시아에서의 판매망의 확립을 서두르고 있는 것은 미쓰비시 자동차. 1991년에 참여해 올 들어 9월까지 판매대수는 전년 동기 대비 1.6

배 이상. 현지의 유력 판매회사인 롤프의 협력으로 애프터서비스에 힘을 들이고 있다.

그런데 신흥시장은 중국의 반일 데모와 같은 사회적인 리스크가 우려되고 있다. 올 7월에는 인도에 있는 혼다의 2륜차 공장에서는 노동쟁의가 발생해 생산에 영향을 미쳤다. 마찰을 회피하기 위해서는 고용과 현지 생산율을 높이는 것이 필요하다는 의견도 있고 현지에의 공헌도를 어필하면서 사업을 전개한다고 하는 신중한 접근이 필요한 것으로 지적되고 있다.

토요타, "공급이 수요를 따라가지 못한다."

일본 토요타자동차는 지난 1월 초 GM이 27년 만에 900만대 판매를 돌파했다는 뉴스가 나오기 전까지만 해도 2006년 생산계획 906만대(다이하츠, 히노자동차 포함)를 달성해 세계 1위 자리에 오를 가능성이 높았었다. 그만큼 해외 현지 공장 신설 및 용량 증대 폭이 컸고 그만큼 판매도 증가하고 있다.

2005년은 소폭 마이너스를 기록한 일본 내수시장을 제외하면 전 세계 대부분의 시장에서 토요타와 렉서스 등의 인기로 인해 증산을 계속하고 있다. 물론 토요타가 오늘날과 같은 신장세를 보인 가장 근본적인 원동력은 세계 최대 단일 시장인 미국에서의 판매 호조에 기인한 것이다.

그런데 좀 더 자세히 들여다보면 수요 공급의 불일치가 분명해진다. 올해에는 수요의 급증으로 인해 현지 공장의 생산용량으로 충족시킬 수 없어 현지 생산차의 비율이 더 떨어질 것으로 보인다는 것이다. 쉽게 설명하면 늘어나는 수요에 대응할 만큼 현지 공장 용량 확대가 따라주지 않는다는 것이다.

토요타의 2005년 미국 시장 판매대수는 2004년 대비 10% 증가한 226만대로 사상 최고를 기록했다. 그 중 카나다, 멕시코를 포함한 북미 생산차의 비율은 62% 정도였다. 2006년의 판매계획은 다시 9% 가량 증가한 246만대로 잡고 있다. 그렇게 되면 다임러크라이슬러의 크라이슬러 그룹을 제치고 미국 시장 빅3에 편입될 것이 확실시되고 있다.

246만대 중 북미 생산차가 어느 정도일지에 대해 아직 통계가 나오지 않았지만 현지생산 동향 등을 고려해 추산된 바로는 50% 중반 정도까지 떨어질 것이라고 한다. 2005년 북미 생산은 156만대로 그 중 90%가 미국시장에 판매되었다. 2005년에는 20만대의 능력을 가진 텍사스 공장이 가동되며 라인 오프는 연말로 현지차 비율의 향상에는 기여하지 않게 된다.

역으로 캄리와 카롤라 등 2대 간판 모델이 풀 모델체인지하기 때문에 생산 준비의 영향으로 북미생산은 약간 하락할지도 모르겠다. 그만큼 일본에의 수출 드라이브가 걸릴 것은 피할 수 없고 2006년 전세계 수출계획은 15% 증가한 235만대로 이것도 사상 최고를 갱신할 것으로 보인다. 수출의 증가에 관해 가츠아키 사장은 "수요가 있는 곳에서 생산하는 것이 기본인데 모델 믹스 등으로 아직 대응할 수 없는 지역도 있다." 말한다.

일본 메이커의 현지 생산 비율은 혼다가 거의 80%, 닛산자동차가 75% 수준에 있다. 토요타의 경우 두 대 중 한 대 가까이가 수입차로 되어 있어 수요지 생산의 논리에는 아직 미치지 못하고 있다. 미국 시민에 의한 토요타 지지는 계속될 것이기 때문에 2007년 이후에도 판매는 확대되어 현지 생산 비율은 그만큼 떨어질 것이라는 우려를 표명하고 있다.

토요타의 북미 생산 능력은 151만대. 23일에 발표한 멕시코의 연 2만대 확대(2007년)와 텍사스, 캐나다 제2공장(연 10만대, 2008년 11월 가동), 그리고 후지중공업의 미국공장에의 생산위탁을 연 10만대로 하면 생산용량은 193만대로 된다. 그런데 이 수준에 도달하는 것은 2009년으로 미국시장의 판매는 300만대를 돌파할 가능성이 높다고 한다. 판매 증가와 현지생산의 확대는 밀접한 관계가 있다.

이 문제의 해결이 토요타로서는 다른 어떤 과제보다 우선한다는 생각을 갖고 있다. 진출한 지역에서 "좋은 시민"이 되는 것이 기본 방침이기 때문이다. 다시 말해 넘쳐나는 수요에 공급이 따라가지 못하고 있는데 그에 대한 대응이 원활하지 않다는 행복한 비명을 지르고 있는 것이다. 우리와는 걱정하는 종류가 다르다는 것을 알 수 있다.

일본차 해외 1000만대 생산의 의미

일본자동차공업회의 통계는 4월 말에 발표되게 되는데 2005년 일본차의 해외생산이 처음으로 1,000만대를 돌파하는 것으로 나타났다. 2005년 일본 내 생산 약 1,080만대에 필적하는 규모로 내년에는 내외생산 역전이 확실시 되고 있다. 구매 자동차산업대국에서도 전례가 없는 글로벌 분업이 확립된 결과로 21세기 일본차의 지속적인 성장력을 전망하게 해 주고 있다.

2005년 세계시장은 6,200만대 규모로 추정되고 있어 전 세계에서 팔리는 자동차 세 대 중 한 대가 일본차였다는 얘기가 된다. 국별 생산대수에서도 일본은 세계 1위 자리를 지켰다. 다임러크라이슬러의 크라이슬러 부문의 국적을 미국으로 했을 경우에도 일본이 가장 많은 차를 생산한 것으로 나타났다.

2005년은 일본이 명실 공히 세계 자동차 왕국으로 된 전환점이라고 할 수 있을 것 같다. 동시에 한 나라의 자동차 생산이 본국과 해외 생산 비율이 역전한 경우는 없어 자동차산업사에서도 전례가 없는 글로벌라이제이션을 추진하고 있다.

일본차의 해외생산은 1960년대에 동남아시아 등에서 KD방식에 의해 시작됐다. 현지생산 확충의 전기가 된 것은 1982년. 혼다가 미국 오하이오 공장에서 어코드의 생산을 시작한 것이 그것이다.

이것이 계기가 되어 일본의 주요 메이커들은 1980년대 말까지 북미 공장진출을 추진했다. 일본차의 해외 생산이 100만대를 돌파한 것은 1986년. 그리고 500만대의 돌파가 1995년이었기 때문에 10년 만에 두 배로 늘어난 셈이다.

기업별로는 혼다와 닛산자동차에서 이미 국내와 해외 생산대수가 역전해 있고 스즈키도 올해에는 해외가 국내분보다 더 많을 것으로 보인다. 국내 능력을 다시 확대한 토요타자동차도 미국 텍사스 공장 등이 본격 가동하는 내년에는 역전될 것으로 보인다.

일본 메이커들의 철저한 현지화는 신흥경제국가들의 자동차공업진흥에도 이니셔티브를 쥘 수 있게 된다. 이미 시장이 성립된 중국에 이어 다른 BRICs 제국에서도 일본 메이커의 존재감은 더욱 증대될 것으로 보인다.

이처럼 일본차가 해외시장에서 잘 나갈 수 있는 것은 현지생산만이 아니라 각 나라에서의 마케팅과 딜러십의 확립에서도 많은 노력을 기울였기 때문으로 분석되고 있다.

결과는 오늘날 세계 자동차산업의 구도를 일본메이커 대 비 일본메이커의 대결 양상으로 만들었다.

다만 이제는 내수시장도 본격적으로 살려야 하는 것이 아닌가 하는 의견이 일본 내부에서 대두되고 있다.

일본시장의 자동차 판매는 1990년 777만대를 정점으로 최근에는 580만대 수준까지 떨어져 있다.

 혼다, "소형은 하이브리드 중대형은 디젤로"

혼다의 후쿠이 사장은 5월 17일에 열린 정례 회견에서 2010년에 연산 20만대의 새로운 공장을 가동한다고 발표했다. 4륜차로서는 일본 내에서 36년 만에 3개째의 생산거점이 되게 된다. 이와 함께 미국과 캐나다의 신설공장 건설계획 등도 밝혔다. 총 투자액은 약 1,400억 엔을 넘는다고.

국내외에서의 생산 능력의 증강은 2008년에 달성할 예정인 글로벌 판매 400만대라고 하는 목표의 다음 단계를 노린 포석이다. 신형 하이브리드카와 환경을 배려한 디젤차 등의 투입으로 세계 판매대수를 끌어 올리겠다는 것.

후쿠이 사장은 일본 내 신설 공장에 관해 여기에서 최첨단 기술을 구사해 세계의 명 생산거점에 그 기술을 전개하는 역할을 담당한다고 설명했다. 이 공장은 2008년에 착공 2010년 초부터 가동하는 것을 목표로 하고 있다고. 초기 인원은 2,200명 정도를 내다보고 있다.

이 공장이 가동되게 되면 혼다의 일본 내 생산 능력은 현재의 연간 130만대에서 150만대로 확대된다.

차세대 자동차의 개발을 위한 연구거점으로서 170억 엔을 투자해 새로운 연구소도 설립 2009년 가동할 계획이다.

미국에서의 신규 공장은 2008년 가동 예정이다. 북미에서는 6번째 공장이 되게 된다. 약 4억 달러를 투자해 연간 20만대를 생산하게 된다. 신규 고용자수는 1,500명 이상으로 보고 있다. 입지는 현재 선정 중으로 미국 혼다측은 7월 말까지 결정하겠다고 밝혔다. 북미에서의 생산능력은 현재 연간 140만대에서 160만대로 확대한다.

캐나다에서는 신규 엔진 공장을 2008년에 가동할 예정. 1억 4,000만 달러를 투자해 연간 20만기를 생산할 방침. 신규 고용자수는 340

명으로 예정하고 있다고. 북미에서의 현지 조달률을 높이기 위한 것이라고.

인도에서도 계획을 3년 앞당겨 4륜차 공장의 생산능력을 배로 늘린 10만대로 한다. 이미 판매 중인 시티(일본명 피트리아)가 판매 호조로 다음 단계도 시야에 넣고 있다는 설명이다.

원유가격의 급등으로 주목받고 있는 하이브리드카에서는 패밀리용 신형 하이브리드카의 개발을 추진하고 있다고 밝혔다. 2009년 출시를 목표로 하고 있다고. 후쿠이 사장은 출시개시부터 2년 정도 되면 연간 20만대 정도 판매를 목표로 하고 있다고 덧붙였다. 하이브리드 시빅에 비해 소형의 모델을 예정하고 있으며 가격도 낮게 설정해 수요를 끌어 올린다는 복안.

여기에 세계에서 가장 엄격한 미국의 배기가스 규제를 클리어 한 디젤엔진도 개발해 3년 이내에 북미에 투입한다는 계획도 발표했다. 최신의 디젤차는 이전에 비해 가속도 좋고 배기가스도 크게 저감되어 있다며 개발 중인 엔진은 이 부분에서 더욱 개량될 것이라고 덧붙였다.

후쿠이 사장은 앞으로는 소형차는 하이브리드 중대형차는 디젤차의 라인업을 충실히 해 전체적으로 이산화탄소 배출량을 저감해 나가겠다고 말했다.

레전드 한국 상륙과 혼다의 라인업 전략

혼다코리아가 세 번째 모델 레전드를 출시했다. 혼다코리아는 2003년 3월 26일 공식출범을 선언했으므로 벌써 3년 3개월이 지났다. 한국 진출 3년 만에 세 번째 모델을 내놓은 것이다. 회사 출범 후 1년이 지난 2004년 4월 10일 베스트셀러 모델 어코드를 출시하며 본격 진출한 혼다코리아의 행보는 일반적인 차원에서 보면 이해가 가지 않는 대목이 많다.

혼다코리아는 첫 번째 모델 어코드를 출시하며 재미있는 캐치프레이즈를 내 걸었다. "사는 기쁨, 파는 기쁨, 만드는 기쁨"이 그것이다. 소비자와 딜러, 그리고 제조회사 일체가 된 브랜드라는 것이다.

당시 혼다코리아를 이끌게 된 정우영 사장은 "혼다코리아의 최종 목표는 판매대수와 점유율이 아닌 고객 만족도 1위 브랜드가 되는 것이다. 판매량은 그 후 늘려가도 된다. 또한 Honda Korea는 한국 수입차 시장에서 이러한 질 높은 상품과 고객 서비스를 제공함으로써 궁극적으로 한국 전체 자동차 시장의 발전에 일조하겠다"며 한국시장에서의 성공에 대한 강한 의지와 자신감을 밝히기도 했다.

첫 번째 모델로 어코드를 선정한 것은 그만큼 불확실성이 적기 때문이었다. 혼다의 중핵 모델인 어코드는 1976년 초대 모델이 데뷔한 이래 2003년 7세대 모델이 출시되었으며 140여 개국에서 1,300만대 이상의 판매를 기록한 글로벌 모델이다. 이미 검증받은 모델로 시장에서 안착하겠다는 의도를 내 비친 것이다.

당시 어코드의 판매가격은 2.4리터가 3,390만원, 3.0리터가 3,890만원(풀 옵션)으로 예상했던 대로 낮은 가격을 무기로 한국시장 공략에 나섰다.

첫 반응은 예상을 뛰어넘었다. 출시 세 달째인 7월에 렉서스 ES330의 326대에 이어 어코드 3.0이 168대를 판매하며 2위에 오르는 기염을 토한 것이다.

그리고 다시 5개월만인 1월 12일 두 번째 모델인 CR-V를 출시했다. CR-V는 혼다의 대표적인 SUV로써 1995년 10월 일본에서 발표된 이래 전 세계 160여 개국에서 180만대 이상이 팔린 혼다의 베스트셀러 모델로 이 역시 세계 시장에서 검증받은 모델.

CR-V 역시 국내 시판 가격은 2WD가 2,990만원, 4WD가 3,390만원으로 다른 브랜드에 비해 상대적으로 낮은 설정이다.

어쨌든 혼다코리아는 2년 1개월 동안 두 개의 모델로 버텨왔다.

비슷한 시기에 출범한 푸조를 시판하는 한불모터스의 경우 206CC를 비롯해 307CC, 406, 607 등 전 라인업을 동시에 라인업하는 전략을 펼친 것과는 크게 다른 모습을 보여 준다. 작년에 출시한 같은 일본 브랜드인 닛산도 인피니티 전 모델을 한꺼번에 출시했다.

이 때문에 혼다 차종을 국내에 시판하는 딜러들의 입에서는 볼멘소리가 불거질 수밖에 없었다. 한 가지 모델로 소비자들에게 접근하기가 곤란하다는 것이다. 적어도 두세 개의 모델을 놓고 선택을 할 수 있게 해주는 것이 판매하는 입장에서는 도움이 될 텐데 혼다코리아의 정책은 그런 딜러들의 입장을 고려하지 않는다는 원성을 들어왔다. 특히 많은 자금을 들여 첨단 정비공장까지 갖춘 딜러들은 더 답답하다. 어지간해서는 고장이 나지 않기 때문에 고급 인력들에게 높은 연봉을 지급하며 경비를 까먹고 있으니 답답하지 않을 수 없을 것이다.

그런데 혼다 코리아는 이 두 개 모델만으로 2년 동안 5,500대나 판매하는 기록을 세웠다.

이에 대해 혼다코리아의 정우영 사장은 "'선택과 집중'이라는 우리의 전략이 맞았다고 생각한다. 한꺼번에 여러 가지 모델들을 라인업하는 것도 나쁘지는 않겠지만 각 모델들에 대한 집중적인 관리가 이루어지지 않게 되어 딜러는 물론이고 소비자들에게까지 결국은 피해가 가게 될 수 있다. 우리는 우리의 전략으로 시장을 공략했고 지금 그것이 틀리지 않았다는 것이 수치로 나타나고 있다."고 설명한다.

혼다코리아는 1년 8개월 만에 세 번째 모델 레전드를 출시했다. 어코드 출시부터 따지면 만 2년 1개월 만에 세 번째 모델을 선보인 것이다.

레전드는 알다시피 혼다의 기술력이 종합된 플래그십 모델. 독일의 프리미엄 브랜드나 일본의 토요타, 닛산 등에 비해 상대적으로 낮은 배기량을 채용하고 있지만 '기술의 혼다'라는 말을 들을 정도로 첨단 장비를 채용하고 있다.

혼다가 설명하는 레전드의 컨셉은 "프리미엄 스포츠 세단."

경쾌한 주행성과 독자적인 존재감, 높은 기동성을 고루 겸비하고 첨단 안전 및 편의장비를 갖춘 모델. 외형상 특징은 숏 & 와이드(Short & Wide) 스탠스. 휠베이스는 길고 전폭은 넓지만 전장은 짧게 해 기동성과 민첩성을 살리고자 하는 의도를 읽을 수 있게 한다. 여기에 혼다가 자랑하는 VTEC 3.5리터 295마력 엔진과 5단 AT, 그리고 운전자의 거동과 차량의 자세를 감지해 최적의 주행 조건을 찾아 주는 SH-AWD을 채용해 혼다만의 주행성을 갖추고 있다.

세부적인 라인이라든가 선, 면의 사용 등에서는 이론적인 궁극을 지향하고 있지만 전체적으로 하나의 덩어리를 이루고 있는 스타일링이 혼다만의 컬러를 느끼게 해준다.

이번에도 혼다코리아는 가격 설정에 있어 다른 브랜드와는 다른 면을 보여주었다. 3.5리터 V6 295마력 사양의 시판가격을 6,780만원에 책정한 것이다. 어코드와 CR-V에 이어 플래그십 모델까지 배기량이나 세그먼트, 차체 크기 등에서 동급 모델들에 비해 상대적으로 낮은 가격이다. 혼다의 모든 기술력의 결집이라고 할 수 있는 플래그십 모델이라는 상징성을 생각하면 더욱 그렇다.

이에 대해 혼다코리아의 정우영 사장의 생각은 확고했다. "비싼 차가 좋은 차라고 하는 의견에는 반대한다. 좋은 차란 종합적인 조화가 중요하다. 레전드의 경우 수입차와 비교해서는 상대적으로 낮은 가격이지만 한국시장에서 판매되는 모든 차종과 비교했을 때는 낮은 가격은 아니다. 우리는 처음 출범 당시 선언한 '사는 기쁨, 파는 기쁨, 만드는 기쁨'에 충실하고자 하는 정책에 따른 가격설정을 했고 그것이 결코 틀리다고 보지는 않는다."

혼다의 정책은 분명 다른 브랜드와는 확실한 차이를 보이고 있는 것은 사실이다. 그러나 그런 전략은 결과로 평가받는다. 혼다코리아의 실적 뿐 아니라 혼다 글로벌 판매에서도 상상 외의 실적을 보이고 있다. 2005년 혼다는 하나의 브랜드로 전 세계 시장에서 336만 5,000대를 현대, 닛산, PSA푸조시트로엥과 비슷한 실적을 올리고 있다. 혼다는 미국시장에서 판매되고 있는 아큐라 브랜드 외에는 혼다 브랜드밖에 없는 독특한 메이커다.

그들만의 전략과 정책, 그들만의 마케팅이 가능한 것은 물론 그들만의 기술력이 있기 때문이다.

혼다 코리아의 다음 순서는 언제, 그리고 어떤 차종이 될까?

 G35, 인피니티 브랜드의 판매 견인 역할 가능할까?

한국닛산이 인피니티 G35의 한국시장 출시를 계기로 본격적인 포지셔닝 구축 작업에 나섰다. 특히 G35를 인피니티의 고향인 미국보다 먼저 한국시장에 출시하는 등 열의를 보이고 있다.

한국닛산측은 2006년 10월 안산의 레이싱 서키트로 소비자와 자동차 담당기자들을 초청해 서키트 주행체험 기회를 제공했다. 한 차원 높아진 성능을 직접 경험하게 해 뉴 G35가 가진 스포츠 세단으로서의 진가를 각인시키고자 했으며 그로 인해 인피니티의 브랜드 이미지 제고를 노렸다.

이번 이벤트는 '뉴 인피니티 G35 모터 파크'라는 타이틀로 핸들링 및 서스펜션, ABS 및 VDC 기능을 비롯 뉴 인피니티 G35 세단의 한층 업그레이드된 기술력을 바탕으로 한 역동적인 주행성능을 경험할 수 있도록 했다. 코너링(Cornering), 슬라럼(Slalom), 짐카나(Gymkhana), 서키트 드라이빙, 사전에 섭외된 일본 레이싱 출신의 전문 드라이버와의 다이나믹 드라이빙 등 5종류의 코스로 기획했다. 마지막에는 간이 서키트 2.9km를 직접 주행하며 달라진 G35의 성능을 확인하는 순서가 이어졌다. 물론 안산 서키트가 안전시설 미비로 인해 과감한 도전이 불가능한 점은 있었지만 인피니티의 브랜드 이미지인 '럭셔리 다이나믹성'을 강조하기 위한 시도로서는 의미가 있었다.

이런 이벤트 외에도 한국닛산은 G35의 출시 전부터 인피니티 전시장에서 '인피니티'를 모티브로 국내 신예 사진작가 3인의 예술사진전 '갤러리 G'를 운영한 것을 비롯해, 서울 광화문 서울파이낸스센터 건물 앞의 '뉴 인피니티 G35 세단'의 게릴라 티저 전시, 인피니티의 공식 웹사이트(www.infiniti.co.kr)를 통한 티저 사이트 운영 등 출시 전부터 다양한 방법으로 주목을 끌기 위한 전략을 구사했다.

또한 신차발표회를 서울무역전시장(SETEC)에서 세계적인 아트서커스 그룹인 '씨흐크 두 솔레'(Cirque du Solieil-태양의 서커스)의 공연을 국내 최초로 공연을 선보이기도 했다.

한국 닛산이 G35에 이처럼 많은 힘을 쏟는 것은 G35가 인피니티의 볼륨카이기 때문이다. 2세대인 뉴 G35 세단은 닛산 스카이라인이 2001년 11대째로 진화하면서 그때까지와는 전혀 다른 레이아웃과 엔진을 채용하면서 글로벌 플레이어로서의 첫 발을 내디디면서 등장한 이름이다. 그때까지 맥시마의 인피니티 버전인 I35가 미들 클래스 모델로서 활약해 왔었으나 G35가 엔트리카로 새로 등장한 것이다.

G35의 등장 이후 인피니티의 판매대수는 증가일로에 있다. 2002년 G35세단 2만 9,553대와 쿠페 5,220대 등 3만 4,773대를 판매해 전체 판매대수 8만 7,911대 중 40%를 차지했다. 2005년에도 13만 6,401대 중

세단 4만 2,779대, 쿠페 2만 5,949대 등 6만 8,728대로 50%를 차지해 절대적인 존재로 인피니티의 볼륨 모델로 자리매김해 왔다.

그러니까 렉서스와 아큐라에 비해 상대적으로 활발한 활동을 보이지 못했던 인피니티가 G35의 출시를 계기로 다시 힘을 찾기 시작했다는 것이다.

11세대 스카이라인, 즉 1세대 G35는 그때까지 닛산이 추구해 왔던 스포츠 세단의 컨셉을 완전히 탈피한 모델이었다. 차체의 프로포션이 달라졌다는 것을 의미한다. 물론 그것은 그동안의 이미지와는 전혀 다른 변신이었다. 이를 두고 우리는 혁신(Revolution)이라고 한다. 그런 획기적인 변신의 목표는 글로벌 플레이어로 자리매김하겠다는 것이다. 변신의 내용은 엔진을 직렬 6기통에서 V6로 바꾼 것과 엔진 마운트 위치를 프론트 액슬 뒤쪽으로 한 소위 말하는 프론트 미드십으로 해 차체의 중량 배분을 FR차로서는 이상적이라고 할 수 있는 앞 52%, 뒤 48%의 비율을 만든 것 등이다. 이 대목이 G35의 전체적인 성격 변화에 가장 큰 요인으로 작용하고 있다.

그런 성격의 변화는 '타도 BMW'를 위한 것이다. 좀 더 구체적으로 말하면 G35는 BMW 3시리즈를 직접 겨냥하고 있다. 2세대 G35는 1세대와는 달리 혁신이라기보다는 진보 즉 Evolution에 해당하는 모델이다. 기존 컨셉을 유지하면서 새로 개발한 엔진을 탑재해 주행성을 한층 강화했다는 것이다.

현행 인피니티 라인업 중에서는 가장 높은 주행성을 보이는 모델이라고 할 수 있는 뉴 G35는 그래서 인피니티에게는 M35/45와 함께 글로벌 전략의 중추적인 역할을 해야 할 모델이고 그 시험 무대를 한국으로 삼았다고 볼 수 있다.

전체적인 시장 규모는 크지 않지만 오늘날 세계의 많은 메이커들은 한국시장의 의미는 상당히 높게 평가하고 있다. 물론 본사의 입장에서 본다면 '기대보다 높은' 판매고에 놀라는 경우도 있겠지만 까다로운 소비자들로 소문난 한국의 유저들에게 인정받고자 하는 면도 없지 않을 것이다. 특히 중요한 것은 국내에서와는 달리 해외에서는 한국의 경제 상황을 낙관적으로 보고 있으며 앞으로도 수입차 시장은 그 성장 가능성이 높다는 점에서 적지 않은 비중을 두고 있는 것이다.

인피니티는 그런 상황에서 G35를 통해 전체적인 볼륨을 높이고 더불어 인피니티의 브랜드 이미지를 확고히 하고자 하는 전략을 추구하고 있는 것이다. 그 포인트는 다이나믹성. 여기에 시대적인 트렌드에 맞게 다양한 편의 장비를 채용하고 있다는 점을 강조해 럭셔리 모델이라는 점도 더불어 내 세우고 있다.

그런 의도에 걸맞게 가격도 동급 경쟁 모델에 비해 상대적으로 합리적인 설정을 했다고 한다. 하지만 인피니티가 공개적으로 경쟁 모델로 천명하고 있는 BMW에는 다양한 소비자층을 만족시킬 수 있는 차체와 엔진 베리에이션이 설정되어 있어 본격적인 경쟁을 하기에는 아직은 부족한 점이 없지 않다. 같은 일본의 럭셔리 브랜드인 렉서스 IS도 250과 350이 있어 판매대수를 올리기에 상대적으로 용이한 조건을 갖고 있다.

닛산도 최근 V6 3.5리터와 2.5리터 엔진을 새로 개발해 발표했다. 이 엔진이 우선 차세대 스카이라인을 통해 선을 보인 후 인피니티의 G에도 탑재될 가능성이 높은 것으로 알려지고 있다.

과연 뉴 G35 세단이 인피니티 도약의 초석이 될 것인가. 소비자들의 판단이 궁금해진다.

 일본 토요타, 2010년 1,040만대 생산 목표

일본 토요타자동차가 후지오 조 회장 취임을 계기로 가츠아키 사장과 함께 새로운 경영진으로 교체를 완료하면서 글로벌 전략을 더욱 구체적으로 추진하고 있다. 토요타자동차는 '2010년 글로벌 비전'이라는 타이틀을 내걸고 2010년까지 전 세계 생산대수를 1,040대 규모로 확대한다는 방침이다. 그를 위해 토요타는 10개의 공장을 더 건설해 해외 현지 생산분을 지금보다 260만 대분을 늘릴 계획이다.

이렇게 되면 2010년 토요타의 생산은 일본 내에서 420만대, 해외에서 620만대 체제가 완성되게 된다. 그중에서 일본 내의 생산 증강은 라인 조정 정도의 범위 내에서 이루어질 것이며 크게 확대시키지 않을 것으로 보인다.

토요타의 이런 계획이 차질 없이 진행된다면 지금보다 약 300만대 가량의 생산 증가되게 되며 2007년에는 처음으로 해외 생산이 일본 생산보다 더 많아지게 된다.

최근 토요타자동차의 전 세계 생산대수 추이를 보면 2004년 754만 8,600대에서 2005년에는 823만 2,100대로 급증하고 있다. 이런 추세대로라면 2006년 기준으로 GM을 제치고 세계 최대 자동차 메이커가 되는 것은 시간문제.

토요타의 최근 해외 공장 건설 추세를 보면 중국 광주 토요타와 미국 텍사스 제2공장의 신설, 태국과 프랑스 공장의 용량 증대를 포함해 합계 42만대의 공급력이 늘게 된다. 여기에 2007년 러시아 공장 등이 가동하게 되면 다시 57만대 정도가 늘게 된다.

여기에 2008년 캐나다 제2공장까지의 확정분을 합하면 123만대의 공장 신설 및 생산 용량 증가가 확정된다.

하지만 여기까지로는 글로벌 비전의 목표 달성이 이르지 못한다.

따라서 앞으로도 새로운 공장의 입지를 결정, 건설해야 한다.

지금 거론되고 있는 후보지로는 미국에 여덟 번째 공장과 중국 광주 제2공장, 그리고 인도와 프랑스에서의 제2공장에 유력시되고 있다.

물론 이를 위해서는 품질을 충실히 하기 위한 질 높은 생산인력과 부품업체들과의 제휴가 뒷받침되어야 한다.

토요타는 이를 위해 '글로벌생산추진센터(GPC)를 통해 생산 인력의 훈련을 계획적이고 효율적으로 육성한다는 방침이다. 이미 이를 위해 미국과 유럽, 아시아 등에서 품질 확보를 위한 정지 작업을 시작했다.

이와 동시에 이번에 취임한 후지오 조 사장은 2005년 6월 사장 퇴임 후 1년에 걸쳐 해외를 시찰해 온 것으로 알려졌다. 소위 말하는 '토요타 생산방식'의 1인자인 후지오 조 회장은 조달 부문에서 탁월한 능력을 보여준 가츠아키 사장과 함께 호흡을 맞춰 글로벌 비전을 달성하기 위한 노력을 경주할 것으로 보인다.

렉서스 LS460, 일본의 혼을 무기로 세계 시장 공략한다.

'물건 만들기는 사람 만들기'

이는 토요타자동차의 창업자인 토요타 기 이치로 이래 토요타의 기업이념으로 되어 있는 것이다. 토요타의 내부에 면면히 이어오던 이 이념을 렉서스의 4세대 LS시리즈를 통해 이제는 세계를 향해 공개적으로 표출하고자 하고 있다.

토요타가 렉서스의 4세대 LS시리즈에서 무엇보다 강조하고 있는 것은 '일본의 장인정신'이다. 첨단 기술을 활용한 제품 개발에 더해 높은 기술력을 보유한 '일본인' 전문가들의 빈틈없는 설계와 개발, 그리고 생산과정 개입을 강조하고 있다는 얘기이다.

다시 말하면 '조직의 힘'을 더 우선시 해 오던 소위 말하는 아시아적인 기업문화에서 이제는 개인의 캐릭터를 중시하는 유럽식의 제품 만들기를 전면에 내 세우고 있다는 것이다. 그 의미는 '일본인의 혼'을 무기로 세계 시장에서 경쟁하겠다는 것을 공표한 셈이다.

70여년의 토요타 역사와 17년의 렉서스 역사를 바탕으로 지금까지 항상 낮은 자세를 유지해 왔던 태도에서 벗어나 그들만의 힘을 당당하게 과시하고자 한다는 것이다.

렉서스는 1989년 미국시장에 출시된 이래 3세대 모델까지는 토요타의 렉서스 버전의 형태로 라인업을 구성해 왔다. 하지만 최근 GS와 IS 등부터 개발과 디자인을 달리하며 완전 독립을 선언했다. 그 중심에 서 있는 것이 L-피네스(Finesse)다.

L-Finesse는 렉서스의 라인업에 이르는 공통 디자인 언어로 첨단 리딩 에지(Leading-edge)와 정교한 Finesse를 양립시킨다고 하는 의미. 렉서스는 디자인도 테크놀러지도 또는 자동차가 인간에 느낌을 주는 운전감각도 이 단어를 표현하기 위해 개발된 것이라고 설명한다. 현행 GS부터 적용된 이 디자인 테마는 이후 등장하는 모든 렉서스 모델에 공통되게 적용하고 있다.

4세대 LS시리즈도 바로 그런 L-Finesse의 테마를 바탕으로 개발되었으며 그런 의미에서 LS460시리즈는 렉서스 2기 모델이라고 할 수 있다. 토요타 브랜드의 라인업과 완전히 독자적인 길을 걷는다는 의미에서 그렇고 또 하나는 그동안 숨죽이며 기다려왔던 유러피언 프리미엄 브랜드들을 직접 경쟁상대로 표방하고 있다는 점에서 그렇다.

그러니까 3세대까지의 LS는 프리미엄 '지향' 브랜드라는 평가를 받아왔고 그에 대해 토요타는 크게 대응하지 않으면서 감내해 왔다. 그런데 이제는 메르세데스와 BMW, 아우디, 재규어 등 4대 '프리미엄'

브랜드와 어깨를 나란히 하겠다는 의지를 공공연하게 표명하고 있다는 것이다.

물론 토요타가 그런 의지를 표명한다고 해서 바로 그런 자리에 오를 수는 없다. 궁극적인 평가는 소비자가 한다. 다시 말하면 LS460의 가격을 유럽 프리미엄 브랜드 수준으로 책정했을 때 그것을 당연히 여기며 구매해 주는 소비자들이 있어야 한다는 것이다. 그것이 아니라면 그런 브랜드들을 능가할 수 있는 브랜드 가치를 어떤 형식으로든 인정을 받아야 한다.

우리나라 수입차 시장에서도 BMW와 선두 자리를 다투며 많은 판매고를 올리고 있는 렉서스이지만 플래그십 모델 LS의 가격은 유러피언 프리미엄 브랜드들의 가격과는 분명한 차이가 있어 왔다.

그런 의미에서 11월 9일 LS460에 책정될 한국시장의 판매 가격은 상당한 관심을 불러 모으고 있다.

참고로 일본시장에서는 렉서스 LS의 가격이 숏 휠베이스 770만 엔부터 롱 휠베이스 965만 엔까지로 설정되어 있다. 이에 비해 BMW 7시리즈는 740i가 915만 엔, 760Li는 1,745만 엔, 메르세데스 벤츠 S클래스는 S350이 987만 엔, S600L이 1,900만 엔으로 여전히 적지 않은 갭을 보이고 있다.

하지만 아직까지 미국시장과 한국시장 등 해외시장에서의 판매가격은 나오지 않고 있다. 렉서스가 한국시장에 처음 진출했을 당시의 예외적인 가격전략이 다시 한 번 적용이 될 지 궁금해진다.

::: Automobile Industry column

6 China Automobile Industry

 오토 차이나 2005-뉴 모델 없는 세계 최대 규모의 쇼

오토 상해 2005, 즉 상해모터쇼가 개막 3일째를 맞았다.

올해의 상해모터쇼를 통해 나타난 양상은 역시 중국이 세계 최대 잠재시장이라는 데는 변함이 없다는 것이었다. 2003년 쇼보다 쇼장의 공간이 50% 가량 넓어졌음에도 불구하고 관람객들은 발 디딜 틈이 없이 몰려들었다. 물론 아직은 이런 대규모의 모터쇼를 많이 치러보지 않은 만큼 세련되지 못한 진행이 여기저기 나타나는 것도 사실이다.

중국시장 소비자들의 구매력은 물론 여러 가지 이유로 아직은 본격적인 위력을 발휘하지는 않고 있지만 머지않아 실제 소비로 이어질 것이라는 데는 모두가 동의한다.

특히 중국인들은 큰 것을 좋아한다. 큰 것뿐만이 아니라 고급스러운 것을 선호한다.

그런 의미에서 모터쇼도 그런 소비자들의 취향을 반영하는 모델들로 부스가 꾸며진다.

오토 상해 2005는 중국의 소비특성을 잘 파악한 전 세계 메이커들이 그들의 대표적인 모델들을 전시하고 있다. 그리고 그 규모는 예상보다 훨씬 컸다.

특히 세계 그 어느 모터쇼보다 다양한 모델들이 전시되고 있다는 것이 특징이다. 소위 말하는 세계 5대 모터쇼는 그 지역 시장에 맞는 모델들을 중심으로 전시가 되는 것이 보통인데 상해모터쇼에는 중국 현지 메이커들이 내놓은 모델들까지 등장해 그 수를 헤아릴 수 없을 정도다.

물론 흔히 말하는 브랜드 뉴 모델이 등장하거나 하는 그런 정도의 쇼로서의 위상을 반영했다기보다는 각 브랜드의 라인업들이 모두 동원됐다는 점에서 주목을 끈다. 특별히 대형차가 많다거나 SUV가 강세를 보인다거나 하지 않는다는 것이다.

예를 들어 폭스바겐의 뉴 파사트와 푸조 307 시리즈, 피아트 팔리오, 현대 엘란트라 등 이미 알려진 모델들이지만 빠짐없이 전시하고 있다는 것이다.

특히 눈길을 끄는 것은 페라리와 마이바흐, 벤틀리 등 울트라 수퍼럭셔리카들도 거의 대부분 전시되고 있다.

메르세데스 벤츠는 올해 말부터 중국에서 C클래스와 E클래스의 생산을 개시한다. 그 전에 그 모델들을 모두 전시하고 있으며 최근 선보인 R클래스도 출품했다.

미국 메이커들도 이에 못지않게 최대 규모의 부스를 차지하며 풀라인업을 전시하고 있다. 포드는 올해 말 중국시장에 출시 예정인 포커스를 비롯해 최근 주가를 올리고 있는 파이브 헌드레드와 2도어 포커스 컨셉트카, 링컨 제퍼, 내비게이터 등으로 그 화려한 위용을 과시하고 있다.

GM은 뷰익을 필두로 시보레, 캐딜락, 오펠, 사브 등 거의 모든 브랜드들 망라하고 있다. 그중 가장 눈길을 끄는 모델은 세계 최초로 선보인 시보레 아베오. GM대우가 생산해 국내에서는 칼로스 후속 모델로 판매될 모델이다. 그러니까 글로벌 개념으로 유일한 브랜드 뉴 모델을 GM대우가 내놓은 셈이다. GM은 올해 처음으로 시보레 브랜드를 중국시장에 선보였는데 전체적인 판매 증대에 큰 역할을 할 것으로 기대하고 있다.

크라이슬러는 최근 붐이 일고 있는 SUV 세그먼트의 모델들을 다양하게 전시하고 있으며 작년부터 공전의 히트를 기록하고 있는 크라이슬러 300시리지 세단도 부스 전면에 내 세우고 있다.

크라이슬러가 중국산 모델을 미국으로 수출할 것이라는 것은 현지에서는 그저 소문 수준이라는 의견이 지배적이었다. 하지만 격심해져 가는 중국시장에서의 가격 경쟁에서 이기기 위해서는 규모를 확보해야 하는 것만은 틀림없는 사실이다.

토요타와 혼다 등 일본 메이커들은 최근 반일 감정에도 불구하고 수많은 모델들을 전시하고 있다. 중국시장에서 일본차의 점유율은 어느새 30% 이상에 달할 정도로 위력을 과시하고 있다.

닛산은 티다를 중국에서 생산할 것으로 알려졌지만 쇼장에는 전시하지 않았다.

현대자동차는 2005년 1사분기 판매에서 폭스바겐과 GM을 제치고 선두에 올라 업계관계자들을 놀라게 했다. 중국시장 베스트셀러 모델인 엘란트라를 비롯해 쏘나타, 투스카니, 그리고 올해 말 중국시장에 투입할 투싼 등을 전시하고 있다.

한편 상해기차, 질리, 체리, 제일기차 등의 소위 중국 현지 브랜드들의 중국시장 점유율은 10%에 채 미치지 못하고 있지만 모터쇼장에는 앞으로의 신장 가능성을 가늠할 수 있을 만큼의 많은 모델들이 전시되었다. 특히 체리의 경우는 여러 가지의 뉴 모델을 비롯해 첫번째 SUV , 스포츠카 등을 전시해 가장 적극적인 자세를 보여 주었다.

작년에 중국시장에 예상보다 성장 속도가 둔화되었고 올 1사분기도 8%가 감소했지만 세계의 자동차 메이커들은 중국시장은 앞으로도 무한한 성장 가능성이 있다고 믿고 있다. 그런 그들의 믿음을 이번 상해모터쇼는 그대로 보여 주고 있다. 수요가 둔화될 것이기 때문에 투자를 줄인다거나 하는 일은 결코 없다는 얘기이다.

중국의 자동차시장, 별들의 전쟁이 시작됐다.

중국의 고가품 소비자가 폭발적으로 늘고 있다. 인구의 1%에 해당하는 1,300만 명이 국내외에서 고급 브랜드 제품과 귀금속 등을 구입하고 있어 그 시장 규모는 무려 20억 달러에 이른다고 알려져 있다. 그 때문에 세계 각국의 고가 브랜드는 중국시장 전략에 급피치를 올리고 있다.

예를 들면 소강성 항주에 거주하는 20대 후반의 자영업 남성의 경우 애용하는 셔츠는 이탈리아 고급 브랜드 조지오 아르마니다. 회사 출장 중 홍콩에 있는 브랜드점을 방문해 이 고급 의류를 구입했다. 팔뚝에는 스위스의 고급 시계 바슈롬 콘스탄틴의 한정 모델을 착용하고 있다. 가격은 우리 돈으로 환산하면 1000만 원 정도. 세계에서 100개만 한정 판매해 구미 등에서도 구입하기 어려운 모델을 상해의 고급점에서는 구입할 수 있다. 바로 이것이 중국 고가품 소비자의 전형적인 예라는 것이 현지 전문가들의 분석이다.

전 세계 고가품 매출액 중 중국인의 소비에 의한 것은 현재 약 10% 정도로 금액으로는 연간 20억 US달러를 상회하고 있는 것으로 조사되고 있다. 고가품 소비의 최대 시장은 아직까지는 매출액의 40%를 점하고 있는 일본이다. 하지만 중국시장은 연간 60%씩 증가하며 시장이 확대되어 가고 있어 앞으로 10년이면 일본을 제치고 고급품의 최대 소비국으로 될 것은 확실해 보인다.

미국 투자은행기업인 JP모건은 GDP의 안정적인 성장과 젊은 층의 고급품 지향의 확대라고 하는 2대 요소로 인해 "중국의 고가품 시장은 약속된 시장"이라고 정의하고 있다.

100만 장자 이상의 부호는 약 25만명

중국의 고급품 소비자는 크게 나누어 2개 층으로 구성되어 있다고 말한다.

소비의 핵은 연해부의 자영업자들을 중심으로 한 자본가들이다. 이들은 다 사용할 수 없을 정도의 인민 위안을 갖고 있다고 알려져 있다. 중국사회과학원의 통계에 따르면 자산액이 1,000만 US달러를 넘는 대 부호는 약 1만 명, 100만 달러 이상은 23만 5천명을 넘는다고 한다. 하지만 이것은 통계당국에 잡힌 것이고 실제로는 그 열 배인 2,300만 명은 될 것이라는 의견도 있다. 14억 인구 중에서 극히 소수에 속하는 이 층이 내륙빈곤층의 10수년분의 연 수입에 상당하는 수만 위안의 의류와 일용품을 일상적으로 구매하고 있는 것이다.

이런 부유층의 태도를 잘 보여주는 것이 상해시 중심부의 고급 브랜드 전문쇼핑몰 <프라자 66>이다. 많은 내점객들이 이 몰에서 고가의 백과 보석을 구매하거나 해외로 나가 구입하고 있다고 한다. 미국의 골드만삭스의 조사에 따르면 2004년 중국인의 고급품 소비 중 국내에서의 소비는 겨우 1/6로 나머지는 해외 여행지인 홍콩과 유럽 등에서 구입하는 것으로 나타났다. 2004년 중국인 해외여행객의 구매액은 1인당 평균에서 일본인보다 10%를 상회해 세계 톱 자리에 올랐다.

마이카 붐과 더불어 초고가 모델 수요도 급증

이런 고가품의 소비 증대를 가장 잘 보여 주는 것은 물론 자동차다. 미국의 컨설팅회사 AC닐슨이 북경, 상해, 광주시 등에 거주하는 시민 3,000명을 대상으로 실시한 설문조사에서 전년 조사의 1.5배에 해당하는 전체 9%가 머지않아 마이카 구입을 검토하고 있는 것으로 나타났다. 2004년에는 마이카 보유 비율이 세 도시에서 8~22%까지 증가했다. 닐슨은 마이카 수요가 금후 자동차시장을 견인할 것으로 보인다며 중국자동차시장에서 대도시지역의 승용차 수요가 기폭제로 될 것으로 보인다고 전망했다.

중국의 자동차생산대수는 2002년을 기점으로 2005년의 목표를 웃도는 325만대를 달성했고 2003년에는 444만대까지 급증했다. 그중에서도 승용차의 생산은 1998년부터 2003년까지의 5년간 약 네 배가 증가했다. 이런 추세가 계속되면 2010년에는 연간 생산대수가 1,000만대를 돌파해 일본을 제치고 세계 2위의 자동차생산대국이 되게 된다.

그런 중국시장의 잠재성은 전 세계 자동차회사들의 대 중국 투자로 이어지고 있다. 그런 투자 규모를 개괄적으로 알 수 있게 해 주는 것이 모터쇼다. 2005 상해모터쇼를 통해 나타난 양상은 역시 중국이 세계 최대 잠재 시장이라는 데는 변함이 없다는 것이었다. 중국 소비자들의 구매력은 물론 여러 가지 이유로 아직은 본격적인 위력을 발휘하지는 않고 있지만 머지않아 실제 소비로 이어질 것이라는 데는 모두가 동의한다.

특히 중국인들은 큰 것을 좋아한다. 큰 것 뿐만이 아니라 고급스러운 것을 선호한다. 자동차도 고급차에 대한 선호도가 훨씬 높다. 그런 소비 성향을 파악한 자동차 메이커들은 지난 봄 상해모터쇼 2005에 그들의 대표적인 모델들을 전시했다. 그리고 그 규모는 예상보다 훨씬 컸다.

특히 세계 그 어느 모터쇼보다 다양한 모델들이 전시되고 있다는 것이 특징이다. 소위 말하는 세계 5대 모터쇼는 그 지역 시장에 맞는 모델들을 중심으로 전시가 되는 것이 보통인데 상해모터쇼에는 중국 현지 메이커들이 내놓은 모델들까지 등장해 그 수를 헤아릴 수 없을 정도였다.

물론 흔히 말하는 완전히 새로운 모델이 등장하거나 하는 것은 아니다. 그보다는 각 브랜드의 라인업들이 모두 동원됐다는 점에서 주목을 끈다. 특별히 특정 대형차가 많다거나 SUV가 강세를 보인다거나 하지 않는다는 것이다.

예를 들어 폭스바겐의 뉴 파사트와 푸조307 시리즈, 피아트 팔리오, 현대 엘란트라 등 중소형차들도 빠짐없이 전시하고 있다는 것이다.

특히 눈길을 끄는 것은 페라리와 마이바흐, 벤틀리 등 미화 30만 달러가 넘는 울트라 수퍼 럭셔리카들도 거의 대부분 전시되고 있다. 그만큼 시장이 거대하고 그 중에서 고가품 시장이 차지하는 비중이 크다는 것을 단적으로 보여주는 내용이다.

그런 시장을 본격적으로 공략하기 위해 BMW는 이미 중국에서 생산을 시작했고 메르세데스 벤츠는 올해 말부터 중국에서 그들의 럭셔리 모델 생산을 개시한다. 미국 메이커들 중 포드는 올해 말 중국시장에 출시 예정인 포커스를 비롯해 최근 주가를 올리고 있는 파이브 헌드레드와 2도어 포커스 컨셉트카, 링컨 제퍼, 내비게이터 등으로 중국시장 공략을 준비하고 있다.

GM은 뷰익을 필두로 시보레, 캐딜락, 오펠, 사브 등 거의 모든 브랜드들을 망라하고 있다. 크라이슬러는 북경지프로 이미 중국 소비자들과는 친숙한 메이커인데 그런 힘을 배경으로 최근 붐이 일고 있는 SUV 세그먼트의 모델들과 작년부터 공전의 히트를 기록하고 있는 크라이슬러 300시리즈 세단으로 중국시장을 노크하고 있다.

토요타와 혼다 등 일본 메이커들은 최근 반일 감정에도 불구하고 중국공략이 본격화되고 있다. 중국시장에서 일본차의 점유율은 어느새 30% 이상에 달할 정도로 위력을 과시하고 있는 것이다. 현대자동차는 2005년 1사분기 판매에서 폭스바겐과 GM을 제치고 선두에 올라 업계관계자들을 놀라게 했다. 중국시장 베스트셀러 모델인 엘란트라를 비롯해 쏘나타, 투스카니, 그리고 지난 6월에는 투싼을 투입했다.

중국 정부는 2020년까지 중국 자동차 등록대수가 1억 4,000만대 증가해 전체적으로 2억 5,000만대가 될 것으로 전망하고 있다.

그 시장을 잡기 위해 2004년 GM과 폭스바겐, 포드, 토요타, 르노닛산, 그리고 다른 업체들은 중국에 130억 달러를 투자해 2010년까지 생산 용량을 세 배로 늘리려 하고 있다.

GM은 2004년 북경 오토쇼에서 앞으로 3년 동안 추가로 30억 달러를 중국에 투자하게 될 것이라고 발표했다. 그 투자는 연간 생산용량을 두 배 이상으로 늘리는데 사용될 것이며 20개가량의 뉴 모델과 업그레이드 모델을 출시하는데 유용될 것이라고 밝혔다. 물론 파워 트레인과 디자인 및 엔지니어링 용량도 확대한다. 포드는 지난 가을 10억 달러를 투자해 생산 용량을 늘리고 새로운 공장을 건설하겠다고 발표했다. 누가 더 많이 투자하는가를 경쟁하는 것 같은 양상이다.

이 별들의 전쟁에서 누가 승자가 될 것인지는 그동안의 법칙과는 다른 양상을 통해 가늠될 것이기 때문에 누구에게나 기회의 땅이자 동시에 무덤이 될 수도 있을 것이다.

중국, 자동차업계 인수합병 통해 대형회사 육성한다.

11월 21일 중국의 재무경시보에 따르면 제11차 5개년 계획(2006~2010년) 기간 중의 자동차산업정책에 인수합병에 의한 중국 내 자동차 메이커의 재편과 대형화가 활발하게 진행될 것으로 전망됐다. 중국에는 크고 작은 120여개의 완성차회사가 난립해 있는데 검토되고 있는 신자동차산업정책에서는 점유율 15% 이상 메이커의 체력강화를 장려하는 한편 약소 메이커의 도태를 용인한다는 것. 수입차의 관세 인하를 내년 여름으로 끝나게 되 중국 정부가 중국 내 메이커의 육성 도태의 가이드라인을 명확히 한 것이라고 할 수 있다.

국가발전개혁위원회에 의해 책정이 추진되고 있는 것은 "자동차산업 제11차 5개년 계획(11 5)발전규획 요강." 동 요강은 작년 6월에 동 위원회가 발표한 "자동차산업발전정책"을 받아 동 위원회에 의해 구체적인 지침을 시사한 문서라고 할 수 있다. 요강은 빠르면 내년에 공표될 것이라고 한다.

요강의 원안에 따르면 중국 내의 자동차 판매대수 점유율이 15%를 넘는 기업을 M&A에 의해 규모를 확대하고 중국의 기간자동차메이커로 육성한다고 되어 있다.

한편 점유율 15% 이하의 메이커에 대해서는 흡수합병 혹은 매각대상으로 해 대기업과 중소영세기업의 생존 방향성을 잡아간다. 작년 발표된 자동차산업발전정책이 점유율 15% 이하의 기업의 행방에 대해 언급하지 않았던데 대해 이번의 요강은 중국정부의 "대기업 장려 중소영세기업 도태"의 방침을 명확히 내놓은 점이 특징이라고 할 수 있다.

이러한 재편안에 나온 배경에는 2001년 12월의 WTO가입에 따른 공약이 있다. 이 공약에 따르면 제11차 5개년 계획 초년도인 2006년 7월 1일에는 승용차에서 현행으로는 최혜국이라면 30%, 그 이외라면 최고 70%에 달하는 완성차의 관세율을 25%로 낮추지 않으면 안된다. 아직 25%의 관세가 시행되지는 않고 있지만 세율이 인하되면 당연히 수입차의 가격경쟁력은 중국시장에서 현재보다 강해지게 된다.

한편 중국의 자동차산업은 현 수준으로는 연간 500만대 정도. 이에 대해 미국의 GM은 2004년 전 세계 생산대수가 909만대, 토요타자동차는 2004년 4월~2005년 3월의 1년간 세계에서 723만대를 생산했다. 중국의 생산대수는 이들 메이커 하나의 생산량에도 미치지 못한다. 아직은 경쟁력의 차이가 명백하다는 얘기이다.

현 상황에서 시장을 개방하면 중국 내 메이커의 열세는 자명하다. 이것을 몇 개의 대형 그룹으로 재편함으로써 기업규모를 확대해 수입완성차에 대항할 수 있는 경쟁력을 키운다고 하는 것이 신 정책의 골자다.

자동차업계의 대규모 그룹 기업으로의 재편은 경영력 강화뿐만 아니라 제11차 5개년 계획 전체의 큰 줄기로 되어 있는 자체개발 기술과 중국산 자체 브랜드의 육성을 위한 기반 구축이라고 하는 측면도 아주 큰 흐름이라고 할 수 있다. 기업 규모가 적으면 각사가 이러한 분야에서 경쟁을 할 수 없게 되고 결과적으로 점점 더 어려워지게 된다.

신정책에서는 메이커의 연구개발력과 기술혁신력, 자체 브랜드의 강력한 추진이 전면에 대두될 것으로 보인다. 재편으로 인해 탄생하는 대 그룹에는 자체 개발력의 보유가 사실상 의무화될 것으로 보인다. 제11차 5개년 계획기간 중 중국 정책은 이러한 방면을 강화하기 위해 힘 있는 민족계 자동차메이커에의 재정지원도 실시할 것을 고려하고 있는 것으로 알려졌다. 중국자동차공업협회 관계자는 정부는 우선 대규모 그룹으로부터 지원을 받아 완성차와 엔진의 자체개발에 중점을 두게 될 것이라고 전망하고 있다.

그렇게 해서 그룹기업에의 재편과 자체 개발 기술과 중국산 자체 브랜드의 육성이 신 자동차 정책의 주가 되면 중국에서 생산하고 있는 외국계 자동차 메이커도 영향을 받게 된다. 경우에 따라서는 전략의 수정을 하지 않으면 안 되는 사태의 도래도 부인할 수 없게 된다.

급성장하는 중국 자동차산업의 명과 암

중국의 자동차산업이 급속한 성장을 거듭하고 있지만 자동차 디자인과 글로벌 시장에서의 경쟁력을 갖추기 위해서는 앞으로 10년에서 20년 동안 수많은 장벽에 부딪힐 것으로 보인다.

이와 같은 전망은 지난주 중국 내 자동차회사와 정부 관계자, 딜러 등 자동차산업 리더 20명을 대상으로 실시한 인터뷰를 통해 작성된 보고서에 나타난 것이다. 이 보고서는 IBM비즈니스컨설팅서비스(IBM

Business Consulting Services)와 미시간대학운송연구협의회 (University of Michigan Transportation Research Institute)에 의해 작성된 것이다.

이 보고서 작성 관계자들은 중국의 자동차산업 지도자들은 중국은 GM과 폭스바겐 등 글로벌 메이커들의 합작회사들로부터 기술 및 전문적인 지식을 충분히 습득할 수 없다고 믿고 있는데 놀랐다고 설명하고 있다.

IBM서비스의 책임자는 중국 정부는 중국 자동차회사들에게 그들의 합작회사 지분의 50% 이상을 소유하게 하면서 빨리 전문지식을 습득하기를 희망하고 있다고 설명한다. 하지만 이 기술전수가 가시화되지 않고 있으며 이는 해외 메이커들의 지적 재산권 문제가 걸려 있다고 말한다. 중국의 자동차산업 종사자들은 여전히 핵심기술은 해외 메이커들이 장악하고 있다고 느끼고 있다는 것이다.

중국은 또한 판매 네트워크 구축도 요원하다. 중국은 2003년 자동차 할부금융을 제한했다. 또한 중고차 판매에 대한 까다로운 법 조항과 중고차가 신차만큼이나 비싸질 수도 있는 세제를 유지하고 있다.

자동차산업 발전을 가로막는 또 다른 문제는 인프라스트럭처다. 중국은 8만 5,000개의 주유소가 있는데 대부분 도시지역에 집중되어 있다. 미국의 17만개와 비교되는 수치다.

중국은 2004년 234만대의 자동차를 생산했다. 1993년 22만대와 비교하면 엄청난 성장이다. 또한 2007년에는 시장 규모에서 독일을 제치고 세계 세 번째가 될 것으로 보인다.

중국은 엄청난 잠재력을 갖고 있다. 이제 겨우 1,000명당 24명꼴로 자동차를 소유하고 있다. 전 세계 수준은 1,000명당 120대, 미국의 경우는 750대에 달하는 것과 비교하면 어마어마한 차이이다.

이 보고서는 또한 중국의 자동차시장은 2015년이 되면 미국보다 더 커질 것으로 전망하고 있다. 참고로 2005년 판매대수는 500만대를 돌파했다. 미국은 1,700만대 수준.

하지만 이런 전망과는 달리 중국시장에는 수많은 불확실성이 존재하고 있다는 것이 이 보고서 작성자들의 의견이다.

공급과잉 중국시장에서 생산능력 늘리는 일본 메이커

중국에서 일본 자동차회사가 생산능력 증강에 박차를 가하고 있다. 중국의 자동차업계에서는 설비과잉이 차제에 심각화하고 있지만 일본계 메이커들은 판매를 크게 늘리며 승승장구하고 있으며 판매 점유율의 확대에 더욱 힘을 쏟고 있다.

그런데 승용차의 판매 가격은 하락하는 경향에 있으며 격화되는 경쟁 상황은 일본 메이커라고 피할 수는 없다.

중국의 자동차시장의 신장세가 둔화했을 때에 능력을 확대한 동풍혼다는 큰 도전에 직면하고 있다는 것이 중국 국가발전개혁위원회 관계자의 설명이다. 동풍혼다는 약 400억 엔을 투자해 생산능력을 3만대에서 그 네 배인 12만대로 확장했는데 그 전망이 반드시 긍정적이지만은 않다는 것을 말하고 있는 것이다.

그 배경에는 생산능력이 과잉에 이르러 있는 중국 자동차시장의 정세가 있다. 중국국가발전개혁위원회에 따르면 2005년 말의 중국 자동차 생산능력은 연간 800만대로 판매대수 대비 약 200만대 가량이 과잉 상태라고 한다. 또한 앞으로 설비 투자를 억제하지 않으면 2010년에는 연간 생산능력이 2,000만대에 달해 수요의 두 배 이상으로 될 것이라고 경고하고 있다.

하지만 일본 메이커들은 그런 경고에도 불구하고 생산능력 확대에 여전히 박차를 가하고 있는 것이다. 혼다는 동풍혼다의 설비 확장에 이어 광주혼다 제2공장(연산 12만대)를 올 가을에 완공한다. 중국에서 혼다의 4륜차 생산능력은 2006년 말에는 합계 53만대(수출 전용공장도 포함)에 달할 것으로 전망된다.

토요타는 합작회사인 광주토요타의 신 공장(연산 10만대)을 올 하반기 가동에 들어간다.

마쓰다도 장안기차, 미국 포드모터와 남경에서 신규 자동차 공장(연산 16만대)을 건설 중에 있으며 2007년 상반기에 완공을 목표로 하고 있다.

점유율 확대를 목표로 한다면 공급력의 증강은 필수적이라고 중국토요타 투자유한공사 관계자는 말하고 있다. 동풍혼다의 관계자도 좋은 차를 저렴한 가격에 만드는 기술을 결집하면 아직은 생산을 확대할 수 있는 잠재력이 있다고 낙관적 견해를 피력하고 있다. 마쓰다 관계자도 공급과잉인 것은 일부 특정기업에 해당한다고 잘라 말한다.

이처럼 일본 메이커들이 중국시장에 생산을 늘리는 것은 물론 판매 호조가 주요인이다.

중국 전체 승용차 판매 신장률은 2005년에 2004년 대비 21.4% 증가했는데 토요타는 58%, 마쓰다는 51%가 증가했으며 닛산의 경우는 160%라고 하는 경이적인 신장률을 보였다. 혼다가 20%증가에 그친 것은 생산능력의 한계로 신장률을 따라가지 못했기 때문이라고 한다.

중국에서는 1980년대에 아직 차가 많지 않았던 시대 공용차는 크라운과 세드릭 등 수입 일본차가 석권하고 일본차는 품질이 좋다고 하는 관념이 당시부터 침투했다고 한다. 연비가 좋고 고장도 적은 일본차의 품질에 대한 평가가 높아 일부 반일 감정을 넘어 중국에서 인기를 끌고 있는 것이다.

중국 정부계 싱크탱크인 국가정보센터의 전망에 따르면 중국의 자동차시장은 앞으로 15~20년은 연 평균 10% 이상의 높은 신장률이 계속될 것이라고 한다. 인구가 일본의 10배, 국토가 25배인 중국에서

2005년 자동차 보유대수는 3000만대 가량으로 일본의 절반 이하에 지나지 않는다는 점에 일본 및 세계의 메이커들은 착안하고 있다. 그만큼 거대한 잠재력이 있다는 것이다.

하지만 100개사 이상의 자동차 메이커가 난립해 있는 중국에서는 설비 과잉인 것은 분명한데 앞으로 각 회사의 경쟁력에 따라 그 명암이 갈릴 것은 분명하다.

중국시장에 일찍이 뛰어 들어 승용차 시장 점유율 50% 이상을 점했던 독일 폭스바겐은 2005년 판매가 15% 떨어졌다. 합병 회사 중 하나인 상해 폭스바겐은 2005년 전반 재고 누적으로 감산을 결정하기도 했다.

중국 상무성 통계에 따르면 2005년 자동차관련기업(6,315개사)의 세후 이익은 전년 대비 24.3%가 감소한 526억 위안으로 대폭 줄었다고 한다. 공급과잉으로 자동차 판매가격이 하락해 관련기업의 수익력이 저하하고 있는 것이다.

이런 상황이기 때문에 일본 메이커들도 낙관만은 할 수 없다는 분위기가 없는 것은 아니다.

현지 전문가들은 2005년 판매가격은 전년 대비 10~15% 가량 떨어졌다며 중국에서 자동차 메이커들의 경쟁이 소모전 양상을 띠기 시작했으며 중국 경제의 선행 상황에 따라서는 일본 메이커들도 심각한 국면에 처할 가능성을 배제할 수 없다는 것이다.

중국, 자동차용 금형산업 '황금알 낳는 거위'

중국에서는 자동차산업의 급속한 발전에 따라 중요한 생산 기술 중의 하나인 금형산업에의 투자가 격화되고 있다. 중국에서는 중국산 제품이 양은 물론이고 질적인 측면에서도 수요를 만족시키지 못하고 있기 때문에 고품질의 자동차용 금형이 부족한 실정.

차체용만으로 연간 3억~5억 달러분의 수입이 필요한 상태라고 한다. 이 때문에 장래성있는 자동차용 금형시장을 노리고 세계 각국의 업계들이 설비투자를 가속화하고 있다. 자동차용 금형산업을 전략적으로 지원하고 있는 중국 지방정부도 나서서 동 산업에의 투자 붐은 더욱 과열되고 있는 양상이다.

중국의 언론이 전하는 바에 따르면 중국 내의 자동차용 프레스 금형의 연산능력은 금액 기준으로 현재 80~90억 위안(약 1조~1조 3,000억 원)의 규모. 한편 중국 내의 자동차용 금형수요는 연간 200억 위안을 넘고 있어 중국내 생산분 만으로는 도저히 수요를 충족시킬 수 없는 상태.

전문가들이 예상하는 2006년 중국시장 자동차 판매대수는 2005년 대비 15% 증가한 640만대. 소형차 장려와 대형차에 대한 소비세 증세 등의 환경변화로 인해 두 자리수 성장은 거의 확실시 되고 있다. 각 메이커들도 격심해져 가는 경쟁에서 이기기 위해 앞으로도 신 차종을 속속 투입할 것으로 보인다.

하나의 차종 생산에 필요한 금형은 약 1억 위안이 들며 또 모델체인지시에는 금형의 80%를 신차종용으로 교환할 필요가 있게 된다. 자동차산업의 성장이 지속될 것으로 보이는 만큼 앞으로도 자동차용 금형의 수요는 확대될 것이 분명하다.

이미 외국자본과 현지자본을 불문하고 자동차용 금형생산에의 투자는 최근 수년 동안 활발하게 진행되고 있다. 일본계의 예를 들면 혼다계의 혼다트레이딩은 2004년에 산동성 연대시에 프레스금형의 제판을 담당하는 회사를 설립했다. 혼다 외에도 토요타, 닛산, 미쓰비시자동차 등도 프레스 부품과 금형의 제판 법인을 2001년에 광동성 광주시 2003년에 호북성 무한시에 각각 설립했다.

일본 이외의 외국자본으로서는 미국 Koher Asia가 2004년 4월 동풍기차계의 동풍기차모구(東風汽車模具)와의 사이에 호북성 무한시의 경제기술개발구에 금형합작회사를 설립했다. 올 1월에는 미국 Sekely가 상해기차와 총 투자액 9,200만 달러의 금형합작회사를 출범시켰다.

현지자본의 움직임도 활발하다. 천진기차모구는 하남성의 석탄기업과 새로운 자동차용금형합작회사를 발족시켰다. 이 외에도 수개의 기업체들이 금형의 연구개발 및 설계 생산을 집단적으로 해 금형생산기지의 개발을 추진하고 있기도 하다.

중국 지방정부 중에서도 자동차용 금형을 전략산업으로 책정하고 있다. 자동차금형을 제조업 중에서 우선 지원한다는 계획을 내놓고 있는 것이다.

금형업계단체인 중국모구협회는 중국 내의 현지 메이커에 관해 기술 수준이 낮고 세계 시장에서 경쟁하기에는 아직 힘이 부족하다고 지적하고 있다. R&D, 인재육성, 서플라이어 체인의 정비 및 정보 서비스의 강화 등이 정비되어야만 추격할 수 있다고 설명한다.

전문가들은 앞으로 5년이 중국의 자동차 금형산업에 아주 중요한 시기라고 분석하고 있다. 지역별 분업체제 확립과 하이엔드로의 이행, 인재와 관리를 포함한 기업력 강화, 국내경쟁에서 국제경쟁에로의 이행이 필요하다고 생각하고 있다. 경쟁이 심화되는 상황에서 수입품과 외자의 우위가 계속될 것인지 아니면 중국 현지 메이커도 힘을 키워 성장해 나갈 것인지 귀추가 주목되고 있다.

애국심만으로 기업을 운영하는 시대는 갔다.

중국산 차의 미국시장 수출이 과연 어떤 의미가 있는 것일까. 품질에 대한 많은 논란이 있음에도 불구하고 2007년부터 미국시장에서는 체리기차의 모델들이 판매된다. 과거 유고슬라비아의 유고를 미국시장에 수입 시판했던 맬콤 브리클린이라는 사업가는 최근 체리기차의 미국시장 진출을 앞두고 바쁜 행보를 보이고 있다.

그렇다면 과연 중국산 차의 미국시장 진출에 대해 어떤 의견들이 제기되고 있을까.

우선은 미국의 가정과 사무실에 사무용품과 가전제품 등 수많은 중국산 제품들이 사용되고 있어 자동차가 수입된다고 해서 특별히 이상할 것이 없다는 의견이 있다.

뿐만 아니라 미국에서 자동차를 생산하고 있는 완성차 업체들도 상당부분의 부품과 엔진 등을 중국으로부터 수입해 조립하고 있다.

그리고 그 다음 단계로 완성차가 들어오는 것 뿐이다. 다만 그것을 누가 하고 또 성공할 수 있을 것인가 하는 문제가 대두된다.

물론 이미 맬콤 브리클린이라는 사업가가 회사를 설립하고 딜러를 선정하는 등 외형적인 모습을 갖추어 가며 사업개시를 위한 행보를 이어가고 있다.

그는 최근 상해모터쇼에 참가해 미국시장에서 토요타 다음으로 미국시장에서 성공하는 브랜드가 될 것이라고 큰 소리를 쳤다.

하지만 미국 내에서는 그런 그의 행보에 대해 의심의 눈초리를 보내는 사람이 많다. 체리기차라는 회사가 다른 브랜드의 모델을 복사하는 능력은 있을지라도 자체 모델을 좋은 품질로 만들기까지는 시간이 걸릴 것이라는 것이다. 뿐만 아니라 맬콤이라는 개인에 대한 회의적인 시각도 동시에 존재한다.

다시 말해 장기적으로 긍정적인 전망을 하지 않고 있다는 얘기이다.

어쨌든 이런 체리기차의 미국시장 진출 외에도 미 빅3가 중국에서 생산한 모델들을 다시 미국시장으로 수입할 것이라는 사실은 이제 더 부인할 수 없는 상황에 이르렀다. 지난 주 상해에서는 다임러크라이슬러가 중국산 모델을 미국으로 수입할 것이라는 소문이 돌았다. 물론 크라이슬러측은 극구 부인했지만 이는 크라이슬러뿐 아니라 다른 메이커들에게도 같은 상황이라는 것이 전문가들의 지배적인 의견이다.

시간당 노동 코스트가 1.9달러인 중국과 28달러인 미국, 38달러인 독일 등의 차이에서 보듯이 저가 제품을 들여오고자 하는 것은 누구나 가질 수 있는 생각이다.

특히 연금기금과 의료보험 문제 등으로 헤어날 수 없는 재정적인 어려움에 빠져 있는 디트로이트 빅3의 입장에서는 이 이상 매력적인 비즈니스도 없을 법하다.

그리고 품질도 머지않아 그 격차가 많이 좁혀질 것이고 품질 문제로 인해 판매가 되지 않는 시대가 도래 할 것은 자명하다.

최근 중국 시장의 성장속도가 주춤함에도 불구하고 글로벌 메이커들의 중국진출 기세는 꺾일 줄 모른다.

그것은 단지 중국시장에서의 판매뿐 아니라 역수출도 고려한 투자라는 것이 이를 지켜보는 전문가들의 분석이다.

미 디트로이트 빅3 입장에서는 UAW와의 협상에서 그동안 발목을 잡았던 부분들을 제거할 수 있는 기회로 활용할 수도 있고 그것이 여의치 않을 때는 중국산 모델들로 글로벌전략을 추진할 수도 있다는 얘기가 된다.

이제는 어떤 이유로도 단지 애국심만으로 사업체가 운영될 때는 지났다는 것을 실감할 수 있는 시대에 우리는 살고 있다.

영국의 로버와 이태리의 피아트, 일본의 미쓰비시가 좋은 본보기다.

::: Automobile Industry column

7 Alternative Energy

폭스바겐, 고온 연료전지 시스템으로 실용화 앞당긴다.

폭스바겐이 고온 연료전지를 사용한 차세대 연료전지기술을 발표했다. 지금까지의 연료전지시스템보다 작고 경량화 되어 효율이 높아졌으며 생산이 간단해 비용도 크게 저감할 수 있다고 한다. 7년에 걸쳐 독자적으로 개발해 왔다고 하는 이 기술은 폭스바겐다운 현실적인 것이라는 평가를 받고 있다.

폭스바겐은 신기술 발표에 대해 상당히 신중한 자세를 보이는 메이커로 유명하다. 그 때문인지 폭스바겐이 연료전지차를 개발한다는 뉴스는 들을 기회가 많지 않았다. 다만 캘리포니아에서 개최되는 주행시험 등에 연구 중인 모델을 내놓는 정도가 전부였다. 물론 하이브리드카의 개발에 대해서도 마찬가지 행보를 보여 왔다. 그런 폭스바겐이 연료전지기술을 발표한 것이다.

폭스바겐이 발표한 이 차세대 연료전지기술의 핵심은 "고온" 연료전지 스택(Stack). 다시 말하면 기존 "저온" 연료전지시스템에 대한 표현이다. 이미 여러 차례 된 적이 있지만 현재의 연료전지 시스템은 냉간 시동이라든가 수소저장 시스템, 그리고 사회적 인프라 문제가 실용화의 걸림돌로 여겨지고 있는데 무엇보다 큰 장애는 한 대당 수십억 원에 달하는 비용이다.

그런 점에서 폭스바겐이 그들의 기술을 발표했다는 것은 머지않아 합리적인 가격에 일반 유저들이 구입할 수 있을 정도가 됐다는 것을 의미한다고도 할 수 있을 것이다.

폭스바겐의 고온 연료전지는 그동안 문제가 되어 왔던 두 개의 물 문제를 해결할 수 있었다고 한다. 두 개의 물 문제란 발생한 물의 배출을 가속해 빙점하에서의 시동성을 향상시키는 것, 그리고 계속해서 프로톤 투과막을 가온하는 것이다.

연료전지시스템을 간단하게 설명하자면 수소와 공기 중의 산소를 화학반응시켜 전기와 물을 만들어 내는 것이다. 물을 배출하고 전기로 자동차를 구동한다고 하는 것. 그동안 사용되어온 자동차용 저온 스택은 통상 70~80℃ 정도에서 운전한다. 그런데 폭스바겐에서는 120℃에서 발전할 수 있는 연료전지의 개발에 성공한 것이다. 이에 따라 큰 라디에이터를 탑재할 필요가 없어졌다. 지금까지의 저온 스택의 경우 디젤차의 3배의 능력을 가질 필요가 있었다. 게다가 이 온도에서 내구성을 향상시키는데도 성공했다고 한다.

그리고 지금까지의 저온 스택은 청정공간에서 조립하지 않으면 안 되었는데 고온 스택에서는 어느 정도의 공기 오염은 문제가 되지 않는다고 한다. 이 때문에 생산성이 한층 높아졌다고.

현 시점에서는 저온 스택의 성능이 앞서지만 저온 스택의 기술은 2010년경이 되어야 정점에 달할 것이고 그 사이 고온 연료전지의 연구가 진척되어 2015년에는 비용, 생산성, 신뢰성 등에서 현실적인 수준에 달하게 될 것이라고 폭스바겐측은 주장하고 있다. 나아가 2020년에는 양산 모델로서 시장에서 충분히 인정받을 수 있는 실력을 갖추게 된다는 것이다.

예측되는 연료전지차의 시장 점유율은 5%로 하이브리드카의 예상 점유율의 절반에도 미치지 못하지만 폭스바겐에 있어 바이오 연료와 합성경유의 개발은 지구온난화와 석유 고갈 문제에 대응하기 위한 일환으로 충분하다는 생각을 갖고 있다.

기술적으로 저온 연료전지 부문에서 앞서 있는 다임러크라이슬러나 혼다 등이 개발하고 있는 시스템과 분명한 차별화를 이룰 뿐 아니라 무엇보다 유저들이 지불할 수 있는 가격으로 연료전지차를 개발할 수 있다는 점에서 주목을 끌 것으로 보인다.

과거 디젤과 최신의 디젤 기술은 획기적으로 다르다

디젤 기술의 발전이 눈부시다. 이미 글로벌오토뉴스를 통해 최근의 기술 발전에 대해 여러 번 설명한 바 있으며 특히 미국시장에서도 하이브리드카의 판매보다 디젤차의 판매 증가율이 더 높다는 점도 지적한 바 있다. 미국시장에서 2005년 승용차와 경트럭을 포함해 디젤차의 판매대수는 약 55만대로 5년 사이에 40%나 증가한 것. 이에 최신 디젤엔진의 기술적 특성을 비롯해 주목을 끌고 있는 내용들을 외부자료 등을 종합 정리해 본다.

내연기관 엔진인 가솔린과 디젤, 그리고 LPG차의 배출가스 정도를 묻는 질문에 한국의 소비자들은 대부분이 디젤차에서 가장 많은 배출가스가 나온다고 답한다. 역으로 LPG가 가장 깨끗한 차라고 믿고 있다. 이런 인식은 미국과 일본에서도 비슷하다. 그런 배경에 대해서야 글로벌오토뉴스 스페셜 이슈난에 자세하게 설명이 되어 있으므로 여기에서는 생략하기로 한다. 어쨌거나 그런 인식을 불식시키는 것은 생각보다는 쉽지 않은 것은 틀림없는 것 같다.

그러나 최근에는 여기에 적지 않은 틈새가 생기고 있다.

국내에서는 최근 한 업체가 지속적으로 디젤차의 장점에 대해 홍보를 하면서 관심을 끌고 있다. 또한 현대자동차가 베라크루즈를 계기로 새로 개발한 3.0리터 V6디젤 엔진의 성능을 강조하는 등 변화의 조짐이 상대적으로 커 보인다.

그런데 이처럼 디젤엔진의 보급이 늘어나고 있는 것은 우리나라만의 현상이 아니다. 지구 전체의 에너지 효율의 향상을 위해 필요한 것이다. 동시에 지구 온난화로 인한 이상기온으로 해마다 수많은 인명이 희생되고 있는 상황을 조금이라도 줄이기 위해 우리는 하이브리드 못지않게 디젤엔진에도 관심을 가져야 한다. 다시 말하면 이산화탄소 저감을 위해 현 시점에서 가장 현실적인 방법은 화석연료의 소모를 줄이는 것이고 그 방법으로서 디젤엔진의 보급이 주창되어지고 있는 것이다.

물론 소비자의 입장에서 본다면 연비 성능이 뛰어나 경제적이라는 점이 우선이다.

하지만 그 외에도 디젤엔진이 가솔린에 비해 상대적으로 더 우수하다는 과학적인 근거가 있다.

우선 석유를 정제해 만들어지는 가솔린과 경유의 비율은 조정할 수 있는 것은 아니고 자원의 효율적인 활용이라고 하는 점에서 연소효율이 좋은 쪽을 많이 사용할 필요가 있다는 것이다. 더불어 가솔린 하이브리드카의 연비는 디젤보다 좋은 것으로 발표되어 있지만 가솔린의 정제에는 디젤보다 큰 에너지를 필요로 한다는 것을 알아야 한다. 또 하이브리드 기술은 비용 문제가 해소되면 디젤엔진과의 조합에 의해 그 효율을 더욱 높일 수 있다는 점에 대해서도 더 많은 연구가 필요하다.

미래의 자원 문제를 고려해도 CO2프리의 바이오 디젤 연료와 GTL(Gas-To-Liquid : GTL 공정은 천연가스에서 경유, 휘발유, 나프타, 메탄올과 같은 액체 상태의 석유제품을 만들어내는 공정을 말하며, 고유가 장기화에 따라 수송용 연료나 석유화학 산업의 원료로서 석유를 대신해 천연가스를 활용하는 GTL 공정이 부상, 석유에 대한 의존도를 줄일 수 있는 대체 에너지원이자 청정 에너지원으로 주목받고 있다.) 등 기대할 수 있는 재료는 많다.

연료전지차 등에 의한 이상적인 수소사회는 기술적으로는 실현을 눈앞에 두고 있지만 실용을 위한 인프라와 제작비용 문제를 해결하는 데는 아직 많은 시간이 필요한 것으로 보인다. 종합적인 에너지 효율 측면에서도 현재 수소는 도시가스 자원으로 만들어지거나 발전된 전력을 사용하는 '물의 전기분해'로 생성되어지고 있다. 높은 효율의 수소를 공급할 수 있는 기술이 확립되지 않는 한 실용화는 먼 미래의 이야기일 수밖에 없다는 것이다.

오늘날 지구촌에서 가장 중요한 과제로 되어 있는 이산화탄소 저감이라는 목표를 달성하는 데는 지금 도로 위를 달리고 있는 전체 이산화탄소 배출량의 18%를 차지하고 있는 자동차를 더 효율적인 것으로 바꾸어야 할 필요가 있다는 것이다. 그 점에서의 인식전환이 가장 빨랐던 유럽에서는 일찍이 디젤엔진에 비중을 두었고 기술 개발을 해 왔으며 지금은 유럽시장에서 판매되는 자동차의 50% 이상이 디젤엔진을 탑재하고 출시되고 있다.

디젤엔진의 특징은 소위 말하는 자기착화라고 하는 것이다. 가솔린엔진에 있는 스파크 플러그가 없다. 실린더 안에 압축된 고온의 공기에 연료를 분사함으로써 저절로 폭발한다. 가솔린엔진과 달리 거의 상시로 린 번(Lean Burn: 희박연소) 운전을 한다는 점과 구조상 고압축비라는 점에 의해 열효율이 가솔린에 비해 높은 것이 특징이다.

과거의 디젤은 자기착화라고 하는 것 외에 연소상태의 제어가 어려워 매연을 내뿜고 소음과 진동이 심하다고 하는 단점이 있었다.

그런 단점을 해결하는 방법으로서 고압으로 연료를 분사하고 그것을 전자화하는 것, 그리고 과급기술의 진보 등이 동원됐다. 과급은 흡입공기량을 늘려 파워를 증강시키고 연소상태를 개선했다. 고압분사는 연료의 미립화를 가능하게 해 연소효율을 높였다. 그리고 이런 진화에 가장 공헌한 것은 무엇보다 전자제어 기술의 발전이다. 전자제어에 의한 치밀한 연료분사가 자기착화라고 하는 과정에서 연소를 원활하게 하고 부드러운 작동을 가능하게 한 것이다.

연료 분사 시스템은 디젤기술에 있어 중요한 부분인데 초기의 디젤은 고압축의 연소실 내에 겨우 연료를 보내는 35바 정도의 분사압밖에 아니었지만 그 후 전자제어 유닛 인젝터 방식과 커먼레일 시스템에로 진화해 성능이 비약적으로 향상되게 됐다.

최신 디젤엔진에서는 분사압이 1,800바를 넘는 것도 나오고 있으며 2,250바를 달성한 폭스바겐의 예도 있다. 그만큼 연소효율이 높아진 것은 당연한 것이다.

또 하나 스파크 플러그에 의해 착화하는 가솔린엔진과 달리 순간적으로 일시에 연소되는 성질의 디젤엔진은 연소의 가감의 조정이 어려웠으나 전자제어와 분사압을 항상 유지할 수 있는 시스템 덕분에 다단계 분사가 가능하게 되었으며 파워와 부드러움, 저공해를 동시에 실현할 수 있게 된 것이다. 이 때문에 최신 디젤인 가솔린엔진과 성격은 다르지만 파워소스로서 뛰어난 주행성을 과시하기에 이르렀다.

그리고 마지막 문제인 NOx 즉 질소산화물을 저감시키는 기술 역시 실현되면서 바야흐로 디젤엔진의 전성시대를 맞고 있는 것이다.

미국과 일본에서 디젤차에 대해 가장 크게 거부감을 일으키는 요인 중 하나인 질소산화물과 PM, 즉 매연은 그 연소방식과 깊은 관계가 있다. 공기와 연료가 에너지 효율이 높은 공연비로 연소될 때에는 NOx가 생성되며 PM은 디젤 자체의 특징인 급속한 연소의 결과 타고 남은 물질인 것이다.

그것을 해결하기 위한 방법으로 연소 후의 후처리기술이 등장했으며 이 기술의 진화 또한 디젤을 새로이 주목받게 한 장본인이다. 그 후처리기술 중 하나가 DPF(Diesel Particulate Filter)다. 프랑스 푸조 등에 높은 기술력을 보이고 있는 것으로 배기가스 중에 PM을 거르는 필터로 디젤 미립자 필터라고 칭한다. 필터에 쌓인 PM은 순차적으로 촉매 연소시킴으로써 해결된다.

또 다른 해결방법으로서는 메르세데스 벤츠의 경우 블루텍이라는 후처리 시스템을 개발했다. 기본적인 컨셉은 DeNOx 촉매에 저장된 NOx를 환원, 다시 연료 중에 포함된 미량의 암모니아성분을 취출해 선택환원촉매(SCR)로 화학 반응시켜 다시 NOx를 정화시킨다고 하는 것.

일본 혼다도 최근 발표한 디젤엔진에 NOx촉매를 채용했다. 특수한 2층 구조의 촉매로 뇨소 등의 부가물질을 사용하지 않고 NOx를 환원한다고 하는 획기적인 방식이다. 1층 째의 촉매에서 NOx흡착과 암모니아 생성을 하고 이 암모니아를 사용해 2층째에서 NOx를 환원한다고 하는 것. 이 역시 앞으로 등장하게 될 디젤엔진에 채용될 획기적인 기술이라는 평가를 받고 있다.

일부 전문가들 사이에서도 여전히 과거의 디젤 기술에 대한 지식만으로 디젤엔진에 대한 올바른 인식 전환을 가로 막고 있는 국내의 현실이 안타깝다.

 토요타, 하이브리드 특허 650개가 갖는 의미

토요타가 주도하는 하이브리드카가 과연 21세기 전반부 세계 자동차 시장을 장악하는 무기가 될 것인가.

미국의 빅3와 독일 메이커들이 연료전지 개발에 전력을 하는 가운데 토요타는 하이브리드를 상용화해 지난 1997년 시판에 들어간지 벌써 8년째에 접어들고 있다. 2004년까지 토요타의 프리우스는 모두 30만대 가량이 세계 시장에 판매되었고 올해에는 연간 판매 30만대 달성을 목표로 하고 있다. 여기에 그치지 않고 토요타는 수년 내 연간 100만대 판매를 달성한다는 계획을 발표했다.

하지만 다른 메이커들은 아직도 높은 개발비와 시판 가격으로 인해 하이브리드가 니치 마켓용에 머물 것이라는 생각을 갖고 있다.

특히 유럽 메이커들은 디젤엔진의 개량에 더 많은 힘을 쏟고 있다.

런던의 J.D.파워사-LMC는 2009년까지 유럽시장에서의 하이브리드카 판매는 10만대 정도에 그칠 것이라고 전망했다. 그것은 대부분 대도시를 중심으로 한 배기가스 규제강화로 인한 것이라고 내다봤다.

J.D.파워사는 또 북미시장에서의 하이브리드 붐은 엄격한 배기가스 규제 규정에 의한 것으로 디젤차의 판매 증가율을 앞지르고 있다고 분석했다. 2004년 미국 경량차 시장에서 디젤차의 비율은 3.4%였다.

토요타는 지금 앞바퀴 굴림 방식과 뒷바퀴 굴림 방식의 하이브리드 파워 트레인을 개발 생산하고 있는 유일한 메이커다. 또한 승용차와 트럭, 4기통, 6기통, 8기통 엔진을 사용하고 있기도 하다.

토요타측은 궁극적으로 토요타의 모든 라인업에는 하이브리드카 버전이 추가될 것이라고 밝히고 있다.

뿐만 아니라 럭셔리 브랜드인 렉서스의 RX400의 하이브리드 버전을 출시해 오는 6월부터 유럽시장에도 시판을 개시한다. 이 모델은 270마력 V6 엔진을 탑재하고 있다.

토요타는 이 하이브리드 시스템에 관한 650개의 특허를 보유하고 있다. 전체적으로 개념 특허를 내는 상황이어서 이미 포드는 토요타의 기술을 사용한 하이브리드카 이스케이프를 시판하고 있다. 포르쉐도 토요타의 기술을 사용한 카이엔 하이브리드카 생산을 고려하고 있다.

토요타는 연료전지차가 상용화에 큰 진전을 보인다해도 그만큼 더 많은 이익을 볼 수 있다고 보고 있다. 연료전지차는 많은 하이브리드 기술을 사용하게 될 것이고 잠재적으로 라이센스로 인한 많은 수익을 얻을 것으로 보고 있다.

하이브리드와 연료전지차간에 전자제어와 모터에 관한 기술 유용이 많아지게 되어 토요타는 그만큼 연료전지차의 개발이 경쟁 우위에 설 수 있다는 의견이 제기되고 있는 것이다. 다시 말해 그로 인해 실질적인 수익을 올릴 수 있는 업체는 소수에 불과하고 그 대표적인 존재가 토요타라는 것이다.

설사 연료전지가 현재의 내연기관 엔진의 대안으로 완성되지 못한다 해도 토요타는 연료소비 효율을 높이는 기술은 하이브리드에서 절대 우위에 설 수 있다는 것이다.

하지만 여타 메이커들은 아직은 조심스러운 행보를 보이고 있다. 즉 대당 3,500달러 정도의 추가 비용을 지불하고도 하이브리드카를 구입할 유저가 얼마나 될 것인지 확신하지 못하고 있는 것이다.

유럽시장에서는 디젤차에 비해 4,000유로 정도 더 비싼 가격을 지불해야 한다. 유럽시장에서 하이브리드카를 시판하고 있는 메이커는 토요타와 혼다 뿐.

유럽시장에서는 오늘날 주류인 엔진에 비해 비용에 대한 이득이 현저하지 않을 경우 유럽시장에서의 하이브리드카 판매 증가는 미미할 것이라고 J.D.파워사는 전망하고 있다.

혼다와 포드는 미국시장에서 하이브리드카를 판매하고 있지만 토요타에 비해 신중한 편이다. 닛산은 토요타의 기술을 라이센스로 사용해 2006년에 알티마 하이브리드카를 미국시장에 출시할 계획이다. GM은 풀 사이즈 하이브리드 픽업과 SUV를 2007년 초부터 시판한다.

그렇다고 토요타가 하이브리드카에 모든 것을 걸고 있는 것은 아니다. 연구에 의해 새로운 대안이 나올 가능성도 있다고 보고 있다. 포드와 혼다는 토요타로부터 배우고 있고 GM과 다임러크라이슬러간의 개발 협력합의는 하이브리드 개발을 가속화할 것이다. 현대자동차도 이 부문에 대해 독자적인 행보를 하면서 하이브리드카 개발에 진전을 보이고 있다.

토요타는 앞으로 모든 모델이 하이브리드화 되지 않더라도 하이브리드 계획은 토요타의 미래의 핵심기술로 자리매김할 것으로 보고 있다. 다시 말해 토요타는 하이브리드 시스템으로 인한 많은 지적재산권을 소유하게 될 것이라는 얘기이다.

자체적으로 개발해 경쟁하는 것보다는 토요타의 기술을 라이센스로 사용하는 것이 더 이익이 될 수 있기 때문이다.

650개에 달하는 토요타의 하이브리드 관련 특허는 하이브리드 시스템의 컨트롤 로직과 일차 파워 소스, 2차 에너지 저장 시스템, 그리고 동력 발생 시스템 등 하이브리드의 파워의 흐름을 모두 커버하고 있다.

토요타는 약 8억 달러를 투자해 프리우스를 개발한 것으로 추측되고 있다. 하지만 프리우스에 적용된 토요타의 기초 연구개발의 대부분은 다른 모델들에도 적용되고 있다. 물론 많은 돈을 들인만큼에 대해 아직까지는 수익을 내지 못하고 있다. 다만 최근 토요타측은 이제 수지균형을 이루었다고 말한 적이 있다. 300억 달러의 현금을 보유하고 있는 토요타에게 그 비용은 당장에 크게 문제가 되지 않는다.

하지만 모두가 긍정적인 측면만 보는 것은 아니다. 이미 프리우스를 사용해 본 유저들은 생각보다 빠른 속도로 수요가 증가하지 않을 것이라는 의견을 제시하기도 한다.

또한 닛산의 카를로스 곤 같은 경우는 투입 비용에 대한 회수 측면에서 너무 위험하다고 보고 있다. 하이브리드는 분명 좋기는 하지만 비용에 비해 가치가 낮아 아직 사업성을 따질 정도는 아니라는 것이다.

J.D.파워사는 대부분의 하이브리드카 구입자들이 환경 때문이 아니라 연비 때문이라고 분석했다.

이들은 운행비 저감을 위해 다른 부분에 대한 손해를 감수해야 한다. 다시 말해 클린 디젤과 터보차저, 에탄올, 6단 변속기 등 하이브리드보다 낮은 비용에 더 좋은 연비를 보여주는 기술을 사용하지 못한다는 것이다.

컴퓨터 조립업체인 IBM은 중국 업체에게 넘어갔지만 CPU 제조사인 인텔과 운영체제 시장을 장악하고 있는 마이크로소프트는 여전히 막강한 시장 장악력을 과시하고 있다.

모듈화와 시스템화가 대세로 되어 있는 자동차산업에서는 앞으로 어떤 모습으로 패러다임이 바뀔지 그래서 많은 관심이 쏠리고 있는 것이다.

메르세데스 블루텍 디젤, 미국에서 하이브리드와 경쟁 시작하다.

자동차에서 배출되는 유해 배기가스의 종류는 여러 가지다. 그 중 가솔린엔진에서는 이산화탄소와 탄화수소가, 디젤엔진에서는 질소산화물, 매연이 더 많이 배출된다. 모두가 대기환경을 오염시키는 유해한 것들이지만 이들에 대한 인식은 지역과 나라에 따라 다르다. 유럽 지역에서는 지구온난화의 주범인 탄소계열의 배출가스에 대한 규제가 엄격해 탄소세를 부과할 정도로 이산화탄소 저감을 위한 노력에 비중을 두고 있다. 이에 반해 미국과 일본 등에서는 질소산화물과 매연에 대한 규제가 세계에서 가장 엄격하다.

이렇게 된 배경은 이미 여러 차례 설명했지만 그 인식의 전환이 생각보다 쉽지 않은 것 같다.

그래서 자동차회사들은 그런 지역적인 특성과 소비자들의 인식의 차이에 따라 그에 맞는 자동차를 개발해 판매하는 것이 오늘날의 추세다.

유럽에서는 일찍이 이산화탄소의 폐해에 대한 일반인들의 인식이 높아 디젤엔진의 기술 개발에 착수해 이제는 가솔린엔진보다 더 클린한 수준에 이를 정도가 되어 있다. 반면 일본 토요타는 가솔린엔진을 베이스로 하는 하이브리드카를 개발해 디젤엔진에 대한 이미지가 나쁜 미국시장에서 나름대로 입지를 구축해 가고 있는 것이 좋은 예다.

그런데 최근에는 독일 메이커들을 중심으로 미국과 일본시장에 디젤차를 출시하며 본격적인 세 확장에 나서고 있다. 그것은 그들이 생산하고 있는 디젤엔진에 대해 그만큼 자신이 있다는 것을 의미할 것이다.

디젤엔진에서 배출되는 유해 배기가스 중 가장 문제가 되는 것은 질소산화물(Nox)이다. 그 질소산화물의 배출 저감에 획기적인 기술을 채용한 것이 메르세데스 벤츠의 블루텍(Bluetech) 디젤엔진이다. 기본적인 컨셉은 DeNOx 촉매에 저장된 NOx를 환원, 다시 연료 중에 포함된 미량의 암모니아성분을 취출해 선택환원촉매(SCR)로 화학반응시켜 다시 NOx를 정화시킨다고 하는 것.

그러니까 블루텍이란 디젤엔진의 배기가스 후처리시스템이라는 얘기이다. 이로 인해 2007년 1월 1일부터 미국에서 시행되는 Bin8이라고 하는 새로운 배기가스 규제를 클리어 할 수 있기 때문에 디젤엔진에서 배출되는 배기가스 중 가장 큰 문제인 NOx를 저감하기 위해 채용한 기술이다. 이를 위해 새로 추가된 것은 NOx흡장환원촉매 소위 DeNOx 촉매, 그리고 SCR촉매 등 두 가지다.

기존의 블루텍이라는 명칭은 뇨소 SCR이라고 하는 배기가스 중에 뇨소수 'AdBlue'를 뿌려 거기에서 변화된 암모니아로 NOx를 환원하는 시스템에만 사용되었다. 하지만 앞으로는 NOx 저감 기술 모두에 그 용어가 사용되게 된다.

그런데 메르세데스 벤츠의 현행 E320CDI와 E320블루텍은 미국 내 45개주에서만 판매되며 독자적으로 엄격한 배기가스 기준을 규정하고 있는 캘리포니아주 등 5개 주에는 판매되지 않는다. 하지만 미국 전체에서 그 정도가 거의 비슷한 내용의 Bin5 규제가 적용되는 2009

년까지는 AdBlue를 사용하는 시스템으로 규제를 클리어해 디젤 승용차가 미국 전역에서 판매될 수 있다고 메르세데스측은 밝히고 있다.

그런데 지금은 3만km 정도마다 한번씩 AdBlue의 보완이 필요해 그에 대한 인프라를 구축해야 하는 등 완벽하지 않기 때문에 우선은 블루텍으로 판매를 시작한다는 것이다.

이번에 채용된 DeNOx촉매는 통상 운전시에는 NOx를 촉매 중에 흡장하고 거기에 정기적으로 HC와 CO를 많이 포함한 배기가스 환원제를 보냄으로써 NOx를 환원한다. 배기가스는 그 뒤 DPF를 통과하며 PM(입자상물질, 매연)이 저감되고 다시 SCR촉매로 NOx 환원이 이루어진다.

이처럼 환원제를 사용함으로써 연비는 약 2~4%가 나빠진다고 하는데 그래도 공식 발표연비가 리터당 14.9km라고 하는 높은 수준을 보이고 있다. DeNOx 촉매의 약점이라고 하는 내구성도 차량의 수명보다 더 오래 유지될 수 있는 수준으로 되었다고 한다. 물론 그에 따른 비용은 그만큼 상승하지만 문제는 어느 쪽에 비중을 두느냐 이므로 판매대수에 따라 달라질 수도 있는 내용이다.

미국시장에서 2005년 승용차와 경트럭을 포함해 디젤차의 판매대수는 약 55만대로 5년 사이에 40%나 증가한 것으로 나타났다. 그렇다면 앞으로 하이브리드카와 디젤차의 판매 증가율 경쟁이 시작되었다고 할 수 있다.

둘 다 연비 개선과 친환경이라는 화두를 내 세울 수 있는 파워 트레인이기 때문에 그것을 어떻게 소비자들에게 어필하느냐에 따라 상황은 달라질 수 있다는 것이다.

수소시대가 지연되고 있는 상황에서 내연기관의 싸움은 당장은 하이브리드와 디젤 사이에서 벌어지고 있고 그 사이 가솔린엔진의 기술 발전에 또 다시 불이 붙고 있다. 어쨌거나 필요가 발명을 낳는 것은 분명한 것 같다.

 2007년, 미국시장에서 디젤차 전쟁 시작된다.

2007년이 가까워지면서 전 세계 자동차시장에서 파워트레인 전쟁이 좀 더 구체적으로 그 양상이 드러나고 있다. 그저 막연히 전기자동차나 수소를 사용하는 자동차를 친환경자동차로 오해하고 있는 국내의 현실과는 달리 세계 열강들은 각 시장에 따라 선호도가 높은 파워트레인을 차별적으로 공급함과 동시에 연비와 배출가스 측면에서 높은 기술적인 발전을 거듭하고 있는 디젤엔진 차량의 판매를 강화하고 있다.

물론 그것은 시장이 그만큼 성장하고 있기 때문이다. 지금 유럽과 아시아 자동차시장에서는 디젤엔진을 가진 메이커가 시장을 장악하고 있다. 특히 세계 최대 성장시장인 중국에서도 디젤차의 인기가 높아지고 있다. 나라에 따라 배출가스 규제기준이 조금씩 다르기는 하지만 전체적으로는 이산화탄소의 배출량을 줄여야 한다는 기본적인 전제하에서 디젤차의 판매를 확대하고 있다.

하지만 일본과 미국시장은 사정이 다르다. 디젤엔진에 대한 인식변화의 조짐이 보이는 것은 사실이지만 눈에 띄게 변하지는 않고 있다. 외형상 하이브리드에 대한 비중이 더 높은 것이 현실이며 그 때문에 자동차회사들도 미국이나 일본시장을 위해서는 그쪽에 더 많은 투자를 하고 있다. 세계 최대시장 미국과 세 번째 시장 일본에서의 소비자들의 인식이 유럽과는 다르기 때문에 그에 맞는 파워트레인을 개발해야 하는 것이다.

그런 상황에서 최근 혼다와 토요타가 클린 디젤엔진 개발에 성공했다는 발표를 했다. 그 배경은 물론 미국과 일본에서 통용될 수 있는 디젤엔진을 개발한다면 글로벌 시장에서의 입지를 훨씬 더 굳건하게 할 수 있기 때문이다. 그렇게 되면 토요타와 혼다는 하이브리드와 디젤 모두를 갖추고 시장에 따라 다양한 형태로 대응을 할 수 있게 된다. 이는 유럽 메이커들이 미국시장의 중요성을 감안해 작년부터 앞 다투어 하이브리드카를 개발하겠다고 발표한 것과 같은 맥락이다.

그런데 그것이 그렇게 쉬운 일은 아니다. 우리나라의 경우는 배출가스 규제기준을 유로4와 유로5의 기준을 연차적으로 적용하고 있는 상황이지만 미국에서는 2008년부터 TIER II BIN5라는 기준을 미국 전체에 적용하게 된다. 1975년의 머스키법에 이어 '디젤엔진 불가법'이라고 여겨지는 이 기준을 통과하기가 간단하지만은 않다는 얘기이다.

그런데 약간의 시차가 있지만 최근 혼다가 먼저 2008년부터 미국 전역에서 적용되는 TIER II BIN5를 클리어하는 획기적인 차세대 디젤엔진을 발표했다.

이 엔진은 촉매 내부에서 생성되는 요소에 의한 환원반응을 이용해 질소산화물을 질소로 전환한다고 한다. 내부에서 요소를 생성하는 촉매의 개발이 포인트로 이로 인해 경량이면서 컴팩트한 정화시스템을 완성했다는 것.

미국의 규제에서는 OBD(On Board Diagnosis)로 상시 정확하게 배출가스를 감시해야 하는데 미국에서 판매되고 있는 경유의 세탄가로 인해 해결해야 할 문제는 남아있지만 클린 디젤 개발을 위한 큰 진전을 이룩한 것은 분명하다고 평가 받고 있다.

얼마 전까지만 해도 세계에서 가장 엄격한 캘리포니아주의 규제를 클리어하는 디젤엔진의 개발은 불가능하다고 했다. 그것은 1970년대 초 머스키법 때와 비슷하다. 그 머스키법을 세계 최초로 클리어 한 혼다를 비롯해 전 세계 선진 메이커들이 다시 TIER II BIN5에 도전하고 있는 것이다.

참고로 디젤차에 대한 차기 배출가스 규제는 미국은 2008년형 모델로 출시되는 차에 적용된다. 일본은 2009년, 유럽은 2010년부터 적용을 검토 중으로 PM, 즉 입자상 물질의 배출량은 일본에서는 현행의 약 30%, 유럽에서는 20%까지 저감하도록 요구되어지고 있다. 때문에 일본, 미국, 유럽 공히 규제를 통과하지 못하면 판매할 수 없게 될 것으로 보인다.

이런 상황 때문에 토요타도 클린 디젤엔진 개발을 서둘렀고 폭스바겐은 아우디, 다임러크라이슬러 등과 공동으로 개발을 서두르고 있다.

우리나라 메이커들의 경우 이 부분에 대한 대응책이 어떻게 마련되어 있는지 궁금해진다.

일본 자동차시장에도 디젤차의 봄은 오는가.

유럽에서 디젤차의 판매가 전체 시장의 50%를 넘는 수요를 보일 정도로 높은 인기를 보이고 있는 것과는 달리 미국과 일본에서는 디젤에 대한 부정적인 이미지가 강해 고작 3~8% 정도의 점유율을 보이고 있다. 물론 환경에 좋지 않다는 인식이 저변에 깔려 있기 때문이다.

그것은 80년대 초 미국에서 한 의학박사가 디젤차에서 배출되는 미세먼지가 폐암을 일으킬 수 있다는 보고서를 내놓으면서 심한 거부감으로 발전했다. 당연히 자동차회사들은 디젤차의 개발에 소홀할 수밖에 없었고 더불어 경유의 품질을 결정짓는 황(S)함유량도 유럽의 경우 15ppm이하인데 반해 미국에서는 450ppm에 달할 정도로 좋지 않은 상황이 계속되어오고 있다. 특히 여러 가지 이유로 휘발유 가격과 경유의 가격차이가 없거나 경우에 따라서는 오히려 더 비싼 곳도 있어 굳이 경유차를 구입할 필요가 없는 상황이 이어오고 있다.

이런 분위기는 일본도 마찬가지로 동경도지사는 디젤엔진 탑재차를 아예 동경 도내로 진입하지 못하는 조례를 만들 정도로 규제가 심하다.

물론 두 나라 모두 환경 규제 기준을 정하고 그 기준을 충족시켜야 한다는 조건을 내걸고 있지만 그동안은 대부분의 메이커들이 기 기준을 클리어 할 수 없었다.

그런데 이달 28일(2006년 8월 28일) 메르세데스 벤츠가 뉴 E클래스에 디젤엔진을 탑재해 일본 시장에 출시하게 되며 폭스바겐도 2009년을 전후해 골프를 중심으로 한 디젤차의 투입을 결정하는 등 그동안과는 다른 양상이 전개되고 있다. 그 성공 여부야 간단하지는 않겠지만 최근 원유가격의 급등으로 인해 연비 성능이 좋은 차에 대한 관심이 높아지면서 디젤차의 일본 시장 침투 가능성이 열리기 시작한 것은 사실인 것 같다.

그것은 대기오염의 주범으로 여겨지고 있는 질소산화물(NOx)과 입자상물질(PM)의 배출량을 획기적으로 저감시킬 수 있었기 때문이다. 더불어 오존층 파괴로 지구 온난화의 주범인 이산화탄소 및 탄화수소 배출량에서는 가솔린보다 월등히 좋은 성능을 보이고 있다는 점이 먹혀들기 시작한 것도 요인으로 꼽히고 있다.

무엇보다 유럽에서는 환경의식의 고조와 더불어 디젤의 수요가 급증하고 있다는 것도 배경으로 작용해 일본 유저들의 마음을 움직이고 있는 것이라는 분석도 나오고 있다.

일본에서 판매되는 승용차만으로 국한했을 때는 디젤엔진을 탑재한 차의 판매 비율이 0.1%에 불과하다.

그러나 최근에는 디젤차의 환경 성능은 엔진 부품의 전자화로 연소를 제어하고 배출가스에 화학처리를 더하는 등 획기적인 발전이 진행되고 있다. 다시 말해 NOx도 PM도 기술적으로는 가솔린차에 손

색이 없을 정도의 수준까지 낮추어졌다.

거기에다가 디젤엔진은 연료 1리터당 주행거리가 가솔린보다 약 30% 많다는 점을 호소하고 있다.

이런 디젤엔진의 여러 가지 장점이 인식되기 시작하면서 수입 브랜드는 물론이고 일본 메이커들도 일본 시장에 디젤차 투입을 결정하고 있다.

우선 혼다자동차는 지난 5월 평성 21년까지 일본 시장에 디젤차를 투입한다고 발표했다. 혼다측은 '환경은 지구차원의 문제'라며 일본시장에서의 디젤차의 가능성에 대해 자신감을 피력했다.

하지만 일본시장의 40%가 넘는 점유율을 보이고 있는 토요타자동차는 무리하게 일본시장에 디젤차를 투입할 필요는 없다는 입장이다. 디젤차는 배출가스 처리장치 등에 비용이 들어 한 대당 20~30만엔 정도가 추가된다는 것이 하나의 이유다.

이런 비용 저감을 위해서는 대량 생산이 필수적이다. 그를 위해서는 세계 최대의 자동차시장이자 일본과 마찬가지로 디젤차 보급이 이루어지지 않고 있는 미국에서의 수요가 진작될 필요가 있다.

일부 전문가들은 분위기에 편승하기 쉬운 미국인들의 의식은 어떤 계기로 단숨에 디젤차를 환경 대응의 도구로 볼 가능성도 있다고 전망하기도 한다. 폭스바겐이 일본시장보다는 미국시장에 먼저 디젤차를 1992년 출시했지만 아직까지 뚜렷한 성과를 내지는 못하고 있다.

하지만 최근의 중동지역 정세 불안 등 석유가격 급등에 대한 분위기가 장기화되면서 미국과 일본에서도 디젤차의 바람이 불 가능성이 점차 높아지고 있는 것은 분명하다.

우리나라의 경우는 지역환경과 지구환경의 구분도 하지 못하는 일부 관계자들에 의해 이러지도 저러지도 못하는 상황이다. 최근 바이어 디젤 등으로 환경문제를 해결하는 듯 한 자세를 취하고 있지만 그것은 어디까지나 정유사들의 밥그릇 싸움에 놀아나는 꼴에 지나지 않는다.

우선은 우리나라 정유사들도 경유의 품질을 정부가 제시한 가이드라인보다 빨리 30ppm 이하로 낮추어야 한다. 그렇게 해서 태풍과 폭염, 혹한 등 이상기온으로 해마다 수천 명씩 목숨을 앗아가는 지구 온난화의 주범인 이산화탄소의 배출량을 줄이는 노력을 경주해야 한다.

무엇을 우선순위에 놓아야 할지는 알고 환경에 대해 논하는 사회적 분위기가 아쉽다.

연비 좋은 디젤차가 배출가스 가장 적다.

최근 글로벌오토뉴스를 통해 오랜만에 인터넷 폴을 실시했다. 주제는 두 가지. 우선은 가솔린과 디젤, LPG 엔진 중 '연비가 가장 좋은 차는 무엇인가' 하는 설문 항목이었다. 그리고 약 10일 후 '유해배기가스 배출이 가장 적은 엔진은?'이라는 설문을 실시했다.

그 결과 첫 번째 설문에 대해서는 디젤이 81.8%인 235명으로 가장 많은 응답을 보였고 다음이 LPG 28명, 가솔린 24명 순이었다. 연비에 대한 내용에서는 상당히 정확한 인식을 하고 있다는 것을 알 수 있게 해 주는 대목이다.

그런데 두 번째 설문에 대한 응답에서 그런 기대를 깨트려 버렸다.

유해배기가스 배출이 가장 적은 엔진으로 LPG를 꼽은 응답자가 47.9%인 95명으로 가장 많았던 것이다. 그리고 디젤이 36.3%인 72명, 가솔린 15.6% 31명 순이었다.

2005년 7월에도 같은 설문을 한 적이 있는데 당시의 결과는 가솔린차가 배출가스가 가장 많다는 응답이 158표로 40.7%, 디젤차가 192표로 49.4%, LPG차가 38표로 9.7%로 나왔었다. 다만 당시의 설문은 '가장 많은 유해 배출가스를 배출하는 차량은?(승용차)' 이었다.

비율에서는 차이가 있지만 인식에서는 별다른 변화가 없음을 알 수 있게 하는 내용이다. 필자는 적어도 글로벌오토뉴스에 들러 설문에 응답을 할 정도의 자세를 가진 독자들에게서는 일반인들과는 다른 의견이 나올 줄 알았다. 하지만 현실은 달랐다. 잘못된 인식의 벽이 이렇게 강하구나 하는 것을 다시 한 번 실감할 수밖에 없는 대목이다.

이는 이와 같은 정보를 제대로 전달하지 못한 사람들의 책임이다. 디젤엔진에서 배출되는 미세먼지나 가솔린엔진에서 더 많이 배출되는 이산화탄소나 나쁘기는 매 한가지다. 하지만 지금 당장 우리에게 무엇이 더 급하고 심각한지를 알고 그에 따른 대처 방안을 찾아야 한다.

물론 글로벌오토뉴스의 설문에 대한 응답이 일반 소비자들의 의견과 일치한다고 할 수는 없다. 하지만 그나마 상대적으로 전문적인 지식을 찾는 독자들이 많은 것으로 알려진 글로벌오토뉴스에서 이런 결과가 나왔다는 것은 의외다.

이 문제에 대한 정확한 정답은 "연비가 좋은 차가 배출가스가 적다."는 것이다. 잘 알다시피 연비가 가장 좋은 것은 디젤차이고 가장 나쁜 것은 LPG차다. 이에 대한 칼럼을 2년 전에도 쓴 적이 있는데 2005년 7월 설문을 계기로도 소개한 적이 있는 내용이다. 2차 설문조사를 계기로 다시 한 번 이 코너에 올린다.(편집자 주)

에너지 문제가 다시 초미의 관심사로 떠올랐다. 어제 오늘의 일이 아닌데도 우리는 강 건너 불구경하다가 발등에 불이 떨어지자 호들갑을 떨고 있다.

정부가 제시한 2차 에너지세제 개편안이 대표적인 것이다. 에너지원의 석유 의존도가 47%로 세계에서 가장 높다는 지적이 일자 정부에서는 내년부터 허용되는 경유승용차의 급격한 증가를 막기 위해 경유가격을 휘발유의 85% 수준까지 올려야 한다는 방안을 제시했다.

정부는 당초 지난 2000년 에너지세제 개편안을 확정하고 오는 2006년까지 석유 제품별 상대가격 비율을 휘발유 가격이 100이라고 할 때 경유는 75, LPG는 60, 등유는 55가 되도록 세금을 단계적으로 상향 조정하기로 결정했었다.

그런데 이번에 다시 한국조세연구원과 에너지경제연구원 등 4개 연구기관의 '제2차 에너지세제 개편방안' 연구용역 결과 휘발유와 경유, LPG의 가격비율은 100 대 85대 50이 적절한 것으로 결론이 났다고 한다.

휘발유와 경유, LPG의 가격비율은 현재 100대 69대 51인데 앞으로 경유는 더 올리고 LPG는 올리지 말고 내려야 한다는 것이다.

이에 대한 배경으로 경유는 내년 경유 승용차 도입으로 환경피해가 커질 것으로 예상되기 때문에 경유 승용차의 급격한 증가를 막기 위해 가격을 올리고, LPG는 1차 가격개편 때 너무 높게 책정됐다는 지적에 따라 내리게 됐다는 것이다.

하지만 이번 결정은 연비와 공해에 대한 종합적인 고려가 없는 조세우선의 정책이라는 점을 지적하지 않을 수 없다. 다시 말해 수요증가 가능성이 높은 차종에 높은 세금을 부과해 세수확보를 하겠다는 의도로밖에 볼 수 없다는 것이다.

지금 우리나라의 자동차용 엔진으로 사용되고 있는 엔진 중 연비는 디젤이 가장 좋고 다음으로 가솔린, 그리고 LPG의 순이다. 이는 역으로 말하면 유해 배기가스 배출이 LPG가 가장 많고 다음으로 가솔린, 그리고 디젤이 가장 적다는 얘기가 된다.

그 이유는 연비 측정방법을 통해 알 수 있다. 주행거리당 연료소모율을 나타내는 연비는 일반적으로 생각하는 것과는 상당히 다르다.

연비측정은 실내온도가 20~30도로 유지되는 실험실에서 진행된다. 짐을 하나도 싣지 않은 자동차에 운전자 1명만 차에 타고 실제 도로 상태와 비슷하게 만들어 놓은 시험용 로울러(차대 동력계) 위를 주행한다. 이때 라디오 등 전기장치는 하나도 켜지 않는다.

운전자는 속도를 바꿔가며 1,875초 동안(10분 휴식기 제외) 최고 91.2 km/h, 평균 34.1km/h의 속도로 총 17.84km를 주행한다. 이때 배기가스에 포함된 탄소 성분으로 연료소모량을 측정해 연비를 계산한다.

그 결과 탄소가 적게 배출되면 연비가 좋은 것으로 계산하고 많이 배출될수록 연비가 나쁜 것으로 측정한다. 역으로 말하면 연비가 나쁘다는 것은 그만큼 많은 유해배기가스를 배출한다는 것을 의미한다.

참고로 현대자동차의 자동변속기 차량을 기준으로 2.7리터 LPG의 연비는 7.4km/ℓ인데 비해 3.0리터 가솔린은 8.5km/ℓ, 2.9리터 디젤은 9.8km/ℓ로 비슷한 배기량의 엔진 중 디젤의 연비가 가장 좋다는 것을 알 수 있다.

우리가 디젤차가 가장 유해배기가스를 많이 배출하는 것으로 알고 있는데 그것은 배기통을 통해 나오는 매연 때문이다. 이 역시 좀 더 구체적으로 이해할 필요가 있다.

자동차에서 배출되는 배출가스는 탄화수소와 이산화탄소, 질소화합물, 매연 등 크게 네 가지로 구분한다. 이중 탄화수소와 이산화탄소는 가솔린엔진이 디젤엔진에 비해 20~30% 가량 더 많이 배출한다. 이에 반해 질소화합물과 매연(PM:미세먼지)은 디젤차의 배출량이 더 많다.

더불어 이들 배출가스가 공해에 어떤 영향을 미치는지를 알아야 한다. 공해는 크게 지구공해와 지역공해로 구분된다. 지구 공해는 지구촌 어디에서 배출되든지 지구 전체의 환경에 영향을 미치는 것을 말한다. 대표적인 것이 가솔린엔진에서 배출되는 이산화탄소 등 탄소 계열이다. 이는 온실가스가 되어 오존층을 파괴해 이상기온의 주범이 되어 있다.

이에 대해 지역공해는 배출되는 지역을 중심으로 피해를 주는 것을 말한다. 디젤엔진에서 배출되는 매연과 질소화합물 등이 주로 여기에 해당된다. 우리는 버스나 대형 트럭 등에서 배출되는 이 매연만을 보고 공해가 심각하다고 여기고 있는 것이다. 세계 주요 도시별 대기 오염도를 비교할 때도 미세먼지를 기준으로 하기 때문에 이런 통계가 설득력 있어 보이는 것이다.

하지만 최근에 등장한 커먼레일 디젤엔진 등은 이 부문에서도 획기적인 발전을 이룩하고 있으며 재연소 시설, 분진 필터 등의 발달로 클린 디젤이라고 불리울 정도로 개선되고 있는 추세다. 총량 배출가스에서도 가솔린이 디젤에 비해 두 배 가량 많다.

또한 디젤 승용차 배기가스의 90% 이상은 질소와 산소다. 그리고 규제 대응의 질소산화물(NOx)과 입자상물질(PM) 등의 비율은 0.09%에 지나지 않는다.

유럽연합(EU)은 이 0.09%에 관해 1992년부터 4단계로 규제해 오고 있다. 2005년에 실시되는 유로4에서는 주행 1km당 PM과 NOx배출량은 규제도입전의 10% 이하로 할 것을 요구하고 있다.

지구 온난화의 원인이 되는 이산화탄소(CO2)에 관해서는 유럽자동차공업회(ACEA)는 2008년까지, 일본과 한국 메이커는 2009년까지 엔진의 차종에 상관없이 1km 주행시의 배출량을 평균 140g 이하로 억제하기로 유럽위원회와 합의했다. 1995년에 비해 25% 낮아진 것이다. 연비로 환산하면 평균 30% 이상 개선하지 않으면 안 되는 수준이다.

가솔린차도 포함해 유럽의 배기가스 규제는 세계에서 가장 엄격한 것으로 되어가고 있다. 이 규제치를 실현하기 위해 당면의 과제가 되어 있는 것이 CO2배출량이 적은 소형차를 많이 만드는 것과 디젤차의 개량이다.

우리는 두 가지 모두에 대해 종합적인 판단을 통해 현실적으로 가능한 것부터 해결할 수 있는 방법을 찾지 않으면 안 된다. 특히 최근 들어 이상기온으로 인해 전 세계 도처에서 끊임없이 직접적이고도 엄청난 인명 피해를 입고 있다. 이는 온실가스인 이산화탄소로 인한 것이다. 눈에 보이는 매연만이 공해인 것처럼 생각해서는 안 된다.

따라서 이번 조세연구원 등의 연구 결과는 이런 것들을 고려하지 않은 단순한 발상에서 결론을 도출한 것이라고 밖에 할 수 없다. 경유 가격을 인상하면 당장 디젤의 수요는 줄 수도 있겠지만 역으로 LPG 차량의 급증으로 배출가스는 더 많이 배출되게 된다.

국내 시판 가솔린과 디젤, LPG의 가격 차이는 어디까지나 부과된 세금액수의 차이이지 원유 도입가의 차이는 아니다. 수요 급증이 예상되는 디젤 가격의 인상은 세금의 인상이지 결코 공해문제를 해결한다거나 연료소모를 줄인다는 것과는 근본적으로 차이가 있다. 따라서 조세연구원의 이번 연구결과는 근본적으로 제고가 필요하다고 할 것이다.

석유 문제 해결은 인류의 공동과제로 되어 있다. 그래서 세계의 자동차업체들은 이미 오래 전부터 연비가 좋은 자동차 개발에 많은 힘을 쏟아왔다. 그리고 궁극적으로 탈 석유시대를 위한 기술 개발에도 범세계적인 차원에서 대응하고 있다.

그리고 한편으로는 석유 에너지를 절약하기 위한 다양한 아이디어를 내놓고 있다. 오늘날 자동차회사들이 석유를 절약하기 위한 현실적인 방법은 가솔린엔진의 저 배기량화와 디젤엔진의 개량이 주를 이룬다. 배기량이 적으면 당연히 그만큼 연료소모가 줄어든다. 또한 디젤차는 가솔린차에 비해 연비가 높기 때문에 절대적인 에너지소비를 줄이는 데는 아주 현실적이고 효과적인 대안으로 대두되어 있다.

가솔린 자동차의 연비를 개선하는 것은 지금 시점에서는 배기량을 낮추는 것 외에는 방법이 없다. 기술적으로 연비를 향상시키는 데는 한계에 와 있는 것이다.

그래서 일본의 토요타는 하이브리드카의 개발 보급에 일찍부터 앞장을 서고 있고 독일의 메르세데스 벤츠와 BMW, 그리고 미국의 GM 등은 수소를 연료로 하는 자동차의 개발에 열을 올리고 있다.

하이브리드카는 기존의 가솔린 혹은 디젤엔진과 전기모터를 동시에 사용하는 자동차를 말하는데 연비에서 적게는 20%, 많게는 60%까지 좋은 것으로 나타나고 있다.

또한 수소를 연료로 하는 자동차는 크게 수소엔진차와 수소연료전지차로 구분되는데 수소를 추출하는 에너지원이 석유일 수도 있고 석탄이나 다른 물질일 수도 있다. 수소엔진차는 미량의 질소화합물을 배출하지만 수소연료전지차는 수증기만 배출해 완전 무공해차로 여겨지고 있어 실용화에 박차를 가하고 있다.

우리도 정부와 업계, 학계 등이 힘을 합해 현실적으로 할 수 있는 최선의 방법을 찾아가면서 장기적으로 근본적인 해결방법을 도출해 내는 안목이 절대적으로 필요한 시점이다.

프리미엄 브랜드 디젤차, 연비/환경/주행 성능을 강조

올해 국내 자동차업계 첫 번째 행사는 메르세데스 벤츠의 디젤차 출시였고 우연히 글로벌오토뉴스의 공식 시승 첫 번째 모델도 아우디 A6의 3.0 TDI 콰트로로 디젤 버전이다. 2006년 초에도 디젤에 대한 확대 가능성을 언급했었는데 푸조와 폭스바겐의 적극적인 디젤라인업 추가 전략으로 그 가능성을 보여 주었다. 그리고 2007년은 프리미엄 브랜드들이 이에 가세해 바야흐로 디젤차 전성시대를 예고하고 있다. 아우디 A6에 대한 시승기는 이미 몇 차례 게재했으므로 여기에서는 디젤엔진에 관한 전반적인 흐름을 중심으로 이야기를 풀어본다.

디젤이라고 하면 우리나라와 미국, 일본 등에서는 여전히 시끄럽고 진동이 심하며 매연이 많이 나온다고 하는 이미지가 아직도 존재하고 있다. 이 때문에 아우디가 강조하는 스포츠카의 이미지와 디젤을 연결시키는 것은 쉽지가 않다. 이론적으로 그것은 어쩌면 당연할지 모른다. 가솔린에 비해 디젤은 고회전이 불가능하고 엔진 자체의 중량이 더 무겁다는 이유 등이 한 몫을 하고 있다.

하지만 올해부터 상황이 달라질 것으로 보인다. 아우디를 비롯한 독일 프리미엄 메이커들의 적극적인 디젤차 공략 때문이다. 무엇보다 미국시장에의 공략이 본격화되고 있고 일본시장에의 진출도 가시화되고 있다.

최근 들어 이처럼 디젤차가 그 세력을 강화해 가는 이유는 무엇일까. 유럽시장에서야 이미 디젤차의 시장 점유율이 50%가 넘었지만 그동안 혐오스러운 엔진이라는 인식이 강한 미국과 일본 그리고 우리나라 등에서도 디젤차에 대한 관심이 알게 모르게 달라지고 있다. 그리고 많은 사람들은 디젤차에 대한 관심의 증대는 경제성 때문일 것이라고들 말한다. 맞다. 디젤차는 가솔린차에 비해 연비가 30% 가량 좋다. 원유가 급등으로 인해 유지비에 대한 부담은 느끼게 된 소비자들은 기름을 덜 먹는 차를 찾게 되고 그런 과정에서 디젤엔진이 부각되게 된 것이다.

그런데 이처럼 디젤엔진의 보급이 늘어나고 있는 것은 단지 경제성 때문만은 아니다. 그보다는 지구 전체의 에너지 효율의 향상을 위해 필요한 것이다. 동시에 지구온난화로 인한 이상기온으로 해마다 수많은 인명이 희생되고 있는 상황을 조금이라도 줄이기 위해 우리는 하이브리드카 못지않게 디젤엔진에도 관심을 가져야 한다. 다시 말하면 이산화탄소 저감을 위해 현 시점에서 가장 현실적인 방법은 화석연료의 소모를 줄이는 것이고 그 방법으로서 디젤엔진의 보급이 주창되어지고 있는 것이다. 한마디로 말하자면 환경 문제의 해결을 위해서도 디젤엔진은 필요한 존재인 것이다.

소비자의 입장에서는 연비 성능이 뛰어나 경제적이라는 점이 우선이지만 그 외에도 디젤엔진이 가솔린에 비해 상대적으로 더 우수하다는 과학적인 근거가 있다.

우선 석유를 정제해 만들어지는 가솔린과 경유의 비율은 조정할 수 있는 것은 아니고 자원의 효율적인 활용이라고 하는 점에서 연소효율이 좋은 쪽을 많이 사용할 필요가 있다는 것이다. 더불어 가솔린 하이브리드카의 연비는 디젤보다 좋은 것으로 발표되어 있지만 가솔린의 정제에는 디젤보다 큰 에너지를 필요로 한다는 것을 알아야 한다. 또 하이브리드 기술은 비용 문제가 해소되면 디젤엔진과의 조합에 의해 그 효율을 더욱 높일 수 있다는 점에 대해서도 더 많은 연구가 필요하다.

오늘날 지구촌에서 가장 중요한 과제로 되어 있는 이산화탄소 저감이라는 목표를 달성하는 데는 지금 도로 위를 달리고 있는 전체 이산화탄소 배출량의 18%를 차지하고 있는 자동차를 더 효율적인 것으로 바꾸어야 할 필요가 있다는 것이다. 그 점에서의 인식전환이 가장 빨랐던 유럽에서는 일찍이 디젤엔진에 비중을 두었고 기술개발을 해왔으며 지금은 유럽시장에서 판매되는 자동차의 50% 이상이 디젤엔진을 탑재하고 출시되고 있다.

디젤엔진의 특징은 소위 말하는 자기착화라고 하는 것이다. 가솔린엔진에 있는 스파크 플러그가 없다. 실린더 안에 압축된 고온의 공기에 연료를 분사함으로써 저절로 폭발한다. 가솔린엔진과 달리 거의 상시로 린 번(Lean Burn: 희박연소) 운전을 한다는 점과 구조상 고압축비라는 점에 의해 열효율이 가솔린에 비해 높은 것이 특징이다.

과거의 디젤은 자기착화라고 하는 것 외에 연소상태의 제어가 어려워 매연을 내뿜고 소음과 진동이 심하다고 하는 단점이 있었다.

그런 단점을 해결하는 방법으로서 고압으로 연료를 분사하고 그것을 전자화하는 것, 그리고 과급 기술의 진보 등이 동원됐다. 과급은 흡입 공기량을 늘려 파워를 증강시키고 연소상태를 개선했다. 고압분사는 연료의 미립화를 가능하게 해 연소효율을 높였다. 그리고 이런 진화에 가장 공헌한 것은 무엇보다 전자제어 기술의 발전이다. 전자제어에 의한 치밀한 연료분사가 자기착화라고 하는 과정에서 연소를 원활하게 하고 부드러운 작동을 가능하게 한 것이다.

연료 분사 시스템은 디젤 기술에 있어 중요한 부분인데 초기의 디젤은 고압축의 연소실 내에 겨우 연료를 보내는 35바 정도의 분사압밖에 아니었지만 그 후 전자제어 유닛 인젝터 방식과 커먼레일 시스템에로 진화해 성능이 비약적으로 향상되게 됐다. 최신 디젤엔진에서는 분사압이 1800바를 넘는 것도 나오고 있으며 2,250바를 달성한 폭스바겐의 예도 있다. 그만큼 연소효율이 높아진 것은 당연한 것이다.

또 하나 스파크 플러그에 의해 착화하는 가솔린엔진과 달리 순간적으로 일시에 연소되는 성질의 디젤엔진은 연소의 가감의 조정이 어려웠으나 전자제어와 분사압을 항상 유지할 수 있는 시스템 덕분에 다단계 분사가 가능하게 되었으며 파워와 부드러움, 저공해를 동시에 실현할 수 있게 된 것이다. 이 때문에 최신 디젤인 가솔린엔진과 성격은 다르지만 파워소스로서 뛰어난 주행성을 과시하기에 이르렀다.

그리고 마지막 문제인 NOx 즉 질소산화물을 저감시키는 기술 역시 실현되면서 바야흐로 디젤엔진의 전성시대를 맞고 있는 것이다.

미국과 일본에서 디젤차에 대해 가장 크게 거부감을 일으키는 요인 중 하나인 질소산화물과 PM, 즉 매연은 그 연소방식과 깊은 관계가 있다. 공기와 연료가 에너지 효율이 높은 공연비로 연소될 때에는 NOx가 생성되며 PM은 디젤 자체의 특징인 급속한 연소의 결과 타고 남은 물질인 것이다.

그것을 해결하기 위한 방법으로 연소 후의 후처리 기술이 등장했으며 이 기술의 진화 또한 디젤을 새로이 주목받게 한 장본인이다. 그 후처리 기술 중 하나가 DPF(Diesel Particulate Filter)다. 프랑스 푸조 등에 높은 기술력을 보이고 있는 것으로 배기가스 중에 PM을 거르는 필터로 디젤 미립자 필터라고 칭한다. 필터에 쌓인 PM은 순차적으로 촉매 연소시킴으로써 해결된다.

또 다른 해결방법으로서는 메르세데스 벤츠의 경우 블루텍이라는 후처리 시스템을 개발했다. 기본적인 컨셉은 DeNOx 촉매에 저장된 NOx를 환원, 다시 연료 중에 포함된 미량의 암모니아성분을 취출해 선택환원촉매(SCR)로 화학 반응시켜 다시 NOx를 정화시킨다고 하는 것.

결국 디젤차가 각광을 받게 된 것은 경제성을 비롯해 환경 성능에서도 우수하다는 점이 입증되고 있기 때문이라고 할 수 있다. 여기에 최근에는 폭발적인 파워와 성능까지 부각되면서 그동안 디젤차에 대해 알레르기적인 반응을 보여 왔던 미국과 일본시장에서도 디젤엔진에 대한 관심이 증가하고 있다.

수소연료전지차의 개발은 어느 정도 진전되고 있을까?

최근 들어 세계 열강메이커들이 앞 다투어 클린 디젤엔진을 개발하거나 출시하면서 미국시장에서도 하이브리드와의 시장 쟁탈전이 본격화될 조짐을 보이고 있다. 특히 미국시장에서는 21세기 들어 하이브리드카보다 디젤차의 판매 증가율이 더 높은 양상을 보이고 있다. 이 때문에 2년 전 '하이브리드 대세론'과는 전혀 다른 국면을 맞이하고 있다. 거기에다가 닛산자동차는 2007년 미국시장에 알티마 하이브리드 버전을 출시하면서 이것은 어디까지나 수익성보다는 규제에 대응하기 위한 것이라고 설명하고 있다. 다시 말하면 연비 총량규제를 하고 있는 미국시장에서 전체 판매대수의 연비를 낮출 필요가 있고 그를 위해 하이브리드카를 시판한다는 것이다.

어쨌거나 이처럼 디젤과 하이브리드카에 대한 전략이 다양하게 전개되는 사이에 수소를 연료로 하는 자동차에 대한 이야기도 새로운 관점에서 바라볼 수 있는 계기가 되고 있다. 특히 BMW가 수소를 연료로 하는 내연기관 자동차인 하이드로젠7을 출시하면서 앞으로 이에 대한 시각도 크게 달라질 것으로 보인다.

BMW와 포드 등 일부 메이커를 제외하고는 대부분의 자동차회사들이 수소연료전지전기자동차의 개발에 뛰어 들고 있다. 그런데 21세기 초 금방이라도 실용화가 될 것처럼 보였던 연료전지차는 적어도 20~30년 정도의 시간이 더 필요하다는 의견이 대두되면서 조금은 주춤한 상황이다. 그보다는 BMW의 수소엔진차가 더 주목을 끌게 될 것으로 보이고 일정 부분 가능성을 입증하게 되면 양상은 또 달라질 수 있을 것이다.

그렇다면 연료전지차의 개발은 어느 정도 진전을 이루고 있을까?

사실 많은 자동차회사들이 연료전지차를 개발하고자 하는 것은 미국의 에너지정책 때문이라는 것이 지배적인 의견이다. 다시 말해 미국 캘리포니아주에서 시행하고 있는 ZEV(Zero Emission Vehicle)법 때문이라는 얘기이다.

미국에는 현재 두 가지의 배출가스규제가 있다. 기본적으로는 연방

정부(EPA)가 규제를 시행하지만 캘리포니아주의 배출가스 규제도 예외적으로 인정되고 있는 것이다. 이렇게 된 배경은 1970년대의 소위 머스키법이 발단이었다. 이후 캘리포니아주는 세계에서 가장 엄격한 환경기준에 의한 규제를 시행해 오고 있는 것이다.

캘리포니아 이외의 주는 연방정부의 규제와 캘리포니아주의 규제 중 선택하는 형국이 되어 있다.

그런데 캘리포니아주의 배출가스 규제는 해마다 강화되어 1990년대에 ZEV를 제안했다. 이 법은 '캘리포니아주에서 판매하는 자동차의 10%를 완전 무공해자동차로 해야 한다.'고 하는 것이었다. 당시의 기술로서는 완전 무공해차는 전기자동차밖에 없었다. 그래서 많은 자동차 메이커들은 전기차 개발에 많은 노력을 기울였고 인센티브를 제공하면서 판매에 열을 올렸다.

하지만 전기자동차는 충전시간이 길고 항속거리는 짧으며 차량에 탑재되는 배터리 자체가 공해이면서 동시에 비용 또한 많이 소요되어 더 이상 발전되지 못했다. 이 때문에 자동차회사들은 캘리포니아의 ZEV법 철폐를 요구했고 결국은 그것이 받아 들여져 개정되기에 이른다.

그래서 다시 2008년까지 250대의 연료전지차를 캘리포니아주 전체에서 실용화하도록 정했다. 그것은 각 메이커들마다 다르게 적용이 되도록 되어 있다. 예를 들면 혼다자동차는 2008년까지 48대의 연료전지차를 판매해야 하도록 되어 있는데 이는 토요타나 GM보다 많은 수치다. 그것은 1990년대에 전기자동차를 많이 판매한 GM과 토요타는 그만큼의 혜택을 받을 수 있기 때문이다. 전기차를 판매하지 않았거나 일찍 철수한 메이커들은 그만큼 연료전지차를 더 많이 판매해야 하는 것이다.

그런데 문제는 2009년부터 2011년까지의 규제다. 이때는 2008년보다 10배 많은 480대의 연료전지차를 판매해야 하는 것이다. 혼다에 있어 캘리포니아주는 중요한 시장이기 때문에 이 난관을 극복하는 것은 사활이 걸린 문제라고도 할 수 있다.

미국에서 연료전지차가 주목을 끄는 이유는 또 있다. 교토의정서에 비준하지 않은 부시정권은 이산화탄소 저감 문제에서는 국제적인 비난을 받고 있지만 에너지 문제에는 높은 의지를 보이고 있다. 클린턴 정부시절부터 이어져 오고 있는 PNGV(Partnership of New Generation Vehicle)는 부시정권에서는 수입석유에 의존하지 않는 미국의 에너지 전략으로 전전되어 있다. 또한 911 테러 이후 중동석유에 의존하지 않고자 하는 중요한 국가전략으로서 수소에너지에의 기대가 높아져 있다.

이런 영향으로 미국에서는 2005년 8월에 에너지정책법(Energy Policy Act2005)이 성립되었고 수소에너지가 정식으로 채택되어 수소사회 실현을 위한 미래 계획이 실제로 상정되었다. 이로 인해 연료전지는 한층 주목을 끌게 되었고 정부 예산도 훨씬 많이 책정되게 됐다.

거기에는 2015년까지 수소연료전지차와 수소 인프라의 시금석을 마련해야 하며 2020년에는 소비자가 수소연료전지차를 구입할 수 있으며 간단하게 수소를 충전할 수 있어야 한다는 비전이 포함되어 있다.

미 연방 에너지청(Department of Energy)에서는 2018년에는 수만에서 수십만 대의 연료전지차가 보급될 것으로 예측하고 있다.

과연 그 예측대로 될 수 있을 것인지에 대해서는 지금으로서는 누구도 장담하지 못한다. 다만 화석연료에 의존하지 않기 위해서는 반드시 실현되어야 한다는 당위성만이 존재할 뿐이다.

규제가 기술을 발전시켜왔다는 논리대로라면 불가능할 것도 없어 보이기는 하다. 하지만 연료전지기술을 자동차에 적용하기 위해 아직 산적한 기술적인 문제가 남아 있어 그 미래는 속단할 수 없는 것이 현실이다. 그래서 일부에서는 '미래의 일'로 간주하고 있는 것이다.

토요타는 왜 하이브리드카에 올 인 하는가?

My Way!

시장의 인식이나 판매 상황의 변화에 관계없이 토요타자동차는 브랜드 이미지로까지 설정한 하이브리드카의 글로벌화 전략을 추진하고 있다. 흔히들 '토요타식 사고방식'에 대해 많은 이야기들이 나오고 있다. 긍정적인 의미도 있을 것이고 부정적인 시각도 적지 않다. 경우에 따라서는 이해할 수 없는 구조라고 말하기도 한다.

하이브리드카에 대해서도 이제는 상황이 많이 달라져 있고 다른 업체들의 대응도 다양하게 나오고 있음에도 불구하고 토요타는 My Way!를 외치며 외길을 가고 있다.

하이브리드카가 세상에 처음 빛을 본 1997년 말. 토요타는 프리우스를 일본시장에 우선 출시했다. 1999년 5월에는 아시아 지역 기자들을 싱가포르로 초청해 발표 및 시승회를 개최했었는데 필자도 그 행사에 참가했었다.

프리우스가 세계 시장에 본격 출시된 것은 2000년부터다. 이때까지의 시스템을 토요타는 1세대 하이브리드 즉 THS(Toyota Hybrid System)이라고 했다. 그리고 2003년 에코와 파워의 양립을 목표로 하이브리드 시너지 드라이브를 개발 컨셉으로 한 제2세대 하이브리드 시스템 즉, THS Ⅱ를 2대째 프리우스에 탑재했다. 2005년에는 해리어(렉서스 RX의 토요타 버전)와 크루거 등 파워를 필요로 하는 SUV에도 탑재를 확대했으며 올 봄에는 THS Ⅱ를 베이스로 개발한 렉서스 GS450h를 출시했다.

뿐만 아니라 앞으로는 토요타가 생산하는 전 라인업에 하이브리드 버전이 추가된다. 그렇게 해서 토요타의 브랜드 이미지를 하이브리드로 한다는 전략이다. 그만큼 토요타는 지금 하이브리드카에 올인하고 있다.

실질적인 세계 최대 자동차회사인 토요타가 리드하는 이런 하이브리드 바람은 전 세계 모든 메이커들에게 영향을 미쳤다. 더불어 현재 세계 최대시장인 미국에서의 판매를 위해서는 하이브리드카는 필수적인 요소가 되었고 나아가 잠재적인 최대시장인 중국에서의 사활에도 하이브리드카의 존재는 불가결한 조건으로 여겨지기에 이르렀다. GM과 DCX, BMW는 공동으로 하이브리드 시스템개발을 선언했고 포드와 닛산은 아예 토요타의 하이브리드 시스템을 이용해 개발한 모델을 시판하고 있다.

하지만 GM 등은 2008년 이후에나 시판 하이브리드카를 출시할 계획이라고 밝히고 있어서 앞으로도 변화의 가능성은 얼마든지 존재한다. 이들 메이커들이 출시시기를 미루는 것은 물론 오늘날 본격적인 의미의 하이브리드 시스템에 관한 특허를 토요타가 독점하고 있기 때문이다. 현대자동차가 시장 불확실성으로 출시시기를 미룬다고 한 것도 사실은 마일드 하이브리드 시스템으로는 시장성이 없다는 것 때문이다.

마일드 하이브리드란 토요타 THSⅡ가 유일한 스트롱 하이브리드에 대한 반대개념으로 주행시에는 내연기관 엔진으로 구동하고 정차시에만 전기모터로 작동을 유지하는 기초적인 개념의 시스템을 말한다. THSⅡ처럼 엔진과 모터를 상황에 따라 최적의 상황으로 조절해가며 구동하지 못한다. 그래서 말 그대로 시내 주행 시 정체가 심한 구역에서나 효과를 볼 수 있다는 점에서 본격적인 하이브리드라고는 할 수 없다.

여타 메이커들이 스트롱 하이브리드 시스템을 개발할 능력이 없는 것이 아니라 토요타가 소유하고 있는 개념특허로 길이 막혀 있기 때문이다. GM과 DCX, BMW연합이 2모드 방식의 스트롱 하이브리드가 실현될지에 대해서도 아직은 미지수다. 2모드 하이브리드란 엔진을 보조하는 저속용과 고속용 등 두 개의 모터를 자동변속기와 조합시켜 제어하는 방식을 말한다.

결국 이런 상황은 다른 열강들을 자극했고 이후 미국은 에탄올 혼합연료를 적극 장려하기에 이르렀다. 물론 유럽 메이커들은 여전히 디젤엔진의 개량에 더욱 박차를 가하고 있다. 또한 그동안 디젤에 비해 발전 속도가 느렸던 가솔린엔진의 기술 개발도 새로운 양상을 맞고 있다. 하이브리드에 올인하고 있는 토요타도 D-4S라는 직분 시스템을 채용하기에 이르렀고 메르세데스 벤츠 등은 HCCI엔진의 개발에 열을 올리고 있다. HCCI란 쉽게 말하면 가솔린엔진의 열효율을 현재의 20% 이하에서 40% 이상의 수준으로 끌어 올릴 수 있는 시스템이라고 할 수 있다. 그렇게 되면 하이브리드의 연비 개선효과 20%를 훨씬 앞서게 되기 때문에 상황은 또 달라지게 된다.

한 단계 더 나아가 BMW는 1978년부터 개발해 온 수소엔진자동차를 드디어 2007년부터 시판하겠다고 발표하기에 이르렀다. 참고로 수소연료전지자동차는 20～30년 후에나 실용화의 가능성이 열릴 것이라는 의견이 현재로서는 지배적이다.

결국 세계 열강 메이커들의 기술 개발 방향과 시장의 상황에 따라 우리가 말하는 친환경자동차의 미래는 또 다른 국면으로 접어들고 있는 것이다.

그럼에도 불구하고 토요타는 그들이 설정한 길로 일로매진하고 있다. 하이브리드 시스템을 탑재한 차종 생산을 2010년대 초까지 지금의 배로 늘릴 계획을 최근 발표하기도 했다. 현재는 7개 차종에 탑재하고 있는데 14개 차종으로 확대한다는 것. 제조비용 저감을 위해 연간 판매대수도 2005년 대비 4.3배에 상당하는 100만대까지 늘린다는 계획이다. 원유가격의 급등에 의해 연비성능이 우수한 자동차에 대한 수요가 한층 높아지고 있기 때문에 앞으로 도입 대상 클래스도 더욱 확대한다는 방침이다.

토요타는 하이브리드카를 '특별한 차'가 아닌 세계 시장에서 우위를 점하기 위해 판매전략차로 설정한 것이다.

하지만 시장 상황은 그런 토요타의 의도대로 진행되고 있지 않은 것이 현실이다.

우선 하이브리드카에 대한 초기 반응이 가장 좋았던 미국시장에서의 판매가 주춤하고 있다. 최초의 양산형 하이브리드카 토요타 프리우스는 2006년 4월 말까지 누계 50만 4,000대가 판매되어 출시 이후 8년만에 50만대를 돌파했다. 생각보다 많지는 않지만 이라크전쟁과 허리케인 카트리나로 촉발된 석유파동을 생각하면 저조한 실적인 것은 분명하다. 프리우스 이외의 하이브리드카 누계 판매대수도 60만대 수준에 머물고 있다.

특히 최근에는 미국시장의 소비자들에 대해 연비절감보다는 전기모터를 통한 가속성능 향상 및 배터리 추가에 의한 무게중심 변화에 따른 운동성능 향상이 세일즈 포인트로 되어가고 있는 분위기다.

물론 아직까지는 그보다 더 큰 이유로 세금 감면효과를 들 수 있다. 예를 들어 캘리포니아주 같은 지역에서는 렉서스 400h를 구입하면 카풀 차선을 주행할 수 있을 뿐 아니라 차값의 30~40%를 연말에 세금으로 감면 받을 수 있다. 쿼터제로 한계에 이르기는 했지만 차량을 구입하고 등록시 낸 세금 영수증을 신청서와 함께 주 세무국으로 보내면 연말 세금 정산 시에 소득에서 4,500~6,000달러 정도를 감면 받을 수 있다는 것이다. 특히 개인사업자나 전문직 종사자들은 차량 자체의 감가상각을 적용해 추가로 감면혜택을 받을 수 있다. 그렇게 되면 실제로는 차값의 30~40%를 첫 해에 감면 받을 수 있다.

그런 혜택을 받을 수 있는 경우를 제외하고는 최근 하이브리드가 연비에서 절대적이라는 인식은 조금씩 희석되어가는 양상을 보이고 있다. 특히 올 초 미 EPA에서 하이브리드의 연비 개선효과는 5~20% 수준이라고 발표하면서 분위기가 달라지고 있다.

토요타도 그런 흐름을 잘 알고 있다. 그래서 미국시장에 출시되는 렉서스 브랜드의 하이브리드카도 서부의 캘리포니아를 비롯해 동부 지역의 뉴욕, 위싱턴, 메사추세츠, 코네티컷 등 5개주에 전체 물량의 95%를 배정하고 있다. 그런데도 RX400h는 초도 물량 중 12,000대가 계약되는 등 인기를 끌고 있다고 한다.

토요타는 이번에 한국시장에 RX400h를 출시하면서 그들의 하이브리드 포트폴리오를 계획대로 밀어 붙이고 있는 것이다.

그 이유는 무엇일까.

우선은 21세기 자동차산업에서 가장 중요한 것은 환경이라는 점을 고려한 것으로 분석된다. 환경 부문에서 선도 기업이라는 이미지 구축작업의 일환이라는 것이다.

두 번째는 석유가격이 수년 전의 네 배 가까이 올랐는데 앞으로 다시 과거 수준으로 내려가지 않는다는 전망을 했다는 것이다. 다시 말해 연비가 좋은 차에 대한 수요는 앞으로 더 높아질 것이 자명하다는 판단을 했다는 얘기이다. 그럴 경우 하이브리드 테크놀러지 부문에서는 독보적인 토요타의 시장 우위는 불을 보듯 뻔하다.

세 번째는 하이브리드 시스템의 미래에 대한 토요타의 믿음이다. 다시 말해 지금의 내연기관과 전기모터를 병용하는 하이브리드 시스템이든 미래의 대체 에너지, 예를 들면 수소를 사용하는 파워트레인이 실용화된다고 해도 하이브리드 시스템은 여전히 유용하다는 것이다. 에너지가 바뀌어도 그들이 개발한 하이브리드 시스템은 자동차의 구동 시스템으로서 그 효율성은 변함이 없을 것이라는 계산을 하고 있다는 것이다.

하지만 여기까지도 어디까지나 현 시점에서의 예상일뿐이다. 어느 메이커에서 어떤 획기적인 신기술을 내놓을지 아직은 모른다는 얘기이다. 더불어 각 나라에 따라 확보하기 쉬운 에너지원이 무엇이냐에 따라 상황은 또 다른 방향으로 변할 수 있다. 하이브리드 외에 메탄올과 천연가스, 디젤과, 가솔린, HCCI, 그리고 최근에는 태양열 에너지에 대한 새로운 시각이 등장하면서 이 또한 변수로 등장할 가능성도 없지 않다.

패러다임의 변화를 읽어라!

지 은 이 | 채영석

펴 낸 이 | 김형근

펴 낸 곳 | 도서출판 기한재

주 소 | 경기도 파주시 교하읍 문발리 535-11
(파주출판문화정보산업단지)

전 화 | 031)955-0900~2

팩 스 | 031)955-0100

등 록 | 1990년 3월 15일 제2-968호

발 행 | 2012년 1월 20일 1판 2쇄

정 가 | 14,000원

Published by Kihanjae Co.

ISBN 978-89-7018-435-7

http://www.kihanjae.com

E-mail : kihanjae@hanmail.net